本书为国家社会科学基金一般项目（18BYY119）的研究成果

NSSFC
The National Social Science Fund of China

国家社会科学基金项目文库

基于知识图谱的
汉语空间词非空间义研究

刘甜◎著

暨南大学出版社
JINAN UNIVERSITY PRESS

中国·广州

图书在版编目（CIP）数据

基于知识图谱的汉语空间词非空间义研究/刘甜著．—广州：暨南大学出版社，2025.5
（国家社会科学基金项目文库）
ISBN 978－7－5668－3916－9

Ⅰ.①基…　Ⅱ.①刘…　Ⅲ.①汉语—名词—语义学—研究　Ⅳ.①H146.2

中国国家版本馆CIP数据核字（2024）第096965号

基于知识图谱的汉语空间词非空间义研究

JIYU ZHISHI TUPU DE HANYU KONGJIANCI FEI KONGJIANYI YANJIU

著　者： 刘　甜

出 版 人： 阳　翼
项目统筹： 张丽军
策划编辑： 姚晓莉
责任编辑： 姚晓莉　梁玮滇
责任校对： 孙劭贤　黄子聪
责任印制： 周一丹　郑玉婷

出版发行： 暨南大学出版社（511434）
电　　话： 总编室（8620）31105261
营销部（8620）37331682　37331689
传　　真：（8620）31105289（办公室）　37331684（营销部）
网　　址： http://www.jnupress.com
排　　版： 广州市新晨文化发展有限公司
印　　刷： 广东信源彩色印务有限公司
开　　本： 787mm×1092mm　1/16
印　　张： 18.5
字　　数： 350千
版　　次： 2025年5月第1版
印　　次： 2025年5月第1次
定　　价： 88.00元

（暨大版图书如有印装质量问题，请与出版社总编室联系调换）

前　言

　　语言教师和研究者早就意识到空间词是教学的难点，空间词复杂的语义系统是关键原因。对汉语是二语的学习者而言，空间词非空间义的偏误率极高，例如"*照顾不下来""*凹出来""*我和我的朋友像起来""*他有信心说上去"都是汉语学习者在语言输出中的偏误现象。此外，"写上名字"和"写下名字"中"上"与"下"是否可以互换，"他看起来很累"和"他看上去很累"中的"看起来"和"看上去"语用是否相同，都是困扰学习者的问题。为了解决上述汉语教与学过程中遇到的问题，探究汉语空间词的语义特点、非空间义的语义类别以及非空间义的发展机制，本书选取汉语空间词（方位名词和趋向动词）为研究对象，以期解决学习者的困惑。

　　垂直轴、水平轴、内外轴这三大空间轴是对汉语空间词的空间义和非空间义进行系统梳理的基本空间框架。其中，垂直轴的空间词包括方位名词"上"与"下"，位移动词"上"与"下"，简单趋向动词"上"与"下"，以及复合趋向动词"上来""起来""下来""上去""下去"；水平轴的空间词包括方位名词"前"与"后"，位移动词"来"与"去"，复合趋向动词"过来"与"过去"；内外轴的空间词包括方位名词"里""中""内""外"，位移动词"进"与"出"，简单趋向动词"进"与"出"，复合趋向动词"进来""进去""出来""出去""回来""回去"。

　　在生成词库理论的指导下，本书运用知识图谱技术，在语料库的基础上对汉语空间词的空间义和非空间义进行了系统的描写、分析和对比，指出语用强化是空间词非空间义语义扩展的基础，组配词语之间的语义吸引与语义限制是空间词非空间义语义虚化的土壤，隐喻机制是空间词语义扩展和变化的核心结构力量。

此外，本书还构建了空间词的语义描述体系，认为汉语空间词的语义情况可分为五大类进行描述：①语境空间义，空间词表具体空间义；②语境空间义，空间词表抽象空间义；③语境空间义，空间词表非空间义；④语境非空间义，空间词表抽象空间义；⑤语境非空间义，空间词表非空间义。其中，第四类的语例最多，第五类的语义最虚化。

空间义是非空间义语义发展的基础，空间词的语义特点具有组配构建的动态性，在对空间词的语义研究中，既要厘清组配词语语义和语境语义的干扰，又要把空间词放在组配条件下进行研究，只有基于语用研究的视角，从学习者的偏误出发，才能解决汉语教学中的具体问题。

刘 甜
2024 年 7 月

目 录
CONTENTS

第一章 绪 论

　　语言学家、心理学家和哲学家早就注意到了空间和空间经验对语言和思维的重要性。在本书中，我们系统梳理了汉语空间词的语义网络，探究了人类空间物理经验的本质以及人类对空间关系的概念化如何在汉语中体现出来。本书探究的焦点是，空间词（方位名词和趋向动词）所体现的空间概念是如何被系统地扩展出广泛的非空间义的。

　　本书探讨的中心概念是空间场景，在一个特定空间里，物体 A 和物体 B 呈现一种特定的空间配置方式，实体间是一种空间交互和体验的概念化关系。例如"杯子在桌子上。（The cup is on the table.）"一例中，杯子和桌子的空间相对关系是上下关系，但此外，杯子的底部和桌子的表面也是接触关系。同时，这一场景也涉及桌子对杯子的支撑功能，只是接触关系、支撑关系不如空间关系（上下关系）凸显。又如"咖啡在杯子里。（The coffee is in the cup.）"这个场景中，"里"（in）凸显咖啡置于杯子的内部而不是外部，但此外，"杯子"也为"咖啡"提供"限制"功能，咖啡的形状受限于杯子的具体形状（高、矮、胖、瘦），我们移动杯子，杯子里的咖啡也会随之移动。这些空间场景中所体现出的空间物理配置之外的功能因素则是空间词汇（"上"和"里"）产生非空间义的基础。空间词的非空间义现象在很多语言中都存在，例如在"You can count on my vote.（你可以指望我投你一票。）"和"She is in graduate school.（她在读研究生。）"这两个英文句子中，空间词并不完全涉及物理实体之间的空间关系，而是分别与"支持"和"包容"概念相关的非物理概念。

　　语言教师和研究者早就意识到空间词的掌握是二语学习者的难点，空间词复杂的语义系统是关键原因。对汉语学习者而言，空间词的非空间义更是难点中的难点，例如"*照顾不下来""*凹出来""*我和我的朋友像起来""*他有信心说上去"都是汉语学习者在语言输出中的偏误。此外，"写上名字"和"写下名字"中"上"与"下"是否可以互换，"他看起来很累"和"他看上去很累"中"看起来"和"看上去"的语用是否相同,都是困扰学习者的问题。

英语的空间词也在空间义的基础上发展出广泛的非空间义,对以英语作为二语的学习者而言,要辨析 over 和 above 也不是一件易事。例如,"The picture is over the mantel.(这幅画在壁炉架上。)"可以说是对"The picture is above the mantel.(这幅画在壁炉架上。)"的直接解释。再如,"Mary hung her jacket over the back of the chair.(玛丽把她的夹克挂在椅背上。)"这个句子也完全可以被理解为与"Mary hung her jacket above the back of the chair.(玛丽把她的夹克挂在椅背上。)"一致。但显然 over 和 above 并不是任何时候都可以互换的。大部分的英语空间介词都有一套复杂的引申意义(非空间义),例如 over 至少有 16 个义项,且这 16 个义项之间表面上看不出系统性的联系(Tyler & Evans,2003)。跨语言研究证实,空间词从空间义发展出非空间义的复杂语义集合是常态。

第一节　研究对象和研究问题

空间词为空间物理经验、人类概念系统和语言使用之间复杂的相互作用提供了丰富的证据,是用来研究空间经验如何形成许多其他非空间、非物理概念现象的绝佳研究对象。

由于空间与人类生存存在相关性,空间一直是许多学科研究的焦点,当然也包括语言学。从类型学的角度看,每种语言里表达空间关系的方式的确存在差异性。例如,使用特殊名词和动词组合的韩语和日语,或使用名词的强制形态来表达形状和大小类别的美洲印第安语[①]。芬兰语和立陶宛语则采用大小写标记来表示位置和方向[②]。不同于采用时态、性别等语法手段,有许多语言采用丰富的词汇资源来表达空间关系。他们的语言系统里有使用罗盘上各点的术语,经纬度和海拔的短语,长度、面积和体积的单位,高度、宽度、深度和厚度的标签,有的甚至还有容器、路径和边界的标签,谈论城市空间的地区、节

---

① TALMY L. How language structures space [M] //PICK H L, ACREDOLO L P. Spatial orientation: theory, research and application. New York: Plenum, 1983: 225 – 282.

② TYLER A, EVANS V. The semantics of English prepositions: spatial scenes, embodied meaning, and cognition [M]. Cambridge: Cambridge University Press, 2003: 234.

点、地标、路径和边缘①。

除了语法和词汇手段的差异，结构语言学认为不同语言在空间场景的概念化方面也有差异，这反映了语言是人类认知世界的一种方式。例如，"the bird in the tree（树上的鸟儿）"一例中，tree（树）被概念化为一个三维的容器，而在"pti čka na dereve（俄语，树上的鸟儿）"一句中，凸显的是"支撑（support）"的功能而不是"容纳（containment）"的功能②。再来看更多的例子，"get into a car（上车）"和"get onto a car（上车）"，在前句中，car 被视为一个三维的容器，而在后句中，car 被解读为一个二维的平面。在德语中，"im Auto（在汽车上）"和"im Bus（在公共汽车上）"，汽车和公共汽车都被定义为三维容器③。因此，每一种语言中的空间词都值得系统研究。为了探究汉语空间词的语义特点、非空间义的语义类别以及非空间义的发展机制，我们选取汉语空间词（方位名词和趋向动词）为研究对象展开系统研究。

一、研究对象

任何一项研究都不可能穷尽所有的语言现象，都只能是一项受限研究。既然语言事实是不可穷尽的，那就需要研究者将研究对象限定在某一范围内，在有限的封闭的语料库汇总中，对研究对象进行系统的描写。本书的具体研究对象包括下面这些词：

方位区别词：上、下、内（里）、外、前、后；

方位后置词：上、下、内（里）、外、前、后；

位移动词：上、下、进、出、来、去；

简单趋向动词：上、下、进、出、来、去；

复合趋向动词：上来、起来、下来、上去、下去、进来、进去、出来、出去、过来、过去、回来、回去。④

我们考察了《现代汉语词典》（第7版）、《现代汉语八百词》（修订版）、《动词用法词典》这三部常用的工具书，发现对上述空间词的释义并不一致，

① 转引自STASIŪNAITĖ I. The semantics of spatial prepositions：the main trends of research［J］. Taikomoji kalbotyra, 2016（8）：188－212.

② ŠEŠKAUSKIENĖ I. Proximity in English and Lithuanian［J］. Kalbotyra, 2003, 53（3）：117－118.

③ TALMY L. How language structures space［M］//PICK H L, ACREDOLO L P. Spatial orientation：theory, research and application. New York：Plenum, 1983：267.

④ "开来""开去"在汉语教学中涉及的比例相对小得多，因此没有专节分析。

这既说明我们对空间词语义的研究还不够深入，也反映出空间词作为高频词汇，其义项系统极为丰富。因此，要想清楚、准确地描写空间词的语义，既要厘清组配词语语义对空间词语义的干扰，又要考虑到空间词的组配中的语义互动现象，只有以系统的、联系的视角展开研究，才有可能得出科学的结论。

二、研究问题

空间词数量少，是个相对封闭的类，但其语义和用法极为复杂，本书立足语法教学的视角，从汉语学习者空间词使用的偏误出发，以提高汉语空间词教学效果为目的，围绕以下几个问题对空间词的空间义和非空间义展开系统的研究：

（1）汉语空间词语义系统的全貌是怎样的？

汉语空间词包括方位名词、位移动词和趋向动词，它们是描述空间关系的重要词汇，要想深入研究空间词的非空间义，离不开对空间词空间义的梳理。本研究将从垂直轴、水平轴、内外轴三个系统对空间词进行全面的分析，既研究空间词的原型空间语义，也研究空间词非空间义的语境依赖性、多义性及语义扩展的现象。希望通过对空间词空间义和非空间义进行系统的研究和分析，深入探讨空间词语义系统的全貌，并提供有益于汉语空间词教学的理论支持。

（2）空间义和非空间义的区分标准是什么？

大多数汉语空间词的不同义项都是一个丰富的语义网络系统，其非空间义都是在空间义的语义基础上发展而来。如"上山""下山""上楼""下楼"我们很容易判断是空间义的用法，而"上班""下班""上课""下课"也很容易判断出是非空间义的用法，那"上街""上厕所""上图书馆"一类该如何判别？这些组配结构显然在物理空间存在位移动作，但并不是典型的垂直轴的位移，而是水平轴的位移，那么"上街""上厕所""上图书馆"中的"上"应该是空间义用法还是非空间义用法？再如"跳上""跳下"是物理空间的位移，"跨上一步""挤上前"也存在物理空间的位移，却表示动作"趋近中心的方向"，这种又该如何判断？因此，确定空间词空间义和非空间义的标准是本研究的首要问题。

（3）如何确立某个空间词非空间义的义项数量？

在本体研究中，研究者对汉语空间词非空间义的义项数量并未达成共识，判定某个空间词具有多少个非空间义带有一定的随意性。比如，杉村博文（1983）指出"放下笔"和"摘下老花眼镜"中的"下"不是一码事，"放下"和"拿起"构成反义关系,而"摘下"和"戴上"构成反义关系,他认为"摘下"的"下"除了表示位移之外还表示"脱离"义。但是,"脱离"义是动词"摘"贡献的。又如,《趋向补语通释》(1998)认为"下"有"凹陷"义,例如"地面陷<u>下</u>两个坑/房顶塌<u>下</u>一大块",但这个"凹陷"义仍是动词"陷"和"塌"贡献的。

Tyler 和 Evans(2003)和 Mirzaei(2017)的研究都认为英语介词 for 中 exchange 的语义("交换"义)是一个独立的非空间义,但是以下4个英文例句①刚好能证明"交换"义是动词的语义贡献,而并不能算是 for 的语义贡献。例如:①Katherine <u>substitutes</u> applesauce <u>for</u> butter in some of her cakes.(凯瑟琳在一些蛋糕中用苹果酱代替黄油。)②I'd like to <u>exchange</u> this damaged CD <u>for</u> a new one.(我想把这张损坏的 CD 换一张新的。)③Tom Sawyer <u>swapped</u> a jumping frog <u>for</u> a fishing pole.(汤姆·索亚用一只跳蛙换了一根鱼竿。)④The French <u>traded</u> beads and whiskey <u>for</u> furs.(法国人用珠子和威士忌换取皮草。)但是,从上述例句可作出判断,"交换"的语义明显是动词(substitutes,exchange,swapped,traded)自身的语义,这说明,不仅在汉语研究中,在英语研究中也容易出现判断上的偏误。

Wilks 等人很早就指出"义项切分粒度过小是普通词典存在的一个主要问题"②。肖航根据对《现代汉语词典》(第5版)的分析得出,词典中多义词的义项存在杂糅现象(重叠/相离/包含),这种由于义项切分粒度过小而引起的现状会影响词义的准确切分③。李安指出,要从认知角度来理解义项之间的语义距离和提升歧义消解正确率之间的关系④。因此,如何确定空间词非空间义的义项及义项数量是需要研究的问题。

(4)空间词非空间义的发展机制是什么?

近年来,许多认知语言学研究多义词的方法都将多义词视为具有许多相互关联的义项的类网络范畴。语料库语言学的研究方法更关注不同词义的分布特

---

① 例句转引自 TYLER A. Cognitive linguistics and second language learning: theoretical basics and experimental evidence [M]. 1st ed. New York: Routledge, 2012: 151.

② WILKS Y, FASS D, GUO C M, et al. Machine tractable dictionaries as tools and resources for natural language processing [M] //VARGHA D. Coling Budapest: proceedings of the 12th international conference on computational linguistics. Budapest: John von Neumann Society for Computing Sciences, 1998: 750 – 755.

③ 肖航. 词典多义词义项关系与词义区分 [J]. 云南师范大学学报(哲学社会科学版),2010,42(1):43 – 48.

④ 李安. 多义词义项的语义关系及其对词义消歧的影响 [J]. 语言文字应用,2014,89(1):34 – 35.

征，对于不同的词义之间如何相关仍不可知①。

比如，卢英顺（2006）认为"下来"之所以能从空间上的"由上而下，朝着说话人的所在地位移"（原型空间语义）这一意义引申出其他的意义，是因为受到了"下来"认知图景的影响；如果着眼于位移在时间领域的映射，则产生了"延续"义；如果着眼于客体，则有了"离开"义；如果着眼于起始点，则有了"留存"义；如果着眼于刚刚到达的一刹那，则有了"停止"义；如果着眼于客体本身，是静止的，则产生了"状态"义。因此，卢文得出结论，"下来"多种意义的产生不是任意的，不同意义的体现是人们对"下来"认知图景不同侧面的凸显。那么，按此推理，是否只要是涉及位移的趋向动词就都可以产生此类认知图式，扩展出类似的非空间义？这需要通过研究来回答。

（5）如何避免汉语学习者空间词用法上的偏误？

前人的汉语空间词习得偏误研究传递出一个强烈的信号，即教材内容中语言点的展示和课堂语法教学是造成汉语学习者语法偏误的主要原因。如何避免学习者的过度类推，如何提升汉语空间词的学习效果，如何针对空间词进行高效教学，怎么避免学习者造出类似"*看上来商业味太重""*把泰国和马来西亚比较起来"的偏误句子？这些都是面向汉语教学实践迫切需要解决的理论问题。

第二节　研究目的和研究意义

一、研究目的

本书的研究目的在于，以认知语义学理论为基础，运用知识图谱的技术，对汉语空间词的空间义和非空间义进行系统的描写与分析，期望研究结果能运用到汉语作为二语的教学课堂中，提升汉语学习者的学习效率并激发学习者的学习热情。具体来说，包括以下三个方面：

---

① GRIES S. Corpus – based methods and cognitive semantics：the many senses of to run ［M］//GRIES S, STEFANOWITSCH A. Corpora in cognitive linguistics：corpus-based approaches to syntax and lexis. Berlin, New York：De Gruyter Mouton, 2008：57 – 100.

（1）建立空间词的语义描述体系。

本书的一个重要目标是建立空间词的语义描述体系，通过对各种空间词的语义进行分析和比较，归纳总结出空间词非空间义的基本语义类别和语义变化规律，为后续语言学研究提供基础和参考。

（2）探讨空间词非空间义的语义发展机制。

本书通过系统描写空间词非空间义的语义情况，探讨其语义发展机制，通过深入研究空间词在不同语境下的语义变化发展规律，揭示其非空间义的语义演变过程和语义产生机制，进一步深化我们对汉语空间词语义的理解。

（3）提高汉语教学的效率和学习者的兴趣。

本书旨在将研究结果应用于汉语教学中，借助知识图谱的技术，通过揭示和描写空间词在组配中的语义选择倾向、非空间义的语义分布，为二语教学设计有针对性的教学策略和课堂活动，使学习者更加深入地理解汉语的语义系统，提高学习者的学习效率和学习兴趣。

二、研究意义

本书的研究意义和价值体现在以下几个方面：

（1）在语义研究的发展上起着承上启下的作用。

空间经验为人类的概念系统（也即意义的本质）提供了坚实的概念基础。[①] 语言是一个不断发展的有机系统。因此，研究语言共时的"切片"，只能揭示语言变化系统中的一个点（Bybee et al. , 1994；Hopper & Traugott, 1993）。但即使是以一个点为基础的共时研究，它的句法、语用、语义特征也会展示出它过去的"层"。因此，本书通过对汉语空间词的非空间义进行全面而系统的分析，对研究意义的发展变化，尤其是词汇意义的发展和变化起着基础性的作用。

（2）为语言类型学的研究提供参考。

空间词在空间义的基础上发展出丰富的非空间义，绝不是汉语独有的现象，其他语言中也有大量的研究，英语的空间词在近代史上是被研究最多的词类之一。拿英语来说，under 既可以用来表达"桌子下有个球（a ball under the table）"，也可以用来表达"桥下流过一条河（a river flows under the bridge）"，

---

① TYLER A, EVANS V. The semantics of English prepositions：spatial scenes, embodied meaning, and cognition［M］. Cambridge：Cambridge University Press, 2003：21 - 22.

还可以表达"压力之<u>下</u>（under pressure）"。因此，对汉语趋向动词的非空间义进行系统梳理，也能为其他语言中空间词语义的发展研究提供更翔实的依据。

（3）本研究是构建汉语教学语法体系的重要组成部分。

面向汉语教学的语法研究与传统的本体语法研究不同，很多对中国人来说不是问题的问题到了二语学习者那儿都成了问题，比如学习者会问为什么可以说"天一点点<u>黑下来</u>"，但不可以说"*她一天天<u>胖下来</u>"？语法教学不是单纯为了让学生理解语法结构的形式和意义，而是希望学习者能够输出正确的、合适的句子。因此本研究是构建对外汉语教学语法体系的一个重要组成部分。

（4）推动跨学科研究的发展。

本书运用知识图谱技术对汉语空间词的组配偏好及使用频率进行研究，为语义研究和自然语言处理技术的发展提供了有益的探索和实践经验。本研究涉及认知语义学、计算语言学、二语教学等多个领域，将不同学科的理论与方法相结合，促进了跨学科研究的发展。

第三节　研究设计和语料来源

一、研究思路

本研究旨在通过运用认知语义学理论和知识图谱技术来深入分析汉语空间词的空间义和非空间义在具体语言使用中的高频组配偏好及各义项间的语义关系，为汉语作为二语教学提供理论依据和方法。具体思路如下：

（1）立足语料库来构建汉语空间词组配关系的知识图谱。

本研究将全面、系统地考察汉语空间词的语义情况及句法分布环境，基于语料库的海量数据，用知识图谱的方式来呈现空间词与其他词语高频共现的组配偏好，从而显示出空间词在语言使用中的大致面貌。该知识图谱将会为汉语作为二语教学提供有效的语例与搭配的参考，同时也为今后的空间词研究提供数据基础。

（2）立足空间词语义研究的个案来构建汉语空间词的语义系统。

虽然空间词的非空间义是研究的重点，但非空间义的发展是建立在空间义的基础之上的。因此本书的研究思路是从个案研究到系统构建，先分别详细描述每一个空间词的空间义与非空间义的语义情况，再全面构建汉语空间词的语义表达系统，进一步解释空间词非空间义的语义特点和组配规律，为汉语学习者理解和掌握汉语空间词的非空间义用法提供有效的帮助和指导。

（3）立足教学研究开展本体研究。

汉语学习者在空间词非空间义使用上的偏误是本研究的起点，因此，从教学中来到教学中去，是本书的思路框架。本书希望可以通过对汉语空间词语义情况的系统研究，提出有效的教学策略和建议，降低学习者的偏误率，从而减少学习者情感上的畏惧感和沮丧感，使其克服困难情绪，提高学习效率，最终体现本书的研究价值。

二、研究方法

语言的分布特性包括三个方面，一是语言形式在何种语境中出现，二是语言形式出现的频率，三是与该语言形式共现的语言形式①。因此，本书的总体研究方法可以围绕三个关键词展开，分别是组配、词频和语境。

（1）将空间词放在组配结构中研究。

搭配（collocation）的概念最早由 Firth（1951）提出，指的是词语间的组合关系，在特定情境中某词语与其前后并现词语相互依存。Harris（1954）也认为，词语的意义并不是孤立存在的，而是由其相邻词语及该结构所处的上下文语境共同决定。②

组配体现了词与词组合时的句法语义共现关系，近年来引起了国内外学者的高度关注，词语的搭配已经成为词汇知识不可或缺的重要成分。③ 其实，学界针对汉语空间词已展开了大量的研究，尤其是对汉语空间词的语义研究尤为深入，但有些研究会将关注重点全部放在空间词本身，而忽略了与其组配词语的语义特点也会对空间词的语义语用产生影响。因此本研究将会把空间词置于组配结构中，整体结构的语义和空间词的非空间义都是关注的焦点。

（2）结合空间词和组配词的共现词频展开研究。

对词频效应的关注源自基于使用的语言观，该语言观认为词的不同使用频

---

① PEREK F. Recent change in the productivity and schematicity of the way-construction：a distributional semantic analysis［J］. Corpus linguistics and linguistic theory，2018，14（1）：65 – 97.

② 转引自林正军，张慧. 词语搭配构式语义互动模型构拟：以 "Adj. + N." 为例［J］. 外国语（上海外国语大学学报），2020，43（6）：64 – 72.

③ SCHMITT N. Size and depth of vocabulary knowledge：what the research shows［J］. Language learning，2014，64（4）：913 – 951.

率与使用程度相互关联，词或短语出现的频率越高，习得的概率也就越大。Kapatsinski 和 Radicke（2009）发现英语空间介词 up 的使用频率高低与所搭配动词的频率存在交互关系。因此，组配与组配成分的使用频率和交互频率是需要同时考虑的因素。① Wolk 等（2013）提出，以大规模语料为基础的统计模型能一定程度描写说话者头脑中的语言知识，但学界对语料库和实验研究的对应性仍缺乏深入认识。② 因此，词频是本研究的基础。从教学角度出发，越是高频使用的空间词结构越是汉语学习者的重点和难点，也应该是研究的出发点。

（3）把空间词放在组配结构中研究，把组配结构放在语境中研究。

结构研究不能只聚焦孤立的词和句子，要关注语言发生的自然语境（natural habitat），这是交际话语中实例的来源，同时这些由内部互相关联的多样化构式构成的构式库知识网络也通过话语实例得到丰富和发展。③ 有研究选取了英语中四个包含空间介词的短语（分别是 get up，take up，get out，take out）展开语义分析，通过对句子语境的仔细比较，发现许多这些"不同"的意义都是语境变体，它们所谓的"不同"大多是由语境体现，而不是由词汇本身体现。④

结合上面谈到的三个关键词（组配、词频和语境），本书所设计的知识图谱技术构建方案分为两个部分：

（1）针对方位名词和位移动词构建单层知识图谱。

知识图谱数据说明，知识图谱的底层数据本质上其实是一个个三元组，知识图谱的设计即构建三元组，设计好图模型后，将三元组存入图数据库即可得到需要的知识图谱。

现在有很多自动化知识抽取的方法，比如机器学习、深度学习，但是抽取质量难以保证。为了保证三元组的抽取质量，首先通过计算机深度学习自动化的抽取知识，然后利用人工审核保证抽取质量，这样既利用了深度学习的自动化效率，又保证了抽取质量。

① 张萍，方南. 词频、语义和语言水平对英语搭配加工的影响［J］. 外语教学与研究，2020，52（4）：532-545，640.

② 转引自房印杰，梁茂成. 中国英语学习者关系代词取舍研究：语料库与实验法的交叉验证［J］. 外语与外语教学，2020（3）：34-43，147.

③ 转引自金胜昔.《Explain Me This：构式的创新性、竞争性及部分能产性》评介［J］. 外语教学与研究，2020，52（2）：309-313.

④ MAHPEYKAR N，TYLER A. A principled cognitive linguistics account of English phrasal verbs with up and out［J］. Language and cognition，2014，7（1）：1-35.

接下来将抽取的知识，即三元组（如"脸，附着关系，上"是一个三元组；"基础，附着关系，上"也是一个三元组），进行提取分析，统计出现次数，把前 50 个左右的高频词组作为可视化数据，利用 py2neo 存储进图数据库 Neo4j，最终构建出知识图谱，并对知识图谱作出可视化展示。

针对方位名词和位移动词构建单层知识图谱，是基于这两类空间词的句法语义特点决定的。对这两类空间词的分析，主要考虑与其高频共现的组配词语即可，例如方位后置词"上"，和其组配的高频名词分别是"脸、基础、世界"，从而构成"脸上、基础上、世界上"高频组配。

（2）针对趋向动词构建双层知识图谱。

本研究的处理方法是，首先将作补语的趋向动词作为一个节点，将与之组配的动词或形容词作为另一个节点，两个节点之间的关系是动补关系，这个三元组对应的是汉语里的"动词 + 趋向补语"结构，即"动补结构"，例如"降下来"可以表示为这样的三元组，即"降，动补关系，下来"，这是第一层图谱。第二层图谱设计了能和"动补结构"共现的名词，如"成本、价格"，以嵌套三元组的方式呈现在知识图谱中。这样，以"成本降下来"为例，第一层三元组是"降，动补关系，下来"，嵌套的三元组为"成本，主谓关系，降下来"。

这种做法可以进一步扩展和丰富语法知识图谱的内容，揭示更多关于动词和趋向补语在句子中的语法和语义特征。例如，"闻起来"可以和"花""香味""厨房"等名词共现，从而体现更丰富的组配关系。

使用 python 编程语言处理数据的过程如下：首先读入语料库，然后用正则表达式对每一行的语句，按照标点符号进行分句，然后筛选出包含关键词（如"上来、下去、起来"等）的句子，对包含关键词的句子，用 pyltp 里的 Segmentor. segment（）函数进行分词，再用 Postagger. Postag（）函数对分词结果进行词性标注，再用 Parser. Parse（）函数根据分词结果和词性标注结果，进行依存句法分析。根据词性标注结果与句法分析结果，提取出与关键词有关的成分的词 A，再提取出与词 A 相关的成分词，且筛选出的词的词性为形容词、名词（包括一般名词、人名、位置名词等）、动词、介词等。对提取出的结果，统计出现次数，把前 100 个左右的高频词组作为可视化数据。然后对提取出的词组结果，用 py2neo 将其导入到 Neo4j，其中不同词性作为节点，节点之间的连边关系为 CMP（动补结构）、SBV（主谓关系）等，最后设置不同颜色和底纹区分各种词性，呈现出完整的知识图谱。

三、语料来源

本书的语料包括汉语语料和英语语料，以汉语语料为主。

汉语语料以书面语语料为主，也包括一些口语语料。书面语语料主要来自以下几个汉语语料库：

（1）北京语言大学语料库中心（简称 BCC 语料库①）。该语料库总字数约150 亿个，包括报刊、文学、微博、科技、综合和古汉语等多语料库，是可以全面反映当今社会语言生活的大规模语料库。

（2）北京大学 CCL 语料库。CCL 语料库中包含现代汉语语料和古代汉语语料，语料时间跨度为公元前 11 世纪到当代，其中现代汉语语料约 6 亿字符，涵盖了文学、戏剧、报刊、翻译作品、网络语料、应用文、电视电影、学术文献、史传、相声小品、口语等多个类型。古代汉语语料库约 2 亿字符。

（3）HSK 动态作文语料库。

（4）自选语料。语料来源于网络搜索和报刊新闻，均经过自省验证并符合语法规范。

本研究中英语的语料主要参考英语词典：Oxford English Dictionary 的网络版②和朗文当代高级英语字典，必要时考察美国在线词典 Online Etymology Dictionary 7。

以上语料，除特殊说明外，一般情况下行文不再注明出处。

---

① 荀恩东，饶高琦，肖晓悦，等. 大数据背景下 BCC 语料库的研制［J］. 语料库语言学，2016，3（1）：93 - 109，118.

② http：//www.oed.com.

第二章　空间词研究综述

第一节　国内研究综述

一、关于方位词的研究

方位表达是语言学习中的重要内容。方位词是一种表示空间位置关系的词，它可以指示人或物体在空间中的方位关系。在汉语中，方位词是表达空间位置关系的基本手段，同时也是表达时间、范围等概念的重要方式。

"方位词"这一概念首次被提出是在吕叔湘（1956）《中国文法要略》中，书中指出"上、下、左、右、前、后、内、外、中……"等26个词属于专门表示方位的词。随后，丁声树等（1961）也把"上、下、前、后、里、外、内、中、左、右、东、南、西、北"确定为"定位词"，后期又改为方位词（1999）。随着方位词这一概念的提出，各种关于方位词的研究逐步增多，方位词也逐渐成为汉语本体研究中的重点内容。

在20世纪后半叶，方位词的研究主要围绕词类的确定、句法功能的界定和方位词的成员构成三个主要方面展开。

关于方位词到底归于哪种词类，学界并未达成共识。一种观点认为方位词是和名动形并列的词类，如赵元任（1979）、朱德熙（1982）等。另一种观点认为方位词属于名词的一个小类，如丁声树等（1961）。对词类定类的讨论反映了那个时期的研究背景，在20世纪前半叶，结构主义理论和分析方法被逐步引入中国，这些研究都受到了结构主义理论的影响，重视对语言事实的分类与描写。

关于方位词的句法功能，也是研究的中心。大家讨论的焦点是：方位词到底是词还是语素？方位词到底是实词还是虚词？无论将方位词看成和名动形并列的词类还是名词的小类，方位词都被认为是词。但也有学者认为方位词不能充当句法成分，因其有很强的黏着性（Liu FengHsi，1998），只能是语素（张静，1987）。关于方位词是实词还是虚词，也有不同的观点。有研究认为方位词属于体词，应该是实词（丁声树等，1961；赵元任，1979；朱德熙，1982），有研究则认为方位词的实词性较虚（文炼、胡附，2000），因为它经常附着于其他词后，功能上开始虚化（张斌，2010）。

关于方位词的范围，有学者只列入了单音节方位词，有学者还列入了双音节方位词。朱德熙（1982）将方位词区分为单纯方位词和合成方位词，这种区分奠定了后续研究的基础。

总的来说，20 世纪后半叶关于方位词的研究绝大多数都属于汉语本体研究，还未涉及应用研究的部分，立足本体，需要把什么是方位词，哪些词属于方位词，方位词的基本句法功能是什么这些问题都一一探讨清楚，这些研究全面、系统、细致地描写了方位词的本体研究体系，是本书研究的坚实基础。

由于本研究从汉语教学中所遇到的问题出发，而上述探讨的问题不是教学研究关注的主要问题，方位词是词还是语素、是实词还是虚词，这些问题并不会直接影响学习者对方位词的习得。因此本书仅选取"上""下""前""后""里""外""内""中"这几个方位词为研究对象，也是基于语法教学研究的视角，因为这几个词是汉语学习者的学习难点。

自 21 世纪始，由于新的理论和方法（语法化理论、认知语言学理论、类型学理论）不断被引入国内，方位词的研究也有了更丰富的视角。

与共时研究相比，语法化理论更强调历时研究的视角。方位词从最初仅表达物理空间的位置关系，发展到现在各种能表示时间、范围等非空间义的用法，方位词句法语义演变背后的机制和条件是语法化理论的研究对象。总的来说，方位词语法化的个案研究比一般性研究要丰富。方经民（2004）和刘丹青（2003）从整体上考察了方位词从方位名词到方位后置词的虚化过程，认为部分方位词已经几乎失去了名词的特性。李晋霞、刘云（2006）提出方位词内部语法化程度存在差异，指出有的方位词语法化程度较高（如"上"和"里"），而有的方位词语法化程度较低（如"东""南""西""北""左""右"）。因此，这些语法化程度较低的方位词也没有被纳入我们的研究范围，因为这些方位词对汉语学习者来说在语义理解上没有障碍，在语用输出上也少有偏误。关于方位词的个案研究，重点围绕方位词的语义及语义虚化的机制展开，其中"上""中""后"是研究的热点。例如，"上"可以表存在、对象等用法（黄小丽，2014），"中"从方位词到时态助词，是一个虚化的连续统（张谊生，2002，2007）、"后"可以表示句中的停顿，还可以表示假设语气（孙锡信，2002）等。方位词从表空间义到表非空间义的语义发展过程，是高频使用（方梅，2003）、隐喻和转喻（吴福祥，2007）以及重新分析（张谊生，2002）等机制作用的结果。

20世纪80年代初，认知语言学开始兴起，学界开始从功能和认知的角度研究方位词。方位词最基本的用法是表达两个物体之间的一种空间关系，这需要建立在"参照点"的基础上。廖秋忠（1983）和方经民（1987，1999a，1999b）是较早运用新理论的学者，廖秋忠指出在"名词＋方位词"搭配结构中，名词是方位词的参考点，方经民在一系列研究的基础上初步建立了汉语的方位参照系统。而隐喻和意象图式理论的引进则掀起了方位词研究的热潮，各种研究层出不穷，极大推进了研究的深入。

认知语言学是一个关注语言和认知之间关系的语言学派，认知语言学认为，隐喻是一种基本的认知机制，人们通过两个概念之间的比较，可以更好地理解和表达，如"人生是一场旅行""商场即战场"等。意象图式也是一种基本的认知方式，指的是人与客观世界互动中一些反复出现的简单结构，用于理解和解释语言和情境之间的关系。意象图式在人们拥有了一些特定的经验和感知后由大脑自动生成，是人类理解世界的基础。隐喻和意象图式理论都能很好地解释语言中的一词多义现象，而方位词是从人类生存和移动的过程中逐渐发展而来的，是人类对于空间感知和认知的产物，隐喻和意象图式可以用来解释方位词的多义现象。利用认知语言学理论对方位词进行研究的成果中，方位词"上""下"是研究的重点（李宇明，1999；蓝纯，1999；曾传禄，2005；蔡永强，2010），此外，"里""内""中""外"的语义也受到关注。除了这些个案或小类研究外，方位词在句法语义上的对称和不对称现象也得到了较为充分的研究（周统权，2003；白丽芳，2006）。总的来说，这一时期的研究不仅关注对方位词语义的描写，还关注对方位词一词多义现象的解释。

类型学理论主要是通过跨语言的比较研究来发现人类语言的共性。相比认知语言学理论，以类型学理论来研究方位词的成果还不太多，主要是对比不同语言中方位词的句法功能和语义特点（崔希亮，2002；张谊生，2002；贝罗贝、曹茜蕾、曹嫄，2014）。虽然从该角度切入的研究成果不算丰富，但扩大了方位词研究的视野，将汉语方位词纳入世界范围内去考察，是非常有益的尝试。

关于方位词的本体研究还包括对古代汉语方位词和方言中方位词的研究，

限于篇幅不一一展开。近七十年来本体研究的成果大大推进了汉语方位词句法、语义、语用研究的深入，但这些丰富的研究结论还无法很好地应用在汉语教学中，汉语学习者在学习过程中，会出现各种类型的偏误和疑惑，例如，"内地"和"外地"，"外人"和"内人"语义为什么没形成对称关系？再如，"地上有一张纸"和"地下有一张纸"是否语义等值？可以说"买东西"，为什么不可以说"*买南北"，为什么有"西餐""西点"，却没有"*东餐""*东点"？明明蚊子在天花板下面，却要说"天花板上有只蚊子"？这些问题既是研究的挑战，也是研究的触发点，进入21世纪后，面向方位词的教学研究在逐步展开，但多以个案研究为主，还需要对方位词空间义和非空间义的分布情况进行系统而全面的描写和分析。

二、关于趋向动词的研究

趋向动词非空间义的语义情况非常复杂，刘月华（1998）指出，一个动词可以和哪个趋向动词的哪一个意义结合是固定的、有限制的，学习者几乎需要逐个去记。因此，在教学中我们经常会遇到这样的问题，"写上名字"和"写下名字"中"上"和"下"是否可以互换，"他看起来很累"和"他看上去很累"中的"看起来"和"看上去"是否语用相同？为什么"*我和我的朋友像起来"和"*他有信心说上去"不合语法？汉语学习者基于什么机制造出了这样的句子？这值得我们继续研究。

从20世纪20年代黎锦熙的《新著国语文法》（1924），到20世纪40年代吕叔湘的《中国文法要略》（1956），再到吕叔湘的《现代汉语八百词》（1980），趋向动词一直都是研究的重点。吕叔湘在《汉语语法分析问题》（1979）中指出："把趋向动词提出来作为一个独立的小类是有理由的，因为它附在别的动词之后构成复合动词（短语词）比单独用的时候还要多。"

近几十年来国内关于趋向动词的研究主要集中在以下几个方面：

（1）趋向动词的语义性质和功能。

20世纪80年代中期以后趋向补语的引申意义受到了广泛的关注，孟琮等（1987）、房玉清（1992）、史锡尧（1993）、邱广君（1995，1997）、刘月华（1998）、刘广和（1999）等都对此进行了深入的研究。其中，刘月华（1998）主编的《趋向补语通释》作了最全面的研究，集中体现了汉语语言学界在趋向动词上的主要研究成果。

此外，趋向动词的性质也是讨论的焦点，岳中奇（1994）认为"去"是一个体助词；陈昌来（1994）、刘广和（1999）、卢英顺（2001）主张把趋向动词分成实词和虚词两类；黄月华（2011）则从认知语义学的视角出发把趋向动词看成一个多义词。

（2）与方言和其他语言的对比研究。

出于汉语教学的需要，人们开始进行语言对比研究。邢向东（1994）、李旭练（1998）、殷军等（2004）分别将汉语与内蒙古晋语、都安壮语、维吾尔语中的对应形式做了对比。居红（1992）把汉语的动趋式与英语的作了系统的比较。朱巨器（2000）和杉村博文（2010）从汉日对比的角度分别对汉语的"来""去"和"起"进行了语义分析。

（3）二语习得与教学研究。

趋向动词非空间义的高频使用加之其表义的复杂性，使其成了第二语言学习者的难点，在第二语言习得领域出现了许多研究趋向补语的文章。

钱旭菁（1997）最早对日本学生汉语趋向补语的习得顺序进行了考察，杨德峰（2003a，2003b，2004）分别对英语母语学习者、朝鲜语母语学习者和日语母语学习者趋向补语的习得顺序进行了考察。陈晨（2005，2007）、杨春雍（2005）、黄玉花（2007）、傅子轩（2007）、翟英华（2008）、白智明（2009）分别对泰国学生、越南学生、韩国学生、印度尼西亚学生、俄罗斯学生、缅甸学生汉语趋向补语的习得情况进行了考察。此外，还出现了综述性的文章，如汪翔、农友安（2011）就对2005—2009年的研究情况做了较为全面的梳理。

值得注意的是，关于趋向动词习得偏误的影响因素有些学者得出了相反的研究结论，杨德峰（2003a）、肖奚强（2009）认为不同母语的学生在习得某一语言项目时，习得顺序基本一致，母语的干扰并不明显。而李燕（2012）则认为"母语"背景和趋向补语的"类别"是影响留学生习得趋向补语的两大重要因素。

在教学方面，肖奚强（2009）指出，复合趋向补语的误用随着年级的升高而增多。郭晓麟（2010）认为造成趋向补语习得成为难点的主要原因是当前对外汉语教材语法教学示例的选取缺乏典型性，并提出了典型例句选取的四个基本语用原则。

（4）语法化研究和儿童语言习得。

近十几年来，运用语法化理论、构式语法、认知语义学等理论来研究趋向动词非空间义的文章体现了目前这一领域的研究动态。

在语法化研究方面，吴福祥（2010）从共时角度讨论汉语方言里趋向动词的若干语法化过程。沈敏、郭珊珊（2014）运用语法化理论分析了"V 出"的语法化现象。在儿童语言学习得领域，邹立志、周琳、程莉维（2010）发现儿童趋向动词习得在语义发展上，基本上经历了"空间→路径→结果→状态→时间"实义虚化的过程。

此外，还有学者从机器翻译、词典编纂的角度对趋向动词非空间义进行了研究，黄德根、刘小华、李丽双（2006）指出，趋向动词的处理对词性标注也具有重要意义。杨德峰（2009）对《现代汉语词典》（第 5 版）的趋向动词的释义进行详细的考察，发现其中趋向动词的释义存在一些不足。

从上述文献梳理可以看出，多数研究并未专门区分出趋向动词的空间义和非空间义，虽不乏精彩、深入的个案研究，但仍存在很大的研究空间：趋向动词的非空间义需要系统全面的梳理和分析，趋向动词的非空间义到底包括哪几种语义类型，怎样才能让汉语学习者不再造出类似"*看上来商业味太重""*把泰国和马来西亚比较起来"的错句，趋向动词的教学语法体系应该怎样构建……这些问题都值得展开系统、深入的研究。

第二节　国外研究

空间词在空间义的基础上发展出丰富的非空间义，绝不是汉语独有的现象，其他语言中也有大量的研究，英语的空间词在近代史上是被研究最多的词类之一[①]。拿英语空间词 under 来说，其既可以表示"桌子下有个球。（There is a ball under the table.）"，也可以表示"桥下流过一条河。（A river flows under the bridge.）"，还可以表示"压力之下（under pressure）"。尽管越南语和英语是非亲属的语言，但它们都使用介词系统来表达空间关系，Ho（2008）的研究表明，越南语介词也发展出广泛的一词多义网络。因此，对汉语空间词的非空间义进行系统梳理，也能为其他语言中空间词语义的发展提供更翔实的依据。

尽管语言学家早就意识到空间介词的语义具有复杂性，但围绕空间标记的意义网络以及在空间义基础上发展出的抽象语义系统直到最近 20 年才成为语言学研究的焦点。传统的理论解释认为英语介词的语义是特殊的（Bloomfield，

① TYLER A, EVANS V. The semantics of English prepositions: spatial scenes, embodied meaning, and cognition [M]. Cambridge: Cambridge University Press, 2003: 2.

1933；Frank，1972；Chomsky，1995），因此，对二语学习者而言，死记硬背是最好的学习策略。研究表明，许多高度熟练的二语者，其空间介词的使用都无法达到母语者的水平，Lam[①]的研究指出，在四年大学西班牙语课程中，第二语言为西班牙语的学习者在介词 por 和 para 的掌握上几乎没有取得任何进展。

对空间介词语义的研究可以分为两种类型，一种是比较传统的结构主义方法，采用词典的语义观，另一种是现代认知方法，反映百科全书式的词义观[②]。

传统结构主义方法一方面表现在组合关系（syntagmatic treatment）的处理上[③]。句法方法将空间介词的语义与其语境义等同起来，主要采用描述性方法来穷尽介词的语义，例如瑞典语言学家 Lindkvist 收集了大量语例来说明各种介词的用法，他指出，同义介词的语义是交叉关系，即常常通过一个介词来描述另一个介词的语义[④]。一些立陶宛学者也关注句法关系，在研究空间语义时更倾向传统方法。Šukys（1978，1984，1998）的研究具有开创性，他指出，"大多数定位介词的语义是模糊的，介词的意义只有与名词一起使用时才会更加清晰"[⑤]。例如 per 与 per kiema（"穿过院子"）、per metus（"在一年中"）、per jėga（"用武力"），它们分别指代位置、时间和方式。本书的研究思路和该观点一致，即应该把趋向动词的语义研究放在组配中来进行。

传统结构主义方法另一方面也体现在聚合关系（paradigmatic treatment）的研究上[⑥]。基于聚合关系的研究视角，Miller（1985）引入了两个普遍的类别，一个是实体，即与语言对应的现实世界中的对象或抽象物，另一个则是关系，即表达实体之间各种关系的方式。Miller 共划分出了五种实体：①物体的表面（内部和外部）；②与表面相邻的空间；③物体的内部；④物体的外部；

---

① LAM Y. Applying cognitive linguistics to teaching the Spanish prepositions por and para [J]. Language awareness, 2009, 18（1）：2 - 18.

② TYLER A, EVANS V. The semantics of English prepositions: spatial scenes, embodied meaning, and cognition [M]. Cambridge: Cambridge University Press, 2003：17.

③ STASIŪNAITĖ I. The semantics of spatial prepositions: the main trends of research [J]. Taikomoji kalbotyra, 2016（8）：188 - 212.

④ LINDKVIST K. A comprehensive study of conceptions of locality in which English prepositions occur [M]. Stockholm: Almqvist & Wiksell international, 1976, 13 - 22.

⑤ 转引自 STASIŪNAITĖ I. The semantics of spatial prepositions: the main trends of research [J]. Taikomoji kalbotyra, 2016（8）：188 - 212.

⑥ STASIŪNAITĖ I. The semantics of spatial prepositions: the main trends of research [J]. Taikomoji kalbotyra, 2016：192.

⑤空间的区域。一些介词（from, of, to, at）被称为关系词，是因为它们表达了空间关系，而不是表示空间或物体的表面或部分。

综上所述，传统的研究方法是从组合关系与聚合关系的角度来研究空间介词的语义，参照的是语言系统，而不是语言外的世界。而且传统的研究方法在面临空间词的多义现象时遇到了困难。因此，除了依赖传统的组合关系与聚合关系的研究思路外，还需要开拓其他的研究范式。接下来我们将会围绕认知语言学的研究视角展开论述。

1. 空间位置关系

认知语言学强调人类经验（周围的环境、意图和信念）对解释语言现象的重要性（Langacker, 1987; Lakoff, 1987, 1988; Ungerer & Schmid, 2006; Evans & Green, 2006），这标志着后结构主义时期的到来，认知语言学开始系统地使用"射体"（Trajector, TR）和"界标"（Landmark, LM）的概念来分析空间位置关系。

为了研究空间介词的语义，研究者不仅考虑了物体在空间中的单纯位置，还考虑了它们的功能属性和其他关系。图像模式（Lakoff, 1987）和重新分析（Tyler & Evans, 2003）都是基于感知信息来构建复杂的概念和空间关系的。不同于传统方法中的语言表征，这种心理表征的性质反映了意义的本质，即意义不是由语言系统决定的，而是我们的身体在物理空间互动的结果。因此，语义学，特别是空间意义的表达，成为认知研究中语用学的一个组成部分。

2. 意义的扩展

受到 Rosch（1978）原型理论的启发，不少学者使用语义网络原则来研究介词的多义性，从而构建义项关系间的家族相似性（Lakoff, 1987）。这些义项之间的地位是不平等的，有些是典型意义或主要意义，还有些是更外围的意义。

关于空间词意义的扩展，还有不少研究者在心理空间理论（Fauconnier, 1985; Lakoff, 1987）和概念隐喻（Lakoff & Johnson, 1980; Lakoff, 1987; Kövecses, 2002）的基础上来研究空间介词的词义从具体空间到抽象空间的转变。有趣的是，这种词义间的关联性不仅体现在原型意义和派生意义之间（空间域），而且在抽象域也有体现，如时间、状态、方式、环境、原因或理由等认知领域。正如 Pütz 和 Dirven 所说，"空间是所有概念化的核心"①。介词

---

① PÜTZ M, DIRVEN R. The construal of space in language and thought [M]. Berlin: Mouton de Gruyter, 1996: xi.

的语义发展，能从指示房间里最具体的空间信息引申到晚上表示抽象的时间和爱情中抽象的存在性信息。因此，具有定位功能的介词是"一个很好的实验室"，可以研究空间经验为何及如何为其他非空间的概念提供依据①。

语言学和空间语言语义学的理论进展产生了重要的影响，证明了空间词意义中许多被认为是武断的意义远比以前认为的更加系统。这些理论突破促进了我们对空间语言语义更加深入而系统的认识。原则性一词多义模型的一个基本假设是，与每个介词相关的多个意义形成了一个围绕中心意义组织的动机意义网络。

3. 意义分析框架

认知语言学家在认知语言学理论建构（如多义词、意象图式等）的基础上，提出了不同的英语介词语义网络分析框架。这些框架具有相同的基本前提，即介词的中心意义是基于两个（或更多）物体之间的物理空间关系（Tyler & Evans，2001），但在介词的义项数目、中心义项的确定等问题上，各框架存在较大差异。这些可供选择的理论公式可以为基于认知语言学的教学实施提供不同的指导方针。

（1）Lakoff（1987）和Brugman（1988）最早提出的英语介词分析的认知语言学框架。

他们认为over的原型意思是ABOVE和ACROSS的图式组合。通过增加地标的不同属性以及轨迹与地标之间的任何接触，这种中心的ABOVE-ACROSS图式可以发展成更详细的图像图式。例如，射体可能与地标有接触（例如，士兵爬过墙），也可能与地标没有接触（例如，鸟飞过墙）。此外，Lakoff还提出了over其他五种图式（ABOVE，COVERING，REFLEXIVE，EXCESS，REPETITION）②，每一种图式都代表了一种从中心图式延伸而来的不同意义。随后，Lakoff（1987）的完整规范方法受到了批评，因为它可能会为多义词创造大量的含义（Evans，2004；Tyler & Evans，2001，2003）。

（2）原则多义方法。

Tyler和Evans（2003）采用基于使用的语言视角，提出了一种有原则的多义方法。这种新方法引入了区分意义的标准，以及识别原型意义的标准。比如上文的over，不管接触不接触，都被认为是一种语义。这两种意义上的空间关

---

① TYLER A，EVANS V. The semantics of English prepositions：spatial scenes，embodied meaning，and cognition［M］. Cambridge：Cambridge University Press，2003：ix.

② LAKOFF G. Women，fire and dangerous things：What categories reveal about the mind［M］. Chicago：University of Chicago Press，1987：87 – 122.

系在概念上是相同的。Tyler 和 Evans（2003）引用了来自经验实验研究的证据①，这表明多义词的语义网络并不需要语义细颗粒度。Tyler 和 Evans（2003）的方法为分析英语语言中大多数介词的原型义和扩展义提供了一个系统、连贯和全面的框架，但不足之处在于较难将语境义和空间词自身的语义分离。

（3）竞争模型。

不少研究是从竞争模型（MacWhinney，1987，2012）的角度来解释多义词②的。该模型采用基于使用的功能主义方法来研究语言的加工过程，并将语言看作一个动态过程，由词汇项之间的竞争所调节。竞争模型的一个中心解释是多义词竞争发生在语言理解和产生过程中，多义词之间的激烈竞争导致了形式与功能联系的强化或弱化。比较这两个句子：The boy threw a ball to his dog.（男孩把球扔给他的狗。）和 The boy threw a ball at his dog.（男孩向他的狗扔了一个球。），学习者必须判断，这个间接宾语（他的狗），是接住球还是被球袭击。如果狗狗正积极地试图抓住球，那么介词 to 就会从表示"接受"的线索（receive cue）中提取出"接受"的语义支持，从而竞争过介词 at 的语义，然后在介词 to 的一组多义义项与表示"方向—指向"的义项之间存在着进一步的竞争。

4. 二语教学

尽管人们对认知语言材料在支持二语介词学习方面的教学价值有很浓厚的兴趣，但对认知语言材料在支持二语介词学习方面的教学价值的实证研究很少。

早期的认知语言学研究大多是定性的论证，而不是控制性的实证研究。例如，Lindstromberg（1996）在 Lakoff（1987）和 Brugman（1988）对 over 的分析的基础上，提出了一种向二语英语学生教授 on 的语义的方法。Tyler 和 Evans（2003）基于一词多义原则的教学法，提出了如何教授 over 的扩展意义的建议。到目前为止，只有少数实证研究已经证明了认知语言教学在英语介词教学中的好处。③ 这些研究表明，认知语言学概念可以应用于英语介词教学，并

---

① SANDRA D，RICE S. Network analyses of prepositional meaning：mirroring whose mind：the linguist's or the language user's? ［J］. Cognitive linguistics，1995，6（1）：89 – 130.

② WONG M H I，ZHAO H，MACWHINNEY B. A cognitive linguistics application for second language pedagogy：the English preposition tutor ［J］. Language learning，2018，68（2）：438 – 468.

③ WONG M H I，ZHAO H，MACWHINNEY B. A cognitive linguistics application for second language pedagogy：the English preposition tutor ［J］. Language learning，2018，68（2）：438 – 468.

取得了积极的效果。

Wong，Zhao 和 MacWhinney（2018）探索了对二语学习者进行英语介词教学的有效方法，这是第一个将认知语言学教学法应用于计算机语言教学的研究。该研究采用 MacWhinney（1987）提出的多义词竞争线索支持的竞争模型概念作为介词教学的理论框架，比较了基于认知语言学概念（多义词和意象图式）的教学材料是否比传统的介词教学方法（严重依赖对词典定义的死记硬背）的材料能带来更好的学习效果。研究结果表明，一词多义对比是一种有效的英语介词学习方法。虽然认知语言学中的概念和假设（如图像图式、地标、轨迹）对于第二语言学习者来说是抽象和难以理解的，但它们可以被应用到有效的基于计算机学习的材料中，促进认知语言学的语言教学。

总的来说，在认知语言学理论的影响下，国外对空间介词非空间义的研究及教学应用研究比国内更为深入和系统。但是不同语言有不同的特点，国外的研究成果也不能直接照搬来解决汉语二语学习者在学习过程中面临的问题，因此需要在国内外研究成果的基础上借鉴先进的理论和方法对汉语空间词的空间义与非空间义进行全面的描写，找出空间词和其他词语共现时的语义偏好及组配频率的差异，分析空间词的多个义项在语义网络之间的关系。

第三章　生成词库理论与知识图谱

第一节　意义的本质

认知语言学认为，意义的构建在很大程度上是一个概念化的过程，它以一种高度创造性的方式对语言和非语言信息进行整合（Fauconnier，1994，1997；Fauconnier & Turner，1998，2002；Turner，1991，1996）。语言与"现实世界"并不是一一对应的关系，语言对应的是人类概念系统中所代表的东西。人类的概念系统包含了以人类经验为中介，间接反映和解释世界的概念结构（如概念、图式等）（Fauconnier，1997；Jackendoff，1983，1987，1990，1992；Langacker，1987）①。

概念结构是人类体验物理空间世界并与之互动的产物。物理空间世界为概念系统提供了原始的感觉/知觉基础。人类体验空间物理世界的方式和内容受人类机能构造（既包括身体构造也包括神经解剖结构）制约，因此，从这个程度上说，"经验是具象化的"（Johnson，1987；Lakoff，1987；Lakoff & Johnson，1999）。

词汇意义的发展和变化是语用推理的结果。在情境条件下，概念性的重新分析和惯例化的推理会使一个新的意义成分与语言形式相关联，这就导致了语义网络的发展。这种情况也称为"语用强化"（pragmatic strengthening）（Traugott，1989）。因此，意义引申在本质上是基于用法和语用的。

Tyler 和 Evans（2003）认为，词汇及其出现的句法位置，其实只能提供最小的意义构建信息。一个简单句子的语义构建是离不开语境所提供的丰富背景

---

① 转引自 TYLER A，EVANS V. The semantics of English prepositions：spatial scenes, embodied meaning, and cognition ［M］. Cambridge：Cambridge University Press, 2003：73.

信息的。尽管语用推理和背景知识在意义构建中的重要性已被广泛认识，但以往的词义研究，无论是生成语法还是传统的认知语言学研究仍没有充分考虑到意义建构中的非语言信息。因此，不少研究无法正确区分哪些语义是由词汇本身贡献，而哪些语义是由语境、背景知识和认知加工来贡献。

语言中的多义现象一直是研究的重点和难点。多义现象指的是一个词在不同的语境下有不同的含义，这种语言现象在自然语言中非常普遍。多义现象的存在给自然语言的理解和生成带来了很大挑战。为了充分理解自然语言中的多义现象，需要对词义的组成和变化规律进行深入研究，并需要结合大量语料进行分析。本章以生成词库理论为研究的理论基础，以期探讨空间词汇的多义现象。

第二节　一词多义现象

传统上，一词多义现象需要满足两个条件：第一，某一词语形式具有不止一种不同的意义；第二，这些意义需要具有相关性。一个词语的不同含义如何在一个语义网络相互关联是认知语言学研究的重点。随着研究的推进，认知语言学家开始重视语料数据，并将之视为语义差别的证据来源。例如 Croft（1998）主张从语料库语言学的角度来考察意义的约定性和特殊性。他指出，动作动词 eat（吃）与不同论元组配时语义的不同是由于其直接宾语语义上的不同。Fillmore 和 Atkins（2000）基于语料库进行详尽分析，指出动词 crawl（爬行）的不同意义之间的关系是由经验和框架语义驱动的。Kishner 和 Gibbs（1996）讨论了英语副词 just 和 to make 的不同意义的关联，研究指出人们对 just 语义的选择在一定程度上是由 just 的特定意义与特定类别的词汇共同出现的频率决定的，此外 just 的语义解读还依赖情境特征，这与框架语义学有相似之处。

语言学家常常假设，一个词语的形式通常是与之意义形成对应关系的，且这种形式—意义的配对关系也相应地存储在心理词典或词典中。比如，Tyler 和 Evans（2003）指出了 over 在不同语境中的四种语义，分别是："再" [again（*to do it over*）]，"在……上方" [above（*over the sofa*）]，"完成" [finished（*till it's over*）]，"在某处" [in some place（*over there*）]。在传统的心理词汇研究方法中，与单一形式相对应的不同语义现象容易被研究者忽视，其形式与意义的对应关系也是研究的难点。Bernd Heine（1997）指出，如何表达与某一语言形式相关的不同语义现象应该是语言学理论研究的重点和难点。

词汇是句法、语义和语用的重要接口，词汇项的语义成分表征不仅对词义理论具有重要意义，而且对句子层次的意义建构理论也具有重要意义。句子语义的建构既要受到语言规则的支配，也需要依赖人类百科全书式的普遍世界知识，这些都涉及词汇意义与人类概念系统之间的交互关系。那么，如何描绘与单一词汇形式相关的不同语义是本研究的重点和难点。因此，本书选取空间方位词、空间后置词、趋向动词等空间词汇展开研究。以空间词汇作为研究的切入角度，有以下几点原因：其一，空间词汇中与单一形式对应的众多语义的多样性和复杂性很有代表性。其二，基于空间词汇形式与意义关系的研究对进行其他词类的研究具有相当大的适用性。

要了解语言的多义现象，就要先来了解一下同音/形异义论（homonymy），单义论（monosemy）和多义论（polysemy）① 这三种不同的理论。

当我们试图解释类似 over 这类词汇时，同音/形异义理论遇到不少障碍。一方面，如果把 over 的几个不同的语义看做是同音异义，则忽略了这些本来有内在相关性的不同意义之间的任何关系。另一方面，如果采用同形异义观，则不能体现语言是一个不断进化的系统。多义词的共时语义网络其实体现了语言发展的历时层面。此外，可以假设，以 over 为例，在语言的早期阶段该词的意义并没有现今这么丰富，现今常用的一些用法在过去则代表的是一种新用法。交际功能是语言的重要功能，因此，沟通在本质上是有目的的（Gumperz，1982）。一个说话者想要交流，并想达成交际的目的，他不会使用一个已有明确含义的词语形式来代表其他内容，除非说话人假设听话人能够很容易明白这个创新的语义用法。这说明，当说话人使用一种既定语义的语言形式来表达常规意义以外的意义时，说话人选择 A 词汇还是 B 词汇是有动机的。若非如此，交流就会有障碍。因此，说话人选择的这个词，其传统意义上一定有某个语义因素，使得说话人选择了以这个词的形式来表达，而不是别的词。因此，同音/形异义理论无法解释多义现象的普遍性，因为说话人在选择词汇时会考虑词汇的既有意义，也会考虑语境因素。

而"单义论"（Ruhl，1989）则认为一个形式只有一个意义，抽象的语义依靠上下文的语境知识来填充。单义论认为，与一个特定形式相关联的多重语

---

① 同音/形异义指的是两个或两个以上的意义由同一种语言形式表达，如 bank 有两个语义，一个是"河岸"，一个是"银行"，这两者虽然共用同一个语言形式 bank，但这两个语义之间没有内在关联。而多义词是指两个或两个以上的意义由同一种语言形式表达，但这些意义之间是有内在联系的。比如 head，既可以表示"头，人体的一部分"，也可以表示"领导"，如"这是我们头儿"。

义仅仅是在单一语义基础上结合上下文情境衍生出来的语义变体。但是，用单义论来分析多义现象也遇到不少挑战。其一，有些语义是可以脱离上下文的。语用知识尽管重要，但没有重要到足以预测出与某语言形式相关的所有不同含义。其二，即使语用和语境知识在意义构建的过程中发挥了重要的作用，但语言学证据指出，语言使用者在心理词汇中确实存储了一些独特的形式—意义的配对。因此，尽管意义构建的本质是一个动态的、具有创造性的过程，但并不意味着所有意义都是依赖情境解释的结果。

因此，Tyler 和 Evans（2003）主张用一词多义论来看待多义现象。他认为，一种语言形式并不是与某个具体的单一的语义相匹配，而是与一个由不同但相关的语义组成的语义网络相匹配。这些不同但相关的语义构成了该词汇形式的语义网络。但这一语义网络也并不能包含所有的用法。因为，有些语用是在话语生成过程中在线创造的。

Foraker 和 Murphy（2012）指出，许多一词多义都包括一个核心义和几个从属义，而在中性语境中，核心义比从属义在心理词汇中更容易提取。以"cotton"为例，"布料"是核心义，而"一种植物"则是从属义，那么"布料"这一义项就比"植物"更容易提取。在描述介词的一词多义时，究竟是什么构成了介词的一词多义，语言学家对此争论不休。主要有三种有影响力的模型：

其一，Lakoff 的"散射多义模型"（the radial polysemy model）。该模型认为一个词语的多义现象是由一个核心义及与之相关的语义组成。Lakoff 以 over 为例，描述了每个空间介词是如何从一个基本的中心意义发展出大量完全不同且相关的意义，从而形成一个由中心向外辐射的语义网络。所以，当在句子中看到 over 一词时，大脑会自动连接到 over 的中心意义，激活语义网络，直到词汇和句子的语义和句法都完全匹配的那个义项被选中。理论上说，每一种语义在被认知理解的过程中需要不同的时间来处理。

其二，Tyler 和 Evans（2003）提出了一种"原则性多义模型"（principled-based polysemy model）。Tyler 和 Evans 认为 Lakoff 的"散射多义模型"中放射状语义网络中的许多节点可以合并。"原则性多义模型"认为，一个词语形式的各种语义之间的关系是基于一组共同的原则而形成的，这些原则可以反映出说话者和听话者在使用和理解词语时所遵循的规则和约定。这些原则可以是语法规则、语用规则、概念结构或其他因素。

其三，Van Der Gucht 等人（2007）提出了一个"空间相关介词模型"（a model of spatially-related prepositions），该模型与前两个模型不同，其提出者

挑战了 Lakoff、Tyler 和 Evans 的观点，坚持认为一个给定的介词只有一种意义。该研究指出"散射多义模型"和"原则性多义模型"里所有不同含义都可以归结为不同的"语境依赖用法"，但所有用法都是基于一个中心意义。

尽管"一词一义"模型很有吸引力，但通过对各种介词的语义进行分析发现，这些语义似乎都是连续的，一端集中于介词的纯空间意义，另一端集中于介词的纯隐喻意义。那么，这些隐喻意义是否独立于空间意义的呢？这些非空间概念的处理方式是否和空间概念的处理方式相同？这是需要研究的地方，而这一点在这三种模式中都被忽略了。

本研究支持前两种语义模式，认为空间介词的语义不可能是完全单一的，当一个介词的隐喻意义和空间意义分别描述在概念上和语义上都有明显区别的意义时，该介词不可能只有一个语义。例如在"The cup on the table.（杯子在桌子上。）"一句中，on 表示的是"支撑"（support）义，而在"The Band-Aid on the paper cut.（被纸割伤伤口上的创可贴。）"中，on 凸显的是"表面"义。这两种情境中的 on 让人联想到的是代表完全不同语义特征的图像（images）。

因此，我们认为，空间词的空间意义和隐喻意义是有区别的，空间义是空间词的核心语义。不少语言中的空间词汇都具有多重意义，空间词汇的一词多义性是本书的研究内容，因此本研究的主要任务是：①确定哪些意义并不随语境变化而变化，而哪些意义则是在语境中在线构建的。②描述空间词的语义网络模型，来揭示空间词的多个不同义项间是如何相互联系的。

第三节　生成词库理论

一、生成词库理论的产生背景

自从 19 世纪语言学发展成为一门独立学科后，词汇和句法结构的多义现象便成了语言学家们研究的关注点。当前语言学研究中，对多义现象的研究主要包括多义论、单义论和中立论等不同观点。19 世纪的语言学研究普遍采用了多义论的研究方法（Nerlich，1992）。在当今的功能语言学和认知语言学中，多义论依然是占据主导地位的观点。多义论的基本思想是，某个语言单位的语言形式与多种意义相关联，这些意义不是孤立的，而是以多种方式系统地联系在一起。

在 20 世纪，结构主义语言学家倾向单义论观点，即每个语言单位的语言形式对应一个抽象的意义，该意义是在语言系统的聚合结构中产生的。相反，多义论的观点则认为某语言单位的语言形式与多种意义相联系。与此相比，中立论的目标是在"概念或语义空间"的限定区域内建立语义功能的通用配置，并通过跨语言比较来实现该目标。

在20世纪90年代，为了解决词汇和句法结构的多重语义现象，生成词库理论应运而生，为解释多义现象提供了新的视角。该理论认为，一个结构的语义是由它的组成部分和结构的语义共同决定的，因此它更关注非语言知识的部分。生成词库理论在计算语言学和理论语言学领域被广泛接受，并被视为一种"将词汇知识与常识和语用推理相结合的手段"①。因此，研究词汇意义与非词汇知识之间的关系对于理解语义具有非常重要的意义。尽管传统的语义学研究也关注词汇的上下文信息，但Pustejovsky（1995）的目的是将词语的多义现象解释为词语自身语义的一部分。Pustejovsky（1995）多次强调，如何划分"语言或词汇知识"与语境和语用推理之间的界限是一个非常重要的挑战。生成词库理论的目标是在这方面取得平衡，即通过创造一种意义模式，在语境中可以假设词汇具有无限多的潜在意义，但同时也限制词汇实际存储的意义数量。与以动词为中心的理论模型不同，生成词库理论强调名词语义在语义组合中的重要性，对名词语义进行了详细的描写和分类。

生成词库理论的提出是基于对词汇多义性的观察。传统的词汇语义学将词汇看成是静态的组成体系，因此采用"意义列举词库"（Sense Enumerative Lexicons，SEL）的模式对词义进行描述。该模式将同一词的不同意义分别列举在词库中，将这些不同的义项集合视为该词的多义性特征。然而，这种词汇模式存在两个缺陷：第一，从词库的角度来看，每个不同的义项都加载到词汇上，则会使词库中包含的义项数量非常庞大。那么，该如何学习和掌握如此大规模的词汇义项系统？第二，如果将不同的意义视为词汇的多义性，每当遇到一个新的语境，词汇就可能产生新的义项，那么这些临时意义是否都需要添加进词库中？这种随语境而产生的意义必然会增加语法分析的负担。（McNally & Kennedy，2013）

生成词库理论（Generative Lexicon Theory，GLT）建立的基础源于对两个核心问题的思考。第一个问题是，为什么在无限的上下文语境中我们可以使用有限的词汇来表达？第二个问题是，构成意义的词汇语义信息及其表征形式是否独立于人们的世界知识？Pustejovsky等人根据对这两个问题的回答，确定了

---

① PUSTEJOVSKY J. The generative lexicon [M]. Cambridge, MA：MIT Press, 1995：111.

生成词库理论的总体目标，即提供一种成分组合语义学，对源自实际语言使用中的意义进行语境调制。因此，生成词库理论关注词汇语义学和语境语义学，并试图在它们之间达到调和的目的。①

　　词汇语义学是现代语义学研究的重要分支，其研究的核心是语言中的语义问题。Pustejovsky（1995）认为当前的词汇语义学需要解决以下四个问题：①揭示自然语言多样性的本质；②描述自然语言话语的语义系统；③解释词汇在新语境下创造性的用法；④发展更加丰富的共同组合语义表征体系。与传统的"意义列举词库"这种静态词义处理方法不同，生成词库理论认为词义的操作是一种组合性、生成性和动态性的体系。该理论旨在通过生成机制实现词汇在不同语境下的词义扩展，这种生成机制通过词汇的词义结构描写体系和语义组合机制来发挥作用。②

二、生成词库的机制

　　Pustejovsky（1995）提出的第一个机制是选择约束（selective binding）机制，用来解释形容词的多义现象。例如，在句子"We will need a fast boat to get back in time.（我们需要一艘快船及时赶回来。）"和"John is a fast typist.（约翰是一个打字很快的打字员。）"中，fast 的意义很大程度上由结构中心词的意义决定。③ 句子"John is a fast typist."通常被解释为"John 是一个打字很快的打字员"。因此，形容词 fast 并不直接修饰中心语 typist（打字员），而是对结构中心词所包含的事件（打字）进行选择性解释。（Pustejovsky，1995）实际上，形容词 fast 修饰的是中心语某个侧面的事件谓词。选择约束机制使得这种选择性解释成为可能。

　　生成词库理论中的第二个机制是共同组合（co-composition）机制。例如，在句子"John baked the potato.（约翰烤土豆。）"中，动词 bake 表示"状态变化"的意思，这被认为是该动词的基本意义。但是在"John baked the cake.（约翰烤蛋糕。）"这个句子中，动词 bake 获得了次要意义（"创造"义），并且不仅动词 bake 对宾语 cake 有管辖作用，宾语 cake 对动词 bake 也有共同指定的作用。这种共同组合机制使得动词和宾语的意义可以相互影响。

---

　　① WILLEMS K. The linguistic sign at the lexicon-syntax interface: assumptions and implications of the generative lexicon theory [J]. Semiotica, 2013 (193): 233 – 287.
　　② 李强. 生成词库理论研究述评 [J]. 外国语（上海外国语大学学报），2016, 39 (3): 43 – 54.
　　③ PUSTEJOVSKY J. The generative lexicon [M]. Cambridge: MIT Press, 1995: 127.

Pustejovsky（2006）提出了第三种生成机制，即类型强制（type coercion）机制，它将宾语的语义角色强制转换为动词搭配所需的类型。例如，"Mary enjoyed the movie."通常被理解为"Mary enjoyed watching the movie."①。在动宾结构中，宾语的功能角色（目的）被选择出来，以满足动词语义类型的需求。当宾语和 enjoy 这样的动词组配时，"语义中缺失的信息"由宾语中名词的语义来弥补。

Pustejovsky（2006）在研究中将两种类型强制，即"利用"（exploitation）和"引入"（introduction）与纯粹选择（pure selection）、调节（accommodation）进行了区分。

纯粹选择指的是动词组配所需的语义类型可以直接由论元的语义类型满足。例如，"The rock fell to the floor.（石头掉到了地上。）"。再来对比这句"The book fell to the floor.（书掉到了地上。）"，"书"包含复杂的语义信息，它既可以指一个物质实体，又可以指一种信息类型。但是动词 to fall 的功能只能与表示物质实体的语义信息兼容，功能的类型必须通过强制过程来满足，因此"The book fell to the floor.（书掉到了地上）"就不属于纯粹选择的类型。

调节指的是动词所需的语义类型通过调节论元的语义类型来实现。例如，"Mary drives a Honda to work.（玛丽开一辆本田车上班。）"一句中，"Mary"是施事（agent），"Honda"只能表示"车辆"的语义而不能表示"品牌"的语义，这是因为动词 drive 对论元的语义组配需求所体现的。

根据上文的讨论，类型强制指的是宾语的语义角色强制转换为动词搭配所需的类型。这一机制通过两种方式来实现：一是"利用"，指的是提取论元语义中的一部分来满足动词的语义要求，如"The book fell to the floor.（书掉在地上。）"。二是"引入"，即把论元包装成动词所需要的语义类型。例如"The water spoiled.（水变质了。）"。

我们可以重点比较一下"The book fell to the floor.（书掉在地上。）"和"The water spoiled.（水变质了。）"。在前句中，book（书）是一种复杂语义类型（既可以表示一种物质，也可以表示信息类型），但作为动词 to fall 的论元，book 只能和复杂类型中的一种相兼容，这种语义组配必须通过对论元语义选择性的强制过程来满足。和 book（书）这类人工制品不一样，后一个例句中的 water（水）指的是自然实体，为了使句子在组配后语义和谐，"引入"规则需要发挥作用，即用"功能"来包装"自然实体"这一语义，也就是说，

① PUSTEJOVSKY J. The generative lexicon［M］. Cambridge：MIT Press, 1995：88.

这些水是有用途的，它具有了某些特定功能（Pustejovsky，2006，2001，2011），动词（spoil）为参与组配的宾语名词（water）创造了一种强制环境。

接下来我们将详细讨论选择约束与共同组合。先请看一组例子①：

（1）a. Mary wants a beer.

　　　b. Mary wants a cigarette.

（2）a. Mary finally bought a good umbrella.

　　　b. After two weeks on the road, John was looking for a good meal.

　　　c. John is a good teacher.

上述例子是典型的多义现象，因为在不同的句法环境中，词项 want 和 good 凸显了不同的语义特征。在例（1）中，"want" 表示 "想要" 的意义，可以分别和 beer 与 cigarette 组配，表示 "想喝酒" 和 "想抽烟"。而在例（2）中，怎么来定义 "good"（好）的语义是一件复杂的事情，因为 "一把伞" "一顿饭" 和 "一位老师" 都可以用 "good"（好）来描述性质，那么是否可以说 good 就具有了多义性？比如 "功能好" "味道好" "行为好" 是某物或某人被评价为 "好" 的不同条件（Pustejovsky，1995）。Willems（2013）认为，把诸如 want、begin 和 enjoy 这样的动词以及诸如 fast 和 good 这样的形容词认定为多义词，其推理思路是有问题的。

尽管生成词库理论中一词多义现象的讨论主要围绕语义展开，但这并不表示生成词库理论忽略句法上的差异。值得注意的是，生成词库理论认为多义现象应包括语法差异在内。

三、生成词库理论面临的挑战

但选择约束机制面临的挑战是，形容词 fast 可以修饰中心语 typist（打字员）的多个侧面，"一个开得很快的打字员" "一个反应迅速的打字员" 和 "一个看得很快的打字员" 都可以构成对 "a fast typist" 的解释。因此，要列出 "John is a fast typist." 所有可行的解释是不现实的。那么，对生成词库来说，将生成机制（如选择约束）建立在所有可行性解释的枚举之上是不可取的。简言之，依赖生成词库中的选择约束机制并没有充分的根据。不仅语言结构与语言使用的各

---

① PUSTEJOVSKY J. The generative lexicon [M]. Cambridge: MIT Press, 1995: 115, 43.

个方面混在一起，而且说话人的所有非语言信息的内容（百科全书式的知识背景）可能最终都会被归入"语言意义"的范畴，这是很危险的。①

再来说共同组合机制。其实，汉语里很多动宾结构和"baked the potato（烤土豆）/ baked the cake（烤蛋糕）"一致，例如"写文章"，"文章"是动作"写"的结果，是动词作用后的产品，这和"烤蛋糕"语义情况一致。而"烤土豆"只是强调该动词的行为过程。正如 Dölling 和 Heyde-Zybatow（2007）指出的那样，基于什么理由，一种意义被认为是基本的，而另一种意义被派生出来，这是一个相当重要的问题。在上述 bake 的例子中，"状态变化"的语义是基本语义，而"创造"义是派生义，因为"状态变化"的概念比"创造"的概念简单，每一个创造都是建立在某种状态的变化上的，但反之亦然。

Fodor 和 Lepore（1998）指出，如果 bake 表示"创造"的意义是由于受到了宾语 cake 语义的影响，那么组配后结构 bake a cake 的语义应该是明确的。然而，事实并非如此。比如，有一个已经烤好了的蛋糕，我们只需要把这个蛋糕放进烤箱加热，在这种情境下，bake 的语义和 bake a potato 中 bake 的语义是一样的。因为此时的 bake 只是做了加热的工作，并没有"创造"出一个新的蛋糕。

因此，从对语料的讨论中，我们可以得出，共同组合也并不是一种适当的语义机制。一方面，我们无法判断"状态变化"和"创造"这两个语义是不是动词的固有语义。如果一种意义属于短语层面而不属于词汇层面，那么就意味着词汇单位本身的语义不受组配中语义变化的影响。另一方面，动词在语境中所表现的意义变化被证明是一种逻辑成立的推论，而不是语言中词汇条目本身的一部分。

因此，Willems（2013）认为物性结构（qualia structures）描述了词汇语义的一部分，这对理解词汇在句法语境中的意义，特别是它们之间的强制关系很重要。但物性角色通常具有一般性，这与生成词库理论所主张的相反。例如，在"begin a book"（开始写书）中，"读"这个语义是被排除在外的。而在"enjoy a book"（喜欢看书）中，"写"这个语义是被排除在外的。虽然这些特定的动词可用于正常解释的释义，但它们并不能在组合词汇单位的内在语义基础上充分呈现可能性解释的范围。对于其他词汇单位（lexical units），物性结构似乎起不到任何作用。例如，在"enjoy the rocks"和"enjoy the flowers"中，不能建立相关的物性角色来解释 rock 和 flower 等名词语义对动词 enjoy 语义选择的强制作用。

---

① WILLEMS K. The linguistic sign at the lexicon – syntax interface：assumptions and implications of the generative lexicon theory［J］. Semiotica，2013（193）：233 – 287.

四、生成词库理论与方位词的语义强迫现象

根据李强①的研究，大多数语言都存在语义强迫现象，其中汉语表现得更为明显。在汉语中，名词、动词、形容词、副词、方位词和量词等词汇层面的语义强迫都普遍存在。Li② 专门研究过方位词的语义强迫，该文将之分为七种强迫类型。其中包括：①对组配名词数量义的强迫，例如，在"嘴唇之间"这一组配结构中，方位词"之间"的语义会对宾语的语义属性进行强迫，即"嘴皮子"只有两张才能用"之间"；②对事件名词③的语义强迫，如"雨前备伞"和"风里雨里"的"雨"具有不同的语义属性，前者中的"前"强迫"雨"具有事件语义的属性，而"里"强迫"雨"具有事物语义的属性；③对名动词的语义强迫，如"演讲前"和"演讲里"，前者中的方位词"前"强迫"演讲"具有动作行为的语义属性，后者中的方位词"里"强迫"演讲"具有内容信息的语义属性；④对载体名词的语义强迫，如"书下"和"书上"，前者的方位词"下"强迫"书"具有物质实体的语义属性，而后者的方位词"上"强迫"书"既可以具有物质实体的语义属性，也可以具有内容信息的语义属性，因此，组配后的结构可表达两种语义，即表示具体空间关系的语义和信息来源的语义；⑤对容器名词的语义强迫，如"椅子上"和"椅子里"，前者的方位词"上"强迫"椅子"具有［＋平面］的语义属性，后者的"里"强迫"椅子"具有［＋容器］的语义属性；⑥对指事物形状名词的语义强迫，如"锅上"和"锅里"，前者的方位词"上"强迫"锅"具有［＋平底/平面］的语义属性，而后者的方位词"里"则强迫"锅"具有［＋容器］的语义属性；⑦对多义名词的语义强迫，如"鸡中"和"鸡上"，前者的方位词"中"强迫"鸡"具有［＋家禽］的语义属性，后者的方位词"上"强迫"鸡"具有［＋肉类食品］的语义属性。

受生成词库理论的启发，本研究认为，词汇在组配过程中语义会受到压制或凸显。比如"椅子上"和"椅子里"，在组配前"椅子"具有多维语义属性。因其本身有椅子面，故而可以提取［＋平面］的语义特征；因其本身构

① 李强．国内生成词库理论研究的回顾与展望［J］．云南师范大学学报（对外汉语教学与研究版），2018，16（1）：55－69.

② LI Q. Coercion of Locatives in Mandarin Chinese［M］//LIU P Y, SU Q. Chinese Lexical Semantics, CLSW 2013. Berlin Heidelberg：Springer-Verlag，2013：76－87.

③ 对于"事件名词"的介绍，可参考韩蕾．现代汉语事件名词分析［J］．华东师范大学学报（哲学社会科学版），2004（5）：106－112，125.

造成凹状，故而可以提取［＋容器］的语义特征。但这都是"椅子"本身就具备的形态属性，不存在强迫一说。如果将方位词和名词的语义组配关系划分出七种不同的类型，既不利于计算机进行自然语言处理，也增加了二语教学的难度。其实，如果站在更抽象的角度，便可得出更简洁的解释规则：即如果一个名词既具有［＋平面］的语义特征又具有［＋容器］的语义特征，那么该名词与不同空间语义属性的方位词组配时，相一致的语义特征就会得到凸显，其他语义特征就会被压制。

拿"N＋上/里"来说，如"手上"和"手里"，组配名词"手"既可以被视为一个平面物体，也可以被视为一个立体的物体。当"手"被视为平面物体时，"手上"这一组配结构的语义关系和谐。当"手"被视为立体物体时，"手里"这一组配结构的语义关系和谐。同理，"心上"和"心里"也是如此，"心"既可以被视为一个平面，也可被视为一个容器。但如果这个名词不同时具有［＋平面］和［＋容器］的语义特征，则怎么强迫都没用，比如"墙上"和"墙里"。组配结构"墙上"语义凸显的是"墙的表面"，而"墙里"语义凸显的一定是"两面墙之间的空间"，因为墙面是不可以弯曲的，且表面也无其他附着物，不可以像椅子的扶手那样与椅子面形成一个凹陷的空间。因此，即便都是名词，因每类名词的物质属性不同，与空间方位词组配的时候，也会被识解成不同类型的语义特征。

第四节　意义的确立与构建

一、如何确定不同的意义

本研究遵循 Tyler 和 Evans（2003）确定一词多义现象中不同义项的标准。Tyler 和 Evans 提出了两个标准：其一，该意义必须与其他意义不同；其二，该语义不能从其他词语的语义和语境语义中推断出来。可以用以下两个句子来进行比较：

（3）The helicopter hovered <u>over</u> the ocean.（直升机在海洋上空盘旋。）

（4）The hummingbird hovered <u>over</u> the flower.（蜂鸟在花上空盘旋。）

在例（3）中，over 指定了一种 A 与 B 的空间关系，A 处于相对于 B 的较高处位置。"直升机"（TR）的位置高于"海洋"（LM）的位置。例（4）中"蜂鸟"（TR）的位置高于"花"（LM）的位置。虽然"直升机"离"海洋"的距离远远大于"蜂鸟"离"花"的距离，但这两个场景中 TR 和 LM 的配置关系一样，因此这两句中的 over 可以视为相同的义项。

再来看另一组例子：

（5）Joan nailed a board <u>over</u> the hole in the ceiling.（琼把一块木板钉在天花板上的洞上。）

（6）Joan nailed a board <u>over</u> the hole in the wall.（琼把一块木板钉在墙上的洞上。）

在这两个句子中，over 所呈现的语义场景并不是其典型的空间语义场景（典型的空间语义场景见下文第四章的内容）。在例（5）中，"木板"（TR）实际上是位于"天花板上的洞"（LM）的下方，TR 并不是处于 LM 的相对较高位置，这与例（3）和例（4）中 over 所体现的 TR 和 LM 的空间位置关系可以说是刚好相反。而在例（6）中，"木板"（TR）和"墙"（LM）都处于垂直方向，其中，"木板"（TR）位于"墙"（LM）的旁边（一侧）。在例（5）和例（6）中，over 的语义与其原型语义（A 处于相对于 B 较高的位置）相距甚远，而是表达了一种"覆盖/遮蔽"义，这符合前面所说的第一条标准。

那么，根据第二条标准，"覆盖/遮蔽"义能否从语境中推导出来？如果可以被推导出来，则该意义不能被视为一个独立的义项。在推导前，我们再来看一个例子：

（7）The tablecloth is <u>over</u> the table.（桌布盖在桌子上。）

在例（7）中，"桌布"（TR）和"桌子"（LM）处于水平方向，"桌布"（TR）位于"桌子"（LM）较高位置且两者是接触关系。在人类的日常认知场景中，桌布通常比桌子的面积要大，当桌布覆盖在桌子上后，桌面和部分桌体被桌布遮盖。因此，over 的"覆盖/遮蔽"义可以从语境中推导。Tyler 和 Evans（2003）认为在例（5）中，则无法进行类似的推导，因为 TR 和 LM 的空间关系是"木板"（TR）在"天花板上的洞"（LM）的下方，而不是上方。因此，除非我们已经知道了 over 具有"覆盖/遮蔽"义，否则在例（5）中无法依赖语境推导出该义项。因此，可以推断出 over 的"覆盖/遮蔽"义是一个独立的义项。

二、如何确定核心义

在确定了一词多义的义项确立原则后，如何确定某一词汇的核心义也是研究的难点。在以往的语义网络研究中，人们一直认为空间词只有一个主要意义，其他意义都是由这个主要意义派生而来。我们认同该假设，它与我们对一词多义现象的认知一致。那么，学者们对于确定哪一种意义为中心意义存在分歧。对于 over，Lakoff（1987）认为 over 的主要意义是"above and across"（该意义包含了 TR 位移的路径），例如"The plane flew over the city.（飞机飞过城市。）"。Kreitzer（1997）则持相反的观点，认为 over 的主要意义是"above"①。但这些观点都没有经过论证，而是基于一种假设。鉴于目前研究的现状，任何对一词多义语义网络的分析，包括其主要含义的构成，都是相对武断的，反映了不同的研究者不同的偏好和假设。Langacker 指出，应该建立一套标准来发现并验证一词多义这一复杂范畴的结构逻辑②。

原型理论起源于认知心理学，原型理论认为"原型是某一特定类别汇总的最佳范例"。认知语言学家（Lakoff，1987；Taylor，1989）认为原型性是语言结构的基础，特别是 Lakoff（1987）认为多义网络也是基于原型意义的结构。那么，与空间词 over 相关的不同意义，在原则上都应与原型语义相关。Lakoff 将 over 的语义网络描写为一个呈辐射状的点阵结构，在这个结构中，原型意义被视为中心意义，其他意义围绕原型意义展开，处于外围网络中。

那么，如果我们依赖原型理论来确定空间词汇的主要意义，我们仍然需要思考确立原型语义的原则是什么。是基于使用频率，还是基于母语者的认知偏好，或者是语义最丰富的那个？在确立了原型语义和外围语义后，还有一个问题无法回避，那就是标记原型语义和其他各种相关语义之间的语义距离。因此，只是基于直觉和假设的研究还不够。

考虑到语言中空间关系概念化的稳定性，该词历史上最早出现的意义可能已成为主要意义。由于英语历史上来源于多种语言，并不是所有的空间词都是

---

① KREITZER A C. Multiple levels of schematization：a study in the conceptualization of space [J]. Cognitive linguistics，1997，8（4）：291 – 325.

② LANGACKER R W. Foundations of cognitive grammar：volume I：theoretical prerequisites [M]. Stanford，Calif：Stanford University Press，1987：376.

同时进入英语语言系统的，而且存在着近义词竞争的情况，例如 beneath、be-low 和 under 就是互相竞争的一组近义词。因此，经过一段时间的发展，表达"A 位于 B 之下"的语义领域被这一组相互竞争的空间词划分，但与此同时，直接涉及原始的 TR 和 LM 配置的原始空间语义仍作为这一组空间词的核心语义被分别保存。over 的核心语义也是指 TR 位于 LM 之上。

研究空间词的一词多义现象，离不开对人类所居住的空间物理世界以及其中的空间关系的观察和体验。例如，当父母将婴儿（TR）放在婴儿床（LM）里时，婴儿床（LM）的作用是保护婴儿（TR）的安全，但同时也限制了婴儿（TR）的活动范围。因此，空间场景通过人类的概念处理，对重复出现的真实世界中的空间物理配置进行了抽象的语义概括。我们认为这种体现物理世界中物体和物体之间空间关系的意义就是核心语义。

那么，一个原型场景能不能与一个以上的功能元素相关联呢？原则上，人类对特定空间关系的体验可以有多种不同的方式，因此，是否可以认为空间词可以与多个功能元素相关？Beitel 等人（2001）指出，在 on 的空间语义编码中，TR 和 LM 之间存在多种空间交互关系。比如在"The boy sat on the table.（男孩坐在桌子上。）"这个空间场景中，on 既体现了桌子对男孩的支撑关系，同时也体现了桌子对男孩的约束和限制作用，男孩给桌子一个作用力，桌子也给了男孩一个反作用力，男孩的身体遮住或覆盖住了桌子的一部分。那么在这一场景中，是否"支撑""限制""遮住/覆盖"都是核心语义呢？

本研究认为，只有最基本的表达空间关系的语义（即"TR 在 LM 之上"）才能被认为是核心语义，其他语义都是在该核心语义的基础上发展出来的。核心义就是最原始的空间场景义，因为空间感知是一切认知的基础。空间感知也是最具体最直观的，空间语义是一切非空间义发展的起源。

三、在线意义的构建

Tyler 和 Evans（2003）认为，尽管语言因素在意义构建的过程中至关重要，但上下文语境可以通过与概念相结合推导出一系列的在线解释。这些解释能够填补所指定场景的相关语义细节。

例如，Lakoff 认为在"The plane flew over the city.（飞机飞过城市。）"和"The bird flew over the wall.（小鸟飞过了墙。）"这两个例子中的 over 表示两种不同的语义，原因是前者 LM 有扩展的属性，而后者 LM 范围限定。而且，La-koff 也认为这两句中的 over 与"The plane hovered over the ocean."和"The hummingbird hovered over the flower."这两句中的 over 也不同，因为后两句有与 over 关联的路径，而前两句则没有与 over 关联的路径。Tyler 和 Evans（2003）认为这四句中的 over 都是同一个语义，Lakoff 所指出的不同解释其实是源于上下文的语境信息，而不是与空间词相关的特定语义信息。这些精确度量的细节是通过上下文推导出来的。

又如，Lakoff 认为句子"The cat jumped <u>over</u> the wall.（猫跳过了墙。）"中 over 的语义是"above and across"，而句子"The tree branch extended <u>over</u> the wall.（树枝伸出了墙外。）"中 over 的语义是"above"。但要注意的是，在前一个句子中，动词"jump"包含了一个运动轨迹，因此，"above and across"的语义并不是 over 贡献的，而是动词 jump 的语义贡献的，这一语义的整合及提取都是通过推理、真实世界或百科全书式的知识①来填充，这两句中 over 的语义具有同一性。因此，区分空间词的语义和组配词语的语义非常重要。

某些 LM 的特定物质属性和动词的具体动作属性相结合时，就可以产生上下文的语境意义。Tyler 和 Evans（2003）认为，空间词的功能元素涉及 TR 和 LM 的相互影响，over 的语义网络并不包含 cross 的语义②，cross 的语义是由句子语义和上下文语境提供的，只有当 over 与一个位移动词（从位置 A 移动到位置 B）组配时，才会产生 cross 的语义，也就是说 cross 的语义是在和位移动词 fly 组配时才会出现，例如"The plane flew over the city.（飞机飞过城市。）"。

我们与 Tyler 和 Evans 的观点一致，认为与语言形式、上下文线索和百科全书式的知识相关的语义整合共同促进了一个复杂概念化的构建。因此，并非所有与空间词（如 over）相关的意义都需要被储存为不同的意义。赋予任何话语的意义从根本上说是由它们出现的词汇项目和语法结构所决定的。句子的解释在很大程度上是各种认知/推理和获取适当世界知识的结果。

因此，从上述讨论可以发现，over 的不同语义是从它频繁地、语境化地与位移动词共现发展出来的，这表明，over 所描述的空间关系和位移在人类经验

---

① 包括至少以下内容：①我们对"跳"这个动作的逻辑，比如，猫和狗可以跳；②我们对猫这种动物的认识（比如猫不会飞，可以跳）；③我们对墙这一人造物的认识（垂直的，不可穿越的，往往不是太高）；④理解世界万物的基本知识（比如重力，动物在跳的过程中不能悬浮，一定会出现弧形的运动轨迹）。

② 心理语言学研究表明，当语境中出现一词多义的词汇时，语言使用者会有规律地选择合适的语境进行解码，并自动过滤掉不恰当的义项。比如，在句子"Jill took her jewels and other valuabales to the bank."中，bank 就会自动被解读为"金融机构"，而 bank 的另一个义项"河或土地的一边"则会被自动屏蔽掉。同样，在"Do you know where Alexandria's house is? Yes, it's over the bank."一句中，bank 会被自动解读为"在另一边"，而不是"银行"。

中具有显著的相关性。① 因此，我们可以假设，语义互相影响，互相吸引，共同构建，是一种动态的语义共生关系。

第五节　知识图谱

知识图谱（knowledge graph）是人工智能发展的一个重要阶段，可以描述客观世界中的实体、概念、事件、属性及其之间的关系。知识图谱于 2012 年由谷歌（Google）提出，在搜索、自然语言处理、智能助手、电子商务等领域发挥着重要作用。知识图谱与大数据、深度学习，已经成为互联网和人工智能发展的核心驱动力。

知识图谱的理论基础可以追溯到 20 世纪五六十年代的语义网络（semantic network）。语义网络由相互连接的节点和边组成，节点表示概念或对象，边表示它们之间的关系。在表现形式上，语义网络和知识图谱相似，但语义网络更侧重于描述概念与概念之间的关系，而知识图谱更侧重于描述实体之间的关联。节点和关系是知识图谱必备的两大元素。

知识图谱是一种将知识进行结构化、语义化的表达方式，它在语言学研究中有着广泛的应用。知识图谱在语言学研究中的应用主要体现在语义理解、问答系统、机器翻译和自然语言生成等方面。在语义理解应用中，知识图谱可以帮助自然语言处理系统更好地理解句子或文本中的语义。通过将词汇和实体与知识图谱中的概念进行匹配，可以完成对句子或文本中词汇和实体的语义标注、语义关系的提取等任务。在问答系统应用中，知识图谱可以为问答系统提供基础数据，以便更精确地回答用户提出的问题。知识图谱中的实体、概念和关系可以被问答系统用于对用户的问题进行理解和回答。在机器翻译应用上，知识图谱可以为机器翻译提供词汇和实体的对应关系，通过将句子或文本中的词汇和实体与知识图谱中的概念进行匹配，以便进行语言之间的翻译。在自然语言生成上，知识图谱可以帮助自然语言系统生成更准确、自然的文本。通过将要生成文本中的词汇和实体与知识图谱中的概念进行匹配，可以使生成的文本更准确，语义更丰富。知识图谱为各种自然语言处理任务提供了强有力的支持。

---

① TYLER A, EVANS V. The semantics of English prepositions: spatial scenes, embodied meaning, and cognition [M]. Cambridge: Cambridge University Press, 2003: 57–83.

　　知识图谱基于知识库进行运算，知识库是由一条条知识汇聚起来的，我们可以从 Wikipedia、百度百科等网络百科全书获取到大量的知识。但这些知识都是由非结构化的自然语言构成，适合人们阅读并不适合计算机理解和处理。为了方便计算机的处理和理解，需要用更加形式化、简洁化的方式去表示知识，一般采用三元组（triple）。我们可以简单地把三元组理解为"实体（entity）、实体关系（relation）、实体（entity）"。例如，"姚明出生于中国上海"可以用三元组表示为（Yao Ming，Place of Birth，Shanghai）。如果我们把实体看作是节点，把实体关系（例如属性、类别）看作是一条边，那么包含了大量三元组的知识库就成了一个庞大的指示图。

　　实体，指的是具有可区别性且独立存在的某种事物。如某一个人、某一个城市、某一种植物、某一种商品，等等。世界万物由具体事物组成，这些事物都可以成为实体。实体是知识图谱中最基本的元素，不同的实体之间存在不同的关系。同一个实体，在不同的关系下也扮演着不同的角色。

　　实体关系也可以分为两种，一种是属性（property），一种是关系（relation）。属性和关系最大的不同在于，属性所在的三元组对应的两个实体，常常是一个 topic 和一个字符串。如属性"Type/Gender"，对应的三元组是（Justin Bieber，Type，Person）。关系所在的三元组对应的两个实体，常常是两个 topic。如关系"Place of Brith"，对应的三元组是（Justin Bieber，Place of Brith，London）。本研究采用关系三元组来反映空间词的组配面貌。

　　基于知识图谱的语言学研究主要是利用计算机技术和语言学知识构建语言知识图谱，然后通过对图谱进行分析和挖掘，来研究语言的各个方面。具体来说，基于知识图谱的语言学研究可以涉及以下几个方面：

　　（1）词汇知识图谱。

　　构建词汇知识图谱，将词汇按照语义关系进行组织和分类，进而探索不同词汇之间的语义联系和词汇使用规律。具体来说，可以构建同义词词汇图谱、反义词词汇图谱和关联词图谱。构建同义词词汇图谱指将具有相似意思的单词连接起来，例如"car"和"automobile"。构建反义词词汇图谱指将含义相反的单词连接起来，例如"hot"和"cold"。构建词汇关联词图谱指将与某个特定单词相关的其他单词连接起来，例如"apple"和"fruit"，"apple"和"pie"等。

　　（2）句法知识图谱。

　　构建句法知识图谱，分析不同句子结构之间的关系和差异，探讨句法规则和句子的语法性质。比如，可以利用知识图谱构建基于句子结构的语法树，通过将单词按照句子结构进行组织，生成一种句子结构树，以揭示语法规则，例如"The cat chased the mouse.（猫追老鼠。）"这个句子的结构树为"（S（NP（DT The）（NN cat））（VP（VBD chased）（NP（DT the）（NN mouse)))))"。还可以利用知识图谱构建基于句子类型的分类，即通过对不同类型的句子进行分类，例如陈述句、疑问句、祈使句等，以揭示句子类型的特征和语法规则。

（3）语义知识图谱。

构建语义知识图谱，指的是分析不同语言表达方式之间的语义差异和语义关系，探讨语义规律和语义表达的方式。比如：构建基于情感的语义图谱，即将单词和短语按照其情感分类，例如正面、负面和中性，以揭示情感的表达方式和特征。还可以构建基于语义关系的图谱，即将词语和短语按照它们之间的语义关系进行分类和连接，例如"cat"和"meow"的连接，"dog"和"bark"的连接。

（4）语用知识图谱。

构建语用知识图谱，指的是研究不同语境下的语言使用和语言交际规律，探讨语用学的各个方面，如语言行为、语言功能等。比如，可以构建基于对话行为的图谱，即将对话行为按照其目的和效果进行分类，例如问答、交际、辩论、谈判等。还可以构建基于社会角色的语用图谱，即将社会角色按照其在不同语境下的语言使用方式进行分类，例如老师、学生、医生、患者等。

本研究将空间词和其他组配词语放在一起构建知识图谱，既是语法知识图谱，也是语义知识图谱。这种知识图谱将语言单位（例如词汇、短语、句子等）按照其语法结构和组合规则进行分类和组织，从而揭示语言表达的基本规律和形式。比如，动词和趋向补语就构成了一种特定的语法结构，即"动补结构"，在语法知识图谱中，动词和趋向补语就可以作为两个节点，而节点之间的关系就是动补关系。此外，本书还把能和"动词＋趋向补语"共现的名词做了统计并放在知识图谱中，这种做法可以进一步扩展和丰富语法知识图谱的内容，可以揭示更多关于动词和趋向补语在句子中的语法和语义特征，例如"闻起来"可以和"花""香味""厨房"等名词共现，从而体现更丰富的组配关系。

第四章 垂直轴的空间词（上）

语言学家早已认识到，开放类词汇更容易接受新词，而封闭类词汇则对新词汇相对抵触。本书所探讨的空间词是一种封闭的词类，因为在物理范围，空间词在一个稳定的、独立的概念域内运行（Talmy，2000）。随着社会的发展，新的发明会产生新的词汇形式，例如洗衣机、电视、空调、扫地机器人等，新的活动也可能会促使新词出现，例如蹦极、密室逃脱、剧本杀等，这都需要在词汇库中增加额外的词语，而增加新的相关空间配置则难以想象。空间词的封闭状态是相对稳定环境的自然结果（地球引力和物理定律已存在很久），人类生理的相对稳定性（直立行走，头代表身体的顶部，头部集中了主要的感觉器官）也决定了空间关系对人类感知的重要性。

空间词虽然是个封闭的词类，但是使用频率极高，语义系统也十分发达。每个空间词的原始空间场景都具有特定的方向轴或维度（Langacker，1987；Talmy，2000），而其中最发达的就是垂直轴。例如汉语中的"上""下""上来""上去""下来""下去"，英语中的"over""under""above""below""up""down"都与垂直轴有关。Langacker（1987）讨论了识别垂直轴和水平轴的必要性，这与观察空间场景的各种方式有关（即大多数人都位于地球表面，而地球表面是固体的、不透明的，因此我们无法轻易地接触到地球表面以下的东西）。

垂直维度是人类生活的一个基本维度。因此，它被用于多种隐喻联想。Cian L. 在概括隐喻理论的基础上，研究了垂直维度是如何与权力、价、具象、方向和理性/情感等核心概念产生隐喻联系的。① 隐喻作为一种思维和文化现象，贯穿于人类的日常概念系统（Lakoff & Johnson，1980）。其中，隐喻在人类概念的形成和发展中具有重要的意义（Lakoff & Turner，1989）。在空间关系

---

① CIAN L. Verticality and conceptual metaphors：a systematic review［J］. Journal of the association for consumer research，2017，2（4）：444-459.

中，上与下的对立关系被认为是最基本的空间关系之一，它反映了地球的引力作用（Gibson，1969）。因此，垂直轴的空间隐喻是以"上"和"下"垂直空间关系为基础的，通过将空间领域中的概念映射到非空间领域中来产生抽象语义。① 这种抽象语义的认知过程在人类思维中非常普遍，因为它涉及一些基本的物理概念，如方向、位置和运动。在语言学研究中，对这种空间隐喻的理解和应用，对于深入理解和描述语言的意义至关重要。本章和第五章将以垂直轴的空间词为研究对象具体展开分析，包括方位名词"上/下"、位移动词"上/下"，作简单趋向补语的"上/下"和作复合趋向补语的"上来""上去""下来""下去""起来"等词的空间义和非空间义。

第一节　方位名词　"上"　与　"下"

空间词在语言中的使用极为普遍，既可以用来表示静态或动态的空间位置关系，也可以扩展到非空间领域。如"桌子上"的"上"，表示的是一种静态空间位置关系；"上图书馆"的"上"则可以表示动态的空间位移；而"我情不自禁地爱上了她"的"上"则表示的是非空间义。本节以表示静态空间位置关系的方位名词为研究对象，主要包括方位区别词和方位后置词两类。

从形式上看，方位区别词和其他词语的组配可以描写为"空间词 + ×"，如"上装/下装""上层/下层"，空间词位于其他组配词之前；方位后置词和其他词语的组配可以描写为"× + 空间词"，如"飞机上""黑板上""报纸上"，空间词位于其他组配词之后。

从功能上看，方位区别词主要是从方位对某一实体的整体进行区分（比如"上肢/下肢"），方位后置词主要涉及两个或多个实体间相对位置的比较（比如"地上/地下"）②。无论方位词在组配中是处于前项还是后项，是表示空间义还是非空间义，其实都体现了两个物体/事物之间的某种关系。"上游/下游"体现了部分与整体的关系，"桌子上"体现了焦点与背景的参照关系，"在……条件/情况/背景下"则体现了一种条件关系。

---

① 吕军梅，鲁忠义. 为什么快乐在"上"，悲伤在"下"：语篇阅读中情绪的垂直空间隐喻［J］. 心理科学，2013，36（2）：328－334.

② 刘甜. 汉语空间极性词组配研究［M］. 北京：社会科学文献出版社，2017.

一、方位区别词的组配

方位区别词和其他语素/词组配，其形式可以描写为"空间词＋×"。空间词在组配前是一组意义相对的词语（如"上"与"下"相对），组配后所形成的表达式在形式和意义上也是一一对应的（如"上肢"与"下肢"相对）。根据认知语言学理论，空间和时间是不可再分解的原始认知结构，是基本层次范畴（basic－level categories），其他范畴都是参照基本层次范畴建立起来的，而空间比时间更具客观感知性，时间也是在空间基础上进行认知投射的结果。因此本书将从空间词的空间义和非空间义两部分展开研究。

基于 BCC 语料库中"上/下"与名语素/词的组配语料，本节梳理出方位区别词"上/下"的组配情况①，分别排列出组配频次最高的前 20 个名语素/词，见表4－1和表4－2：

表4－1　方位区别词"上"与名语素/词（×）的组配频次及语义类别

	上＋×	频次	语义类别②
Top 1	上世纪	9 863	非空间义
Top 2	上半场	3 982	非空间义
Top 3	上半身	2 209	空间义
Top 4	上腹部	2 095	空间义
Top 5	上房	1 768	非空间义
Top 6	上星期	1 629	非空间义
Top 7	上辈子	1 575	非空间义
Top 8	上赛季	1 392	非空间义
Top 9	上学期	1 298	非空间义
Top 10	上年度	975	非空间义
Top 11	上静脉	905	空间义
Top 12	上关节	534	空间义
Top 13	上动脉	506	空间义
Top 14	上下肢	493	空间义
Top 15	上面	463	空间义

---

①　在 BCC 语料库中设置的搜索条件是"上＋名词（n.）"，但方位区别词的用法在组配中并不高频，很多形式是趋向补语用法的一部分，例如，"上床"（15 032）是更大组配"爬上床"中的一部分，"上眼睛"（9 363）是更大组配"闭上眼睛"中的一部分。另外，还有一些高频组配中，空间词被分析为谓语，例如，"上大学"（9 863）、"上厕所"（6 798）。因此，表格中只列出了组配频次。

②　全书表格中的"语义类别"都指的是组配结构的语义类别。

（续上表）

	上 + ×	频次	语义类别
Top 16	上脑	446	空间义
Top 17	上中游	421	空间义
Top 18	上季度	413	非空间义
Top 19	（左/右）上肺	372	空间义
Top 20	上眼皮	365	空间义

从表4-1可以看出，方位区别词"上"和名语素/词组配时，前10个高频组配中非空间义占80%，组配频次最高的前两个构式"上世纪""上半场"中的"上"分别表示时间序列和赛制序列的非空间义。接下来，再来看"下"与名语素/词的组配情况：

表4-2　方位区别词"下"与名语素/词（×）的组配频次及语义类别

	下 + ×	频次	语义类别
Top 1	下图	5 923	空间义
Top 2	下半场	5 144	非空间义
Top 3	下星期	3 430	非空间义
Top 4	下部	2 284	空间义
Top 5	下静脉	2 245	空间义
Top 6	下半身	1 982	空间义
Top 7	下腹部	1 544	空间义
Top 8	下水位	1 432	空间义
Top 9	下官	1 227	非空间义
Top 10	下呼吸道	1 120	空间义
Top 11	下动脉	870	空间义
Top 12	下眼睑	765	空间义
Top 13	下礼拜	687	非空间义
Top 14	下肺	678	空间义
Top 15	下赛季	622	非空间义
Top 16	下眼皮	572	空间义
Top 17	下节	362	非空间义
Top 18	下面	362	空间义
Top 19	下牙	355	空间义
Top 20	下风	330	非空间义

通过表4-1和表4-2的对比可以看出，方位区别词"下"和名语素/词组配中的非空间义没有"上"丰富，前10个高频组配中只有3个结构表非空

间义，分别是"下半场""下星期"和"下官"。虽然方位区别词"上/下"和名语素/词组配的空间义与非空间义的语义类别有较大差异，但两表中的组配结构在语义上仍有共性，例如，表示空间义的结构都以解剖学名词为主，如"上静脉""上关节""上动脉"和"下静脉""下动脉""下牙"等。其中，"上""下"非空间义的语义情况具有一致性，都能表示"序列"义和"等级"义，而"序列"义是主要的非空间义。下文将分别就方位区别词"上/下"和名语素/词组配的空间义与非空间义情况进行分类分析。

（一）方位区别词空间义的组配

"上""下"作为汉语最基本的一对空间反义词，受到学界的广泛关注。其中，方位区别词"上"的义项是"位置在相对高处"，"下"的义项是"位置在相对低处"，它们可以和同一词语组配，组配后的表达式在形式上是对称关系，在语义上是对立关系。组配后表达式的语义对立关系是由"上""下"的语义对立关系体现的（见表4-3）。

表4-3　方位区别词空间义的组配

上 + ×	下 + ×
上面	下面
上部	下部
上边	下边
上头	下头
上身	下身
上装	下装
上肢	下肢
上层	下层

从表4-3可以看出，组配后的结构在形式上和语义上都没有出现空位。这类用法不是汉语学习者的难点，只要给出了表4-3中左列或右列的某一组表达式，学习者便可以根据这些表达式进行反义联想类推，从而输出正确的表达。比如，根据"上游"可以类推出"下游"，根据"上梁"可以类推出"下梁"。因此，可以说，能进入此结构的名语素/词×具有周遍性。

值得注意的是，"上/下"和相同语素/词组配后所形成的对立关系是存在于一个整体内部的对立关系。比如"上游/下游"是存在于同一个整体"河流"中的，"上身/下身"是共存于人的身体这一整体的，这些对立的部分是不能分开的，有"上×"必有"下×"，有"下×"必有"上×"，两者是相互依存的关系。根据认知语言学的"图形（figure）—背景（ground）"理论（Talmy，1983），图形即焦点，背景即参照物。表4-3所讨论的语言现象中，背景是某个实体的整体部分，参照点是人类认知达成共识的处于实体二分之一高度处的水平线，在水平线较高处的部分为"上"，较低的部分为"下"，在英语中分别对应于upper和lower，如"上游"是the upper reaches，"下游"是the lower reaches。

（二）方位区别词非空间义的组配

空间范畴是人类认知的基本心理范畴，是人类认识世界和描述世界的基础，也是其他高级认知范畴的发展基础。同时，空间范畴具有多样性和复杂性的特点，它不仅可以表示实际物理空间的概念，还可以投射到时间、数量、社会等级和心理状态等抽象的认知领域。在现代汉语中，很多表达抽象概念的词语都来自空间范畴义。本小节将专门探讨非空间义方位区别词的组配情况。

1. "上/下+×"表等级/品质义

这一类中"上"表示"等级或品质高的"，"下"表示"等级或品质低的"，"上""下"在和同一语素组配后形式上对称，语义上对应，见表4-4：

表4-4　方位区别词"上/下"与名语素/词（×）组配表示等级或品质的高低

上 + ×	下 + ×
上等	下等
上级	下级
上策	下策
上品	下品
上士	下士
上风①	下风
上宾	—②
上流（社会）	?③

---

① "上风"的比喻义是作战或比赛的一方所处的有利地位，"下风"的比喻义是作战或比赛的一方所处的不利地位。我们把这一组也归入等级义。

② 表格中一字线符号表示此处出现空位，下同。

③ "上流"一词常用来形容社会地位较高的人群或阶层，如"上流社会""上流人士"等。而"下流"多指行为举止，用来形容道德水准低下或行为不端的人。"上流"和"下流"无法形成严格意义上的语义对立关系。

　　方位区别词"上/下"与名语素/词组配表示等级或品质的高低，等级的高低可以包括质量优劣、地位高低、权力大小等，质量优、地位高、权力大为"上"，质量劣、地位低、权力小为"下"。

　　表4-4中，有"上宾"无"*下宾"，出现了形式上的空位，这是"语义相容"规则制约的结果。中国乃礼仪大邦，宾客为尊，"宾"和表示等级高的"上"语义相容，本身就带有"尊敬"义，和"下"的语义无法相容。但其他的组配语素并无"尊卑高低"之分，因此分别有对应的"上/下+×"的形式。

　　2. "上/下+×"表次序/时间义

　　"上""下"还可以分别表示"次序或时间在前的"和"次序或时间在后的"，组配后无空位现象，见表4-5：

表4-5　方位区别词"上/下"与名语素/词（×）组配表示次序或时间的前后

上+×	下+×
上卷	下卷
上集	下集
上联	下联
上文	下文
上午	下午
上旬	下旬
上半年	下半年
上辈子	下辈子
上任	下任
上一站	下一站

　　方位区别词"上/下"与名语素/词组配可以表示次序或时间。序位是一组有顺序关联的成员组成的序列，如不同的任期、打牌时的人员次序、车站名称、纸张图画排序等，序位中先存在的称为"上"，后存在的称为"下"。（蔡永强，2010a）这一类对于汉语学习者来说也很容易理解，根据其中的一列可以类推出另一列，形式和语义上都没有空位。整个格式具有周遍意义。类似的例子还有"上部/下部""上册/下册""上回①/下回""上句/下句"等。

　　如果"上/下+×"构式中的×是表示频次的词语，则发生在前的称"上"，发生在后的称"下"，组配后无空位现象。如"上回②/下回""上次/

① 这里的"回"指书的一个段落、章回小说的一章。
② 这里的"回"指动作、事情的次数。

下次""上顿/下顿""上轮/下轮""上回合/下回合"等。

其中,值得注意的是,汉语里"上一站"表示序位较前的一站,在时间序列上较早发生,而"下一站"表示序位较后的一站,在时间序列上较晚发生。由于认知角度的不同,不同的语言对"上一站"和"下一站"的理解会不同,比如日语里"上一站"和"下一站"的序列就刚好和汉语相反,这点在教学上要注意。

提及序位,不得不提及"前一站"和"后一站","前一站"到底凸显哪种语义要依赖具体语境判断。例如:

(1) 他回家看望父母,还常跑到车站去走铁轨。有一次回家,他在<u>前一站</u>就下了车,他背一个包,一身轻松的样子。

(2) 凶手将一枚定时炸弹安放在座椅下,并在作案后迅速离开现场,估计是在<u>前一站</u>下的车。事发后,领导们先后赶赴出事地点,看望受害者。

(3) 他用扩音器向乘客广播:"乘客们做好准备,<u>前一站</u>是孟婆店,孟婆店快到了,请做好准备。"

(4) 走了一站路,到<u>前一站</u>去坐公共汽车,希望在车里碰见什么熟人,可是一个没有碰到。

从上述例子可以看出,例(1)和例(2)是一类,而例(3)和例(4)是一类,假设共有13站,参照站是第7站的话,例(1)和例(2)是在第6站下车,而例(3)和例(4)是第8站下/上车。具体被解读为哪一种语义,上下文丰富的语境信息以及人类百科全书式的背景信息都会帮助读者作出正确的理解。如例(2)中,前文有提及凶手在车上安装了定时炸弹,按常识,凶手不会把自己炸死,他肯定要提前下车。又如例(3),"孟婆店"肯定是在车行方向前面的一个站点,是还未到达的一个站点,因为列车一定是按一个既定目标往前一直行驶直至目的地的。之所以同一个语言形式在不同语境中会有不同的语义解读,是因为其受到了人类认知模式的影响。例(1)和例(2)中方位名词"前"表示的是"序列"义(非空间义),等同于"上一站";而例(3)和例(4)中方位名词"前"表示的是空间义,即人类在运动行驶过程中面部朝前的那个方向。

二、方位后置词的组配

方位词的使用与人类对空间领域的认知密切相关,"上/下""前/后"

"里/外"作方位后置词常与名词组配，形成"名词（×）＋空间词"结构，该结构以名词所表示的事物作参照点，空间词标记一种空间关系。

比如垂直轴的"×＋上"结构，很多名词都可以进入这一结构与"上"组配，例如"天上""地上""树上""墙上""脸上""桌子上""课堂上""会上""事实上""思想上"等。其中，"天""地"为自然现象名词，"树""墙""桌子"等是具体可数名词，"会（议）""课堂"是抽象物质名词，"事实""思想"是抽象精神名词，这些词都可以进入"×＋上"结构，那么组配后的结构中"上"的意义是否一样？是不是所有的名词都可以进入这一结构？是不是所有的"×＋上"都有与之对应的"×＋下"？如果不是，汉语学习者如何正确地理解各个结构的语义？这些都值得系统展开研究。

当名词和"里""中""上""下"等方位后置词组配时，其组配规则并不是整齐划一的。比如"在上海"后不能加"里"，"在家"的后面可以加"里"也可以不加，而"在沙发上"的"上"却是不可缺少。这些现象对初级阶段的汉语学习者来说非常复杂，他们一般都会形成一种错误的认识，即表处所或方位的名词后面一般都要加上一个方位词，或者都不加，因此造出"*我们在中国里旅行。""*我不愿意在黑板写字。"这样的病句。

此外，汉语学习者还会根据教师或教材中出现的组配情况进行类推，这样的类推有时碰巧是对的，而有时则是错的。比如"笔掉到地上了。"和"笔掉到地下了。"这两个句子都可以说，语义没太大差别，汉语学习者会以为名词和"上"组配与名词和"下"组配两者是可以互换的，从而造出"*……自行车在草地下走。"① 这样的病句来。

陈满华（1995）将汉语学习者方位后置词的偏误类型大致分成三类。第一类是误用，指该用甲方位词的地方用了乙方位词，比如"*我在报纸里看见了他们公司的广告。"（应改为"报纸上"）。第二类是滥用，指不该用方位词的地方却添加了方位词，比如"*1989 年里我第二次来中国。"（应改为"1989 年"）。第三类是缺用，指该用方位词的地方却没有使用方位词，如"*我不愿意在黑板写字。"（应改为"在黑板上"）。学习者的偏误说明，方位后置词和什么样的名词组配以及哪些组配是高频组配都需要进行全面的研究。

为了展示名词和方位后置词"上""下"的组配情况，我们用知识图谱来构建并展示方位后置词与名词之间的关系，在对包含方位后置词"上""下"的语料进行收集和清理后，将方位后置词与其共现的名词进行提取和匹配，名

---

① 例句引自陈满华."机构名词＋里/上"结构刍议［J］.汉语学习，1995（3）：26 - 29.

词和方位后置词"上"及名词和方位后置词"下"的知识图谱展示分别如图
4－1 和图 4－2：

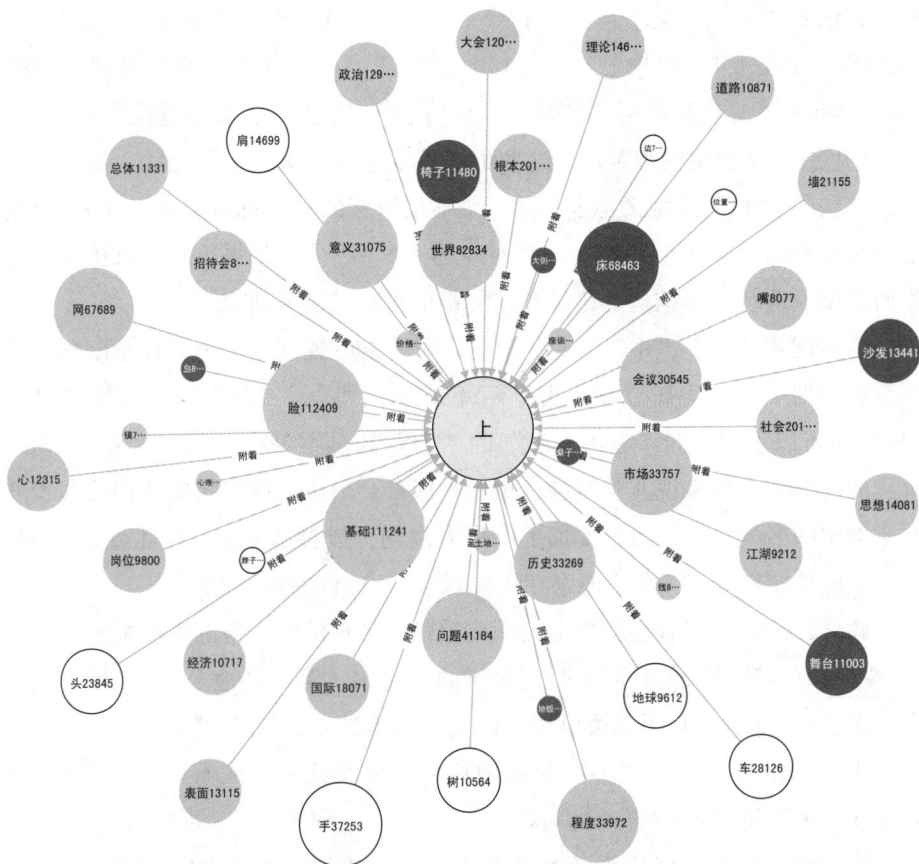

图 4－1　名词和方位后置词"上"高频共现的知识图谱

从图 4－1 可以看出，围绕实体 1 "上"，这些高频共现名词作为实体 2 与
实体 1 之间的关系是附着关系。其中，当实体 2 是浅灰色时，表示实体 2 与实
体 1 组配后的语义是非空间义，如"基础上""脸上""市场上""问题上"
等。当实体 2 是深灰色时，表示实体 2 与实体 1 组配后的语义是空间义，如
"桌子上""椅子上""沙发上""床上"等，而当实体 2 是白色时则组配后的
语义兼有空间义和非空间义，如"树上""车上""手上"等。

图 4－1 中圆圈的大小基本对应名词共现词频的大小，圆圈最大的共现词
次最高，圆圈最小的共现频次相对较低，尽管图 1 中的实体 2 都是高频组配。
由于目前在技术上还无法实现根据具体频次的大小来调整对应的圆圈大小，因

此根据四分法将高频组配划分出 4 个类别，分别对应最大圆圈、次大圆圈、次小圆圈和最小圆圈，后文方法与此一致，不再赘述。

从图 4-1 可以看出，"脸上""基础上"组配频率最高（最大圆圈），"床上""网上""问题上""程度上""市场上""意义上"等组配频率相对较高（次大圆圈），"肩上""头上""车上""理论上""墙上"等组配频率相对较低（次小圆圈），而"桌子上""大街上""地板上""位置上"等组配频率相对最低（最小圆圈）。

从图 4-1 中节点 2 的颜色分布可以看出，"名词"与"上"的高频组配多表非空间义（浅灰色圆圈的分布占明显优势），例如"脸上""基础上""世界上""床上""网上""问题上"这几个最高频组配中，只有"床上"一个表示空间义，这说明方位后置词在组配中的非空间义需要系统性的研究。

再来看名词和方位后置词"下"高频共现的情况，如图 4-2：

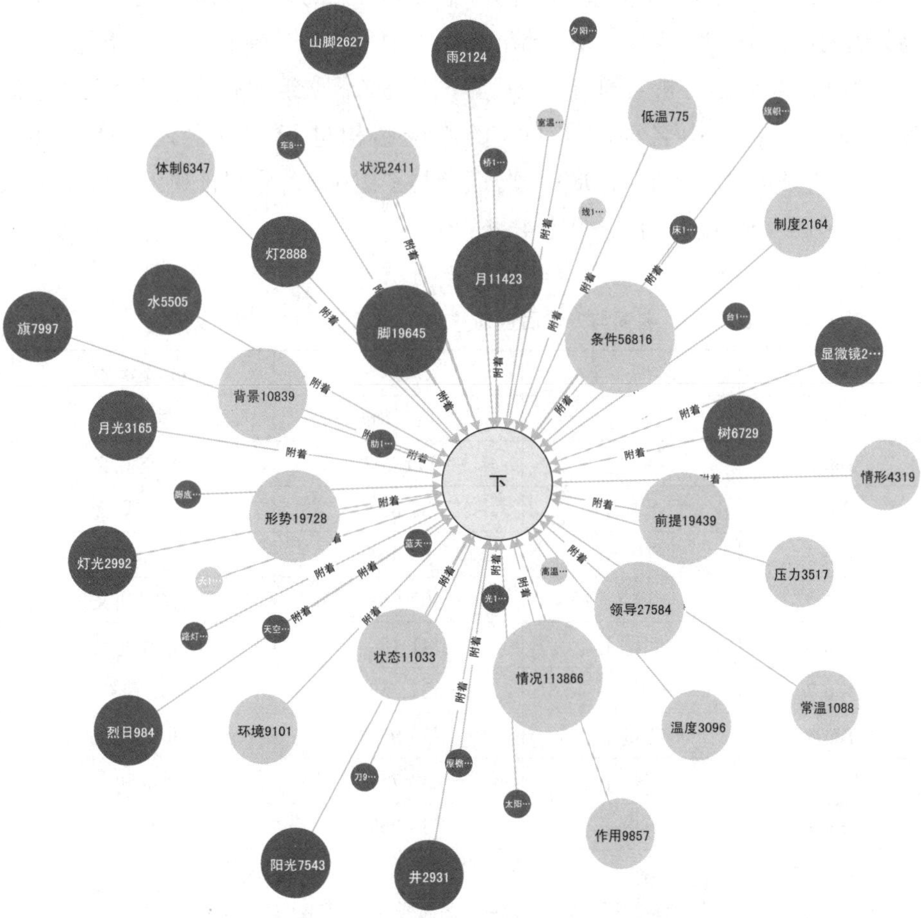

图 4-2　名词和方位后置词"下"高频共现的知识图谱

　　从图4-2可以看出，围绕实体1"下"，这些高频共现名词作为实体2与实体1之间的关系是附着关系，与"上"一致。其中，当实体2是浅灰色时，表示实体2与实体1组配后的语义是非空间义，如"条件下""情况下""领导下""状态下"等。当实体2是深灰色时，表示实体2与实体1组配后的语义是空间义，如"脚下""水下""树下""灯下"等。图2中没有白色的圆圈，表示名词与方位词"下"组配并没有兼有空间义和非空间义的情况。

　　从图4-2可以看出，"情况下""条件下"组配频率最高（最大圆圈），"领导下""形势下""脚下""前提下""月下""状态下""背景下"等组配频率相对较高（次大圆圈），"温度下""井下""灯光下""山脚下""状况下"等组配频率相对较低（次小圆圈），而"太阳下""旗帜下""夕阳下""路灯下"等组配频率相对最低（最小圆圈）。

　　从图4-2中节点2的颜色分布可以看出，"名词"与"下"的高频组配中表空间义（深灰色圆圈）的分布更占优势。但值得注意的是，"名词"与"下"的最高频组配几乎都表非空间义，如"情况下""条件下""领导下""形势下"。

　　为了更细致地分析名词与方位后置词"上/下"组配后的语义情况，本研究对BCC语料库中名词与"上"的组配结构进行了穷尽式的搜索（共2 935 767条语料，其中41 089个名词参与了组配），分别排列出了组配频次最高的前20个组配结构①，见表4-6：

表4-6　名词与方位后置词"上"的组配频次及语义类别

	名词 + 上	频次	语义类别
Top 1	脸上	112 409	非空间义
Top 2	基础上	111 241	非空间义
Top 3	世界上	82 834	非空间义
Top 4	床上	68 463	空间义
Top 5	网上	67 689	非空间义
Top 6	问题上	41 184	非空间义
Top 7	手上	37 253	兼有②
Top 8	程度上	33 972	非空间义
Top 9	市场上	33 757	非空间义
Top 10	历史上	33 269	非空间义

　　① 名词与"上/下"的组配情况丰富且复杂，因而列出了前20个高频组配。
　　② 兼有指的是，该结构既可以表示空间义，又可以表示非空间义。

（续上表）

	名词＋上	频次	语义类别
Top 11	意义上	31 075	非空间义
Top 12	会议上	30 545	非空间义
Top 13	车上	28 126	兼有
Top 14	头上	23 845	兼有
Top 15	墙上	21 155	兼有
Top 16	社会上	20 166	非空间义
Top 17	根本上	20 132	非空间义
Top 18	国际上	18 071	非空间义
Top 19	肩上	14 699	兼有
Top 20	理论上	14 690	非空间义

从表4－6可以看出，名词与"上"的前20个高频组配中，只有一个组配可以单纯表示空间义，即"床上"，有5个结构既可以表示空间义又可以表示非空间义，分别是"手上""车上""头上""墙上""肩上"，其余的组配结构都表示非空间义。例如：

（5）手捧花落到了我**手上**！难道下一个结婚的是我吗？（空间义为核心语义，"上"表示花在手的"上方"位置。但同时"上"也含有"表面"义。）

（6）**手上**的掌纹各有不同，它们各自代表了什么意义？（非空间义，掌纹并不在手的上方位置，和手是包容关系。）

（7）怎么在上海也会发生这种事情？以后谨记不要把包放**车上**。（空间义为核心语义，"上"表示包在车座的"上方"位置。但同时"上"也含有"表面"义。）

（8）熊孩子胆大包天没分寸，伸手就在**车上**乱写乱画，这下可惨了。（非空间义，乱写乱画的痕迹并不在车的上方位置，而是在车的"表面"。）

（9）**头上**飞过一架飞机。（空间义，"上"表示飞机在头的"上方"位置。）

（10）我的美丽发卡，刚戴**头上**，就断了！呜呜呜！（空间义为核心语义，"上"表示发卡在头的"上方"位置。但同时"上"也含有"表面"义。）

（11）小黑猫一下就跳到了**墙上**。（空间义为核心语义，"上"表示小黑猫在墙的"上方"位置。但同时"上"也含有"表面"义。）

（12）记得以前喜欢把一张张收到的圣诞卡用绳子串起来挂在家里的<u>墙上</u>。（非空间义，标本并不在"墙"的上方位置，而是在墙的"表面"。）

接下来比较一下BCC语料库中名词与"下"的组配结构情况（共829 617条语料，其中27 892个名词参与了组配），分别排列出了组配频次最高的前20个组配结构，见表4-7：

表4-7　名词与方位后置词"下"的组配频次及语义类别

	名词＋下①	频次	语义类别
Top 1	情况下	113 866	非空间义
Top 2	条件下	56 816	非空间义
Top 3	领导下	27 584	非空间义
Top 4	形势下	19 728	非空间义
Top 5	脚下	19 645	空间义
Top 6	前提下	19 439	非空间义
Top 7	月下	11 423	空间义
Top 8	状态下	11 033	非空间义
Top 9	背景下	10 839	非空间义
Top 10	作用下	9 857	非空间义
Top 11	环境下	9 101	非空间义
Top 12	旗下	7 997	空间义
Top 13	阳光下	7 543	空间义
Top 14	树下	6 729	空间义
Top 15	体制下	6 347	非空间义
Top 16	水下	5 505	空间义
Top 17	情形下	4 319	非空间义
Top 18	压力下	3 517	非空间义
Top 19	月光下	3 165	空间义
Top 20	温度下	3 096	非空间义

---

① "名词＋下"组配中，排除了语料库中"在……下"造成的语料，如"在相同激励水平下"中的"水平下"被排除出外。

　　从表4-7可以看出，名词与"下"的前20个高频组配中，排名前四的高频组配都表示非空间义，分别是"情况下""条件下""领导下""形势下"。与"名词+上"组配结构相比，"名词+下"表示空间义的用法多得多，例如"脚下""月下""旗下""阳光下""树下""水下""月光下"都表示空间义。

　　通过表4-6和表4-7的语料对比可以看出，"下"的非空间义和"上"的非空间义虚化程度不同。"下"在虚化语境中仍可以感知具体的空间方向（如"领导下""条件下""作用下"等），但是"上"有些已经无法感知具体的空间方向了（如"根本上""理论上""国际上"等）。由此可见，名词和方位后置词的组配情况非常复杂，需要系统地分析，也需要细致地比对。本节仍然按空间义和非空间义进行区分，然后分别进行系统性描写。

（一）方位后置词空间义的组配

　　"上/下"作方位后置词的组配情况较为复杂，因为可以进入"×+上/下"的名词（×）极多，是一个开放的范畴。此外，"上"在组配中所凸显的语义信息也十分丰富，比如"桌子上有一个花瓶"，这个句子中的"上"包含三个语义信息，分别是"在某参照点之上的位置"（空间义）、"接触（焦点和背景的接触）"以及"力的支撑"（百科知识）。接触是指花瓶和桌子有接触，花瓶不是在桌子上悬空着，桌子有一个对花瓶的支撑力（force dynamic）。所以虽同是"×上"，但"桌子上有个花瓶"和"墙上有只蚊子"的意象图式并不一致。

　　我们先来看一下名词和"上"组配后所形成意象图式的情况：

　　1. 方位后置词"上"表示"上方"义

　　在"名词+上"组配结构中，方位后置词"上"在句中的作用是指示两个物体之间的相对空间位置，其中，焦点（A）处于参照物（B）上方的位置。如图4-3：

　　（13）桌子上有一个花瓶。
　　　　　　B　　　　　　A
　　（14）沙发上歇着一只蚊子。
　　　　　　B　　　　　　　A

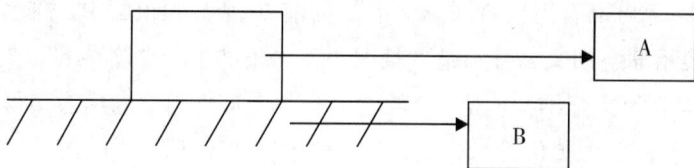

图4-3　方位后置词"上"的空间原型图式

如图4-3所示，B是背景，A是焦点，B是A的参照物，由于受到地球重力的影响，A与B在空间关系上除了有上下关系外，还有接触关系。此种情况下的B既可以具有［＋平面］的语义特征，也可以具有［－平面］的语义特征。"桌子""沙发"都是比较规则的平面，还有一些不规则的平面（山上、树上）也可以解读为该意象图式。比如：

（15）山上开满了鲜花。
　　　B　　　　　A
（16）树上停着一只小鸟。
　　　B　　　　　　A

虽然背景"山"和"树"的形状在认知上不具有平面性，但是"鲜花""小鸟"仍可与其表面接触。此外，焦点（A）和参照物（B）也可以不接触。其意象图式如图4-4：

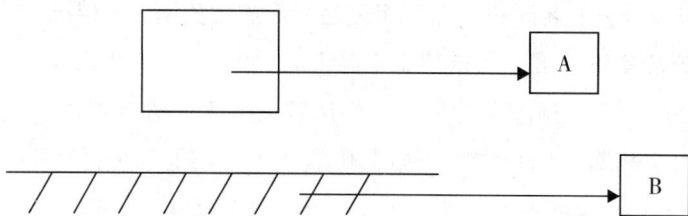

图4-4　方位后置词"上"的空间变体图式

这一类中的"上"可以用"上方"来替换，焦点（A）和背景（B）有空间上的距离。例如：

（17）头上飞过一架飞机。
　　　B　　　　　　A

（18）桥上飘过一个气球。
　　　 B　　　　　A

　　以上两例中，"上"表示"上方"，参照物为 B。例（17）中，"头"是参照物（背景），"飞机"是焦点。例（18）中，"桥"是参照物（背景），"气球"是焦点。类似的例子还有"直升机在头顶上盘旋""海鸥在海面上飞翔"。
　　值得注意的是，图 4–4 中距离图示中的焦点（如"飞机""气球""海鸥"等）都是依靠动力或浮力在与地球引力抗衡，如果失去动力则会跌回地面，比如飞机失去动力会坠毁，气球氢气泄露则会慢慢降回地面，鸟儿丧失飞行的动力也会摔至地面。因此，只有图 4–3 是方位后置词"上"的空间原型图式。
　　在图 4–3，"接触"义是方位后置词"上"隐含着的一个语义，这是由客观物质世界的重力特点决定的。如果在语言表达中无法出现"接触"义，一定是有外力的干扰和限制，比如例（17）、例（18）中提及的"飞机""气球"等物体所体现出自身动力。
　　因此，我们发现，这类既表示空间义（"上方"义），又表示非空间义（"接触"义）的例子还有很多，例如：

（19）伯爵把东西一样一样拿出来，恭恭敬敬地摊在地板上。
（20）他呻吟着伏在马背上。
（21）他摔落在河岸的砂石上。
（22）他把杯子放在面前的茶几上。
（23）她决定先把婴儿放在床上。
（24）吉普车飞驰在通往农场的乡间大道上。

　　在上述例子中，焦点和背景既有方位上的"上下"关系，又有物体间的空间"接触"关系。当确定了这个被隐含着的"接触"关系后，很多教学上的困难就能迎刃而解。图 4–3 中的空间原型图式只展现了最典型的空间关系图式，A 和 B 还可以被凸显为其他空间关系，比如"水上有几只鸭子""手指上扎了个刺""蛋糕上插了几只蜡烛"等例子中，焦点（A）"鸭子""刺""蜡烛"和背景（B）"水""手指""蛋糕"是一种交错重叠的空间关系。
　　2. 方位后置词"下"表示"下方"义
　　在"名词 + 下"组配结构中，方位后置词"下"在句中的作用是指示两个物体之间的相对空间位置，其中，焦点（A）处于参照物（B）下方的位置。例如：

（25）夜深人静，<u>我与爱人</u>携手漫步<u>月</u>下。
　　　　　　　　　　A　　　　　　B
（26）前几天，<u>我将车</u>停在<u>一棵老树</u>下。
　　　　　　　　　A　　　　　　B
（27）<u>桌子</u>下有<u>一只猫</u>。
　　　　B　　　　A
（28）<u>沙发</u>下有<u>一张纸</u>。
　　　　B　　　　A

从上述例句可以看出，焦点（A）在参照物（B）之下，A 和 B 之间有一定的距离，A 与 B 没有接触。如图 4 - 5：

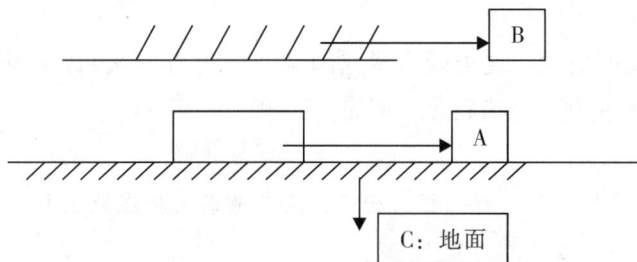

图 4 - 5　方位后置词"下"的空间原型图式

从图 4 - 5 可以看出，在"名词 + 下"组配结构中焦点（A）和参照物（B）并没有接触，除了自然界的事物（如"天空下""月下""树下"）外，常进入这类图式的名词有"桌子""沙发""茶几""床"等家具用品类名词，这些名词所指称的事物具有统一的空间特点，即物体的底面只有几个点与地面接触（如"桌脚""床脚"等），这样物体就与地面之间形成了一个空间，"×+下"就是指这样一个空间范围。"×上"与"×下"组配后语义上存在不对称现象，具体辨析参见刘甜（2017），在此不再赘述。

（二）方位后置词非空间义的组配

1. 方位后置词"上"表示"表面"义

在"名词 + 上"组配中，"上"表示"物体的表面"既不属于典型的空间义，也不属于典型的非空间义，是介于空间义和非空间义之间的一种状态。

"上"的空间义是指"焦点位于参照物相对较高的位置"，如"树上""头上""桌子上"等。从"上"的空间原型图式可知，由于受到地球重力的影响，焦点（A）与参照物（B）在空间关系上除了有上下关系外，还有接触关系，因为受到地心引力的作用，目的物会自然垂直下落，往往与参照物接触并附着于参照物上。慢慢地，"位于较高处"的语义因子逐渐淡化，"接触"与"存在/出现"的语义因子逐渐强化，并最终形成"上"表示"表面"的语义，这是语用强化的结果。而"上"也因为和不同词义特性的词语组配从而呈现出多种基于原型图式的图式变体，例如：

（29）墙上挂着画。
　　　B　　　A
（30）脸上沾着一颗米粒。
　　　B　　　　A

与"上"的空间原型图式（图4-3）不同，"上"的空间变体图式是一种纵向图式。在该意象图式中，焦点存在于背景之上必须借助一定的介质，要么是力的介质，要么是别的介质。例如，"画"挂在"墙上"必须借助钉子力量的支持。而"画"贴在墙上，"米粒"粘在脸上要借助物体黏性的力量。

上述例子中，"×上"中的×是普通物质名词，是物理空间中看得见摸得着的物质实体。但当×是可以承载信息的信息名词时，"×上"的原型模式又扩展出了新的变体。如图4-6：

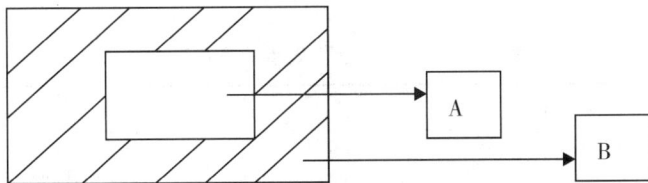

图4-6　方位后置词"上"的信息载体图式

（31）黑板上画了一幅画。
　　　B　　　　A
（32）这篇文章在报纸上刊出了。
　　　A　　　　B

这一类，焦点（A）和参照物（B）没有被认知成一个三维的立体实体，而是被认知成一个二维的平面，如果这两个平面之间的距离小到连人类肉眼都无法感知的程度时，认知机制会把这两个平面合二为一。这个意象图式也是在原型图式的基础上衍生出的，"接触"义是它们的纽带。

这两例中的背景都是客观世界的物质实体，×还可以指称更抽象的存在，例如：

（33）有的人杜撰事实在网络上造谣。

（34）老师在课堂上强调的内容都要记住。

例句中的"网络"和"课堂"都是能承载信息的抽象名词，和方位后置词"上"组配，其语义内容虽无法明示，但完全可以归于此类。因为空间词的语义凸显是一个动态的过程，和不同的词语组配，组配词语之间语义互相吸引、互相凸显，是一个动态的在线构建过程。不能因为组配词语的语义特点不同，就将空间词的语义和组配词语的语义融在一起，也不能将空间词的语义和整个构式的语义融在一起，这样会让空间词的义项极为臃肿，既不利于计算机信息处理，也不利于语言教学。

2. 方位后置词"上"表示"方面"义

限于篇幅，本研究没有纳入历时语料，无法讨论空间词"上"的本义和基本义到底是哪个义项，但是通过对共时语料的搭配频率检索分析发现，"方面"义是"上"作方位后置词和名词组配时的最高频用法。"×+上"表示"方面"义，"×+下"没有语义上对称或相同的用法，见表4-8：

表4-8　"×+上"表示"方面"义

×+上	×+下
组织上	—
事实上	—
思想上	—
理论上	—
感情上	—
政治上	—
经济上	—
历史上	—

组配结构"×+上"的"上"可以表示"方面"义，与"上"非空间义中的"信息载体图式"（图4-6）有关。例如，"报纸上报道了这则新闻。""书上有几个错别字。"中"报纸"和"书"是信息载体，也是可感知的物质实体，同时作为信息载体负责传递信息。而当"上"和表抽象语义的名词组配后，两个组配成分之间语义发生了互动，形成新的共生关系。例如，"历史上的故事""感情上的烦恼""组织上的安排"等在隐喻机制的作用下分别将"历史""感情""组织"等抽象物认知为可感的实体，"×上"指的就是在这些实体上呈现了什么事件或发生了什么事情。例如：

（35）这是组织上应该考虑到的重要问题。

（36）大家快来帮我解决感情上的烦恼。

（37）这就是历史上著名的八王之乱。

事物或事件都有许多个侧面，但当人们讨论一个事物或一件事情时只关注其中的一个凸显面，把关注和谈论的焦点集中在这个方面，这个用法是"上"空间义进一步虚化的结果。

上述例子"×+上"前面都不能添加介词"在"。有些"×+上"可以添加介词"在"，形成"在……上"结构，介词"在"不能省略，例如：

（38）我认为，在这个问题上，只要中央和地方统一思想，统一认识，是完全可以做好的。

（39）近十年内，我国拥有的水资源在数量上可以满足需求。

（40）许多城市公交优先只停留在口头上。

3. 方位后置词"下"表示"条件"义

如果"方面"义是"上"作方位后置词和名词组配时的最高频用法，那么"条件"义则是"下"作方位后置词和名词组配时的最高频用法。从表4-7可以看出，在组配结构"×下"（"情况下""条件下""领导下""形势下""前提下""状态下""背景下""作用下""环境下""体制下""情形下""压力下""温度下"）中，几乎所有的非空间义都可以被理解为"条件"义。例如：

（41）鼓励病人在无痛情况下尽早活动和锻炼。

（42）在复杂和极端条件下，唯有尼康的机器可以胜任这样的工作。

（43）在中国共产党的坚强领导下，中国大力发展社会主义市场经济。

（44）在经济快速发展的大好形势下，我们始终没有放松案件查处工作。

（45）在保证产品质量的前提下，我们制定了一套较为合理的短流程生产新工艺。

（46）我在健康的状态下第一次 8 点就进入睡眠。

（47）在股市低迷、楼市不景气的大背景下，玉石市场继续上演着"疯狂的石头"。

（48）在麻醉加紧张的作用下，我上半身开始发抖，手和牙齿在打哆嗦。

为什么"下"可以表示"条件"义？我们其实可以用"领导下"为例来展开分析。类似"……领导下"的用法很多，比如"同学们的帮助下""集体的关怀下"，等等，这类名词所指称的语义对象都具有［＋高能力］的特点，"集体"相对"个人"肯定处于能量上的高位，而"同学们"在具体话语语境中，相对于被帮助的同学，仍然具有［＋高能力］的特点。

其他的"×下"是进一步补充说明话语语境下的特殊条件，如上例中的"无痛情况下""健康的状态下""麻醉加紧张的作用下"，等等。在这类例句中，"×下"强调的是前提或条件，后续句子说的是在这样的前提或条件下出现的是什么样的结果。

关于"下"，词典中还有这样两个义项：一个义项是表示当某个时间或是时节，如"时下""节下""年下"，与"目前""眼下"一致，这类时间词是从空间域投射到时间域的结果。"下"表示"现在"义，与"过去""将来"形成三元对立关系。在汉语中"前"指将来而"后"指过去，体现的是时间隐喻的方向性，"前"指过去而"后"指将来体现的是时间隐喻的序列性（刘甜，2009）。从方向性的角度看，人的前方就是将来，"眼下"就是现在，人的后方就是过去。"下"的"现在"义仍可以在空间域找到对应的图式。

另一个义项是用在数目字后面，表示方面或方位，如"两下都同意""往四下一看"，我们也归入方位义，不专节论述。至于方位后置词"×上"与"×下"组配上的不对称性，参见刘甜（2017），在此不再赘述。

三、小结

方位区别词和其他语素/词组配，在形式上可以描写为"空间词＋×"，在语义上既可以表示空间义，也可以表示非空间义。表空间义的例子如"上半身""上腹部""下图""下半身"，表非空间义的例子如"上世纪""上半场""下世纪""下星期"。通过对"上""下"与名语素/词组配的频次及语义情况的对比分析发现（表4-1和表4-2），虽然两表中组配结构的语义类别有较大差异，但前20个高频组配中表示空间义的结构都以解剖学名词为主，例如"上静脉""上关节""上动脉"和"下静脉""下动脉""下牙"等。而且，"上""下"非空间义的语义情况具有一致性，都能表示"序列"义和"等级"义，通过比对组配频次的数据可知，"序列"义是非空间义的高频用法。

值得注意的是，表空间义时，"上/下"和相同语素/词组配后所形成的对立关系是存在于一个整体内部的对立关系，比如"上游/下游"是存在于同一个整体"河流"中的，"上身/下身"是共存于人的身体这一整体的。这些对立的部分是不能分开的，有"上×"必有"下×"，有"下×"必有"上×"，两者是相互依存的关系。

受认知语义学理论的影响，在空间词语义的研究中，既不能将空间词的语义与其语境义①等同起来，也不能忽视语境义对组配过程中空间词语义的影响，因此，我们可以总结出方位区别词"上/下"和其他语素/词组配时的语义情况，如图4-7：

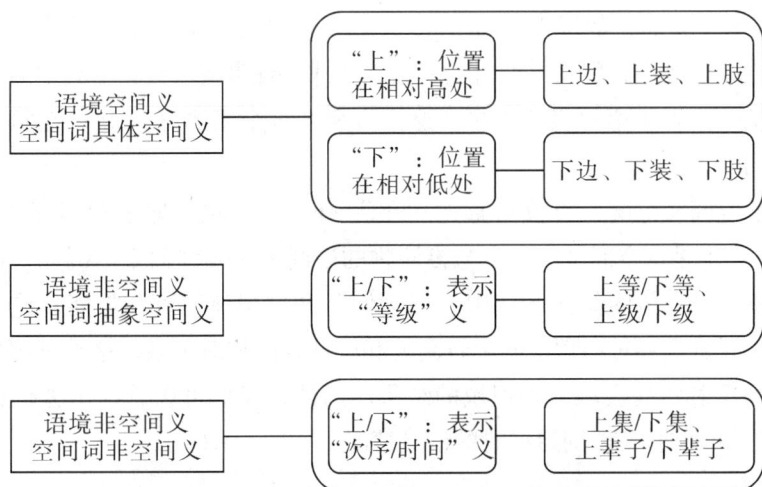

图4-7 方位区别词"上/下"和其他语素/词组配的语义情况

---

① 既包括组配词语的语义，也包括句子的语义，还包括人类百科全书式的背景知识。

从图4-7可以看出，方位区别词"上/下"与名词组配的语义情况有三种：第一种是在语境表示空间义时，空间词的语义也属于空间义①的用法，如"上边""上肢""下边""下肢"；第二种是语境表非空间义，空间词表抽象空间义，其中，"上/下"可以表示"等级"义，如"上等/下等""上级/下级"，虽然从空间域投射到等级域，但"上/下"的高低相对位置关系仍可感知；第三种是语境表非空间义，空间词也表非空间义，其中，"上/下"表示"次序/时间"义，如"上集/下集""上辈子/下辈子"，"上/下"的高低相对位置关系已虚化。

当空间词"上/下"充当方位后置词时，在空间义范畴，"上"表示"上方"义与"下"表示"下方"义形成对称的语义关系。当名词×是事物类名词时，"×上"和"×下"所指的空间范围并不对应，"×下"的空间范围要大于"×上"，"×上"的空间范围是封闭的，而"×下"的空间范围具有延伸性，例如"山上"和"山下"，"树上"和"树下"。

在非空间义范畴，方位后置词"上"有两个义项，一个是"表面"义，另一个是"方面"义。"上"的空间义是指"焦点位于参照物相对较高的位置"，由于受到地球重力的影响，焦点与参照物在空间关系上除了有上下关系外，还有接触关系。由于受到地心引力的作用，目的物会自然垂直下落，往往与参照物接触并附着于参照物上。在语用强化的作用下，"位于较高处"的语义因子逐渐淡化，"接触""存在/出现"的语义因子逐渐强化，并最终形成"上"表示"表面"的语义。而"上"表示"方面"义是因为尽管事物或事件都有许多个侧面，但当人们讨论一个事物或一件事情时只关注其中的一个凸显面，把关注和谈论的焦点集中在这个方面，这个用法是"上"空间义进一步虚化的结果。

在非空间义范畴，方位后置词"下"有一个义项，即表示"条件"义。"条件"义也是从空间义中焦点与参照物的空间关系发展而来。例如"同学们的帮助下""集体的关怀下"中"同学们"和"集体"都占据能量或心理上的较高位置，是一种心理空间上较高处和较低处的相对关系，这也是物理世界的空间域投射到社会域、心理域的结果。因此，我们可以总结出方位后置词"上/下"和其他语素/词组配时的语义情况，如图4-8：

---

① 在本研究中，仅表示最原始的空间位置关系或空间位移关系的语义才是空间义。

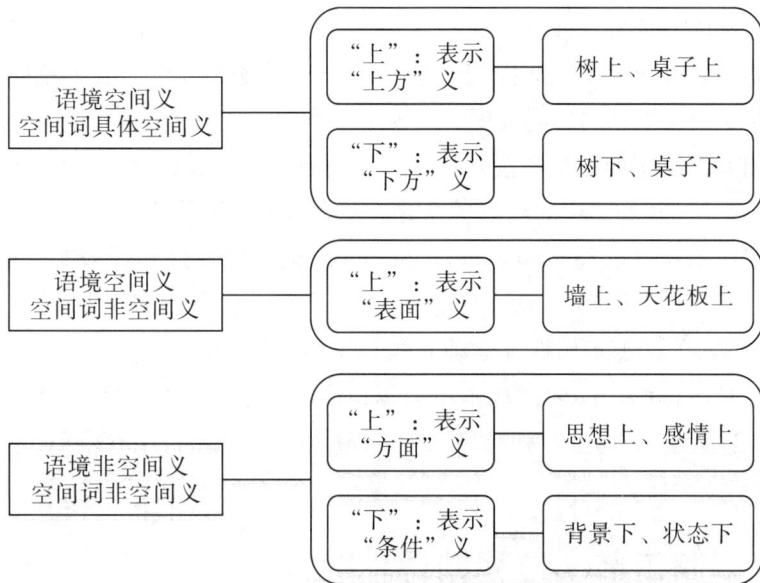

图4-8　方位后置词"上/下"和其他语素/词组配的语义情况

从图4-8可以看出，方位后置词"上/下"与名词组配的语义情况有三种：第一种是在语境表示空间义时，空间词的语义是具体空间义的用法，如"树上""桌子上""树下""桌子下"；第二种是语境表空间义，但空间词表非空间义，例如"天花板上长了很多霉斑"整个句子描述的是一个真实可感的物理空间的自然现象，但空间词"上"并没有其原型空间语义（即焦点处于背景上方空间的位置），其中"天花板上"的"上"表示"表面"义；第三种是语境表非空间义，空间词也表非空间义，如"思想上""感情上""背景下""状态下"等，其中"上"表示"方面"义，"下"表示"条件"义。

本研究立足认知语义学，将语境的语义和空间词的语义结合起来对汉语空间词入句的语义表现进行描述，进一步深化和丰富了认知语义学的研究成果。Lakoff（1987）指出，一词多义的实际情况比理论假设更为复杂。Lakoff认为，以下两句中LM的属性存在差别（[±延伸]）：

（49）The helicopter hovered over the ocean.（直升机在海洋上空盘旋。）

（50）The hummingbird hovered over the flower.（蜂鸟在花上空盘旋。）

Lakoff认为，例（49）中界标"海洋"具有"延伸"性，而例（50）中的界标"花"不具有"延伸"性，因此这种差别应该在多义词over的语义网络中对应不同的意义（或不同的心理表征），这种方法被 Lakoff 称为"完全规范"（full-specification）。如果按照这个逻辑，那么类似 over 这样的空间词，在语义网络中会有大量的不同义项。而 Sandra 和 Rice（1995）的实验研究发现，语言使用者并没有如此细粒度地区分多义词的义项。Kreitzer（1997）也指出以上两句中的 TR 和 LM 的配置关系是一样的，即 TR 处于高于 LM 的空间位置，就好像 over 在"Sam crawl over the wall.（山姆爬过墙。）"和"Sam jump over the wall.（山姆跳过墙。）"这两个句子中的意象图式一样，尽管动词"爬"和"跳"的度量属性（运动方式）不同，但 TR 和 LM 之间的空间关系在概念上是一样的。因此，从本质上说，Lakoff 的模型极大地增加了空间词 over 的义项数量，这是本书的研究要尽量避免的。

第二节　位移动词 "上" 与 "下"

如果把方位义空间词进行如下语义刻画：

上：［＋存在］［＋位置较高］　　　下：［＋存在］［＋位置较低］

那么移动义的空间词语义可以描写为：

上：［＋移动］［＋至位置较高处］　　下：［＋移动］［＋至位置较低处］

本节讨论的是空间词"上""下"作动词时与其他词语的组配情况。空间义词作动词，既表示位移动作本身，又表示位移的方向，即动作和方向两个语义要素合二为一。这与空间词作补语的情况不同，作补语时，空间极性词只指示动作主体位移的方向，具体的位移动作由结构中另一个动词承担，具体情况见第五章的分析。

本节以"上/下＋名词"为分析对象，其中名词的句法功能主要是做宾语，本节仍然以空间义和非空间义为主要的分析框架。位移动词"上""下"和高频名词共现的知识图谱展示分别如图 4-9 和图 4-10：

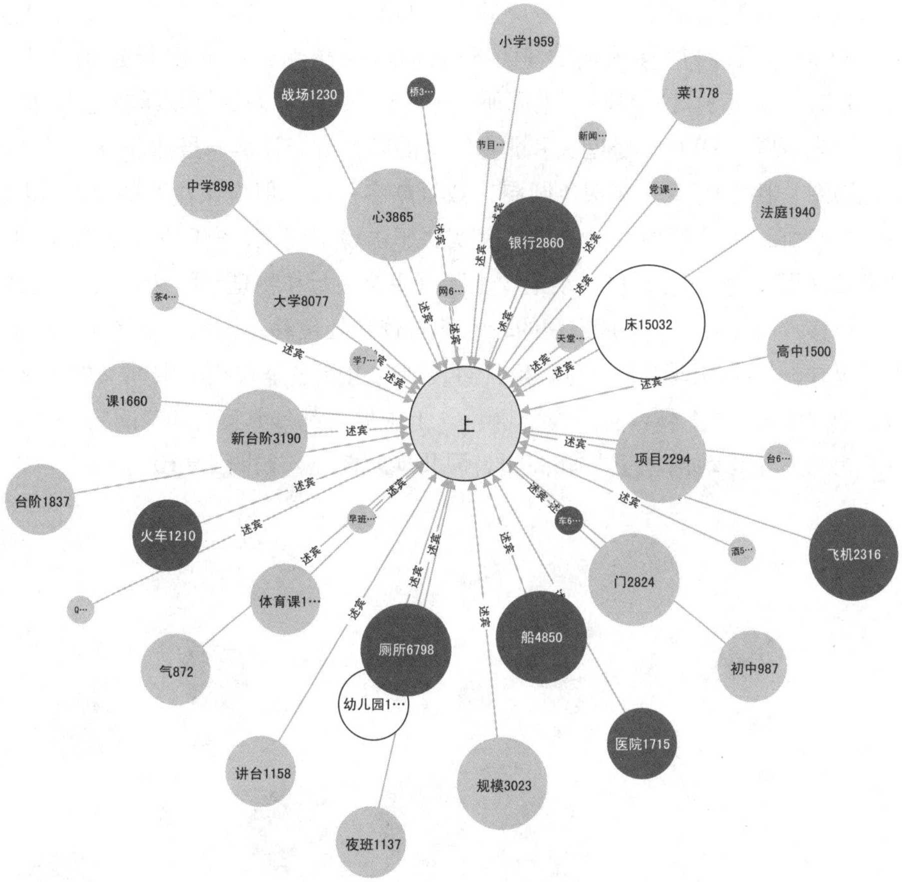

图4-9 位移动词"上"和高频名词共现的知识图谱

从图4-9可以看出，围绕实体1"上"，这些高频共现名词作为实体2与实体1之间的关系是述宾关系。其中，当实体2是浅灰色时，表示实体2与实体1组配后的语义是非空间义，如"上规模""上项目""上新台阶""上心"等。当实体2是深灰色时，表示实体2与实体1组配后的语义是空间义，如"上火车""上飞机""上医院"等。

从图4-9圆圈的大小可知，"上床"组配频率最高（最大圆圈），"上大学""上厕所""上心""上新台阶""上规模""上银行"等组配频率相对较高（次大圆圈），"上战场""上幼儿园""上讲台""上中学"等组配频率相对较低（次小圆圈），而"上QQ""上台""上新闻""上网""上节目""上茶"等组配频率相对最低（最小圆圈）。

此外，从图4-9可以看出，与方位后置词"上"和名词的组配频次相比，位移动词"上"与高频名词共现的频次并不算丰富，方位后置词"上"

和名词前三高频组配频次分别是"脸上（112 409）、基础上（111 241）、世界上（82 834）"，而位移动词"上"和名词前三高频组配频次分别是"上床（15 032）、上大学（8 077）、上厕所（6 798）"，两者的数据相差将近10倍。

再来看图4-9中的空间义和非空间义的颜色分布比例，虽然非空间义（浅灰色圆圈）比空间义（深灰色圆圈）数量略多一些，但应该注意的是，"上银行""上医院""上厕所"这类结构其实属于语境空间义、空间词表抽象空间义的类型（下文会详述），位移动词"上"并不是表示在物理空间从较低处向较高处的位移，而是表示于心理空间的较低处向较高处位移。因此，从图4-9的整理情况看，位移动词"上"与高频名词共现的组配多呈现出非空间义的语义类型，如"上心""上新台阶""上规模""上项目"都是典型的非空间义。

再来看位移动词"下"和高频名词共现的情况，如图4-10：

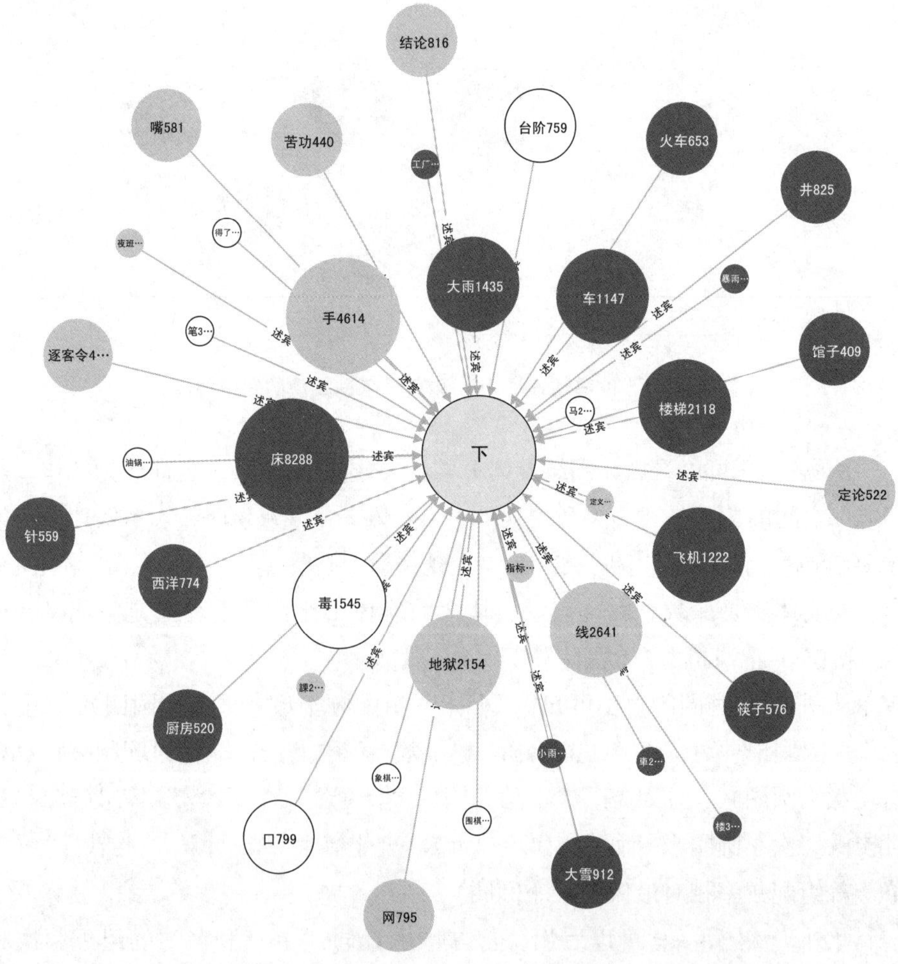

图4-10 位移动词"下"和高频名词共现的知识图谱

从图4-10可以看出，围绕实体1"下"，这些高频共现名词作为实体2与实体1之间的关系是述宾关系。其中，当实体2是浅灰色时，表示实体2与实体1组配后的语义是非空间义，如"下手""下线""下定论""下结论""下苦功"等。当实体2是深灰色时，表示实体2与实体1组配后的语义是空间义，如"下飞机""下床""下楼梯""下大雨"等，而当实体2是白色时则组配后的语义兼有空间义和非空间义，如"下毒""下口""下象棋"等。

从图4-10圆圈的大小可知，"下床""下手"组配频率最高（最大圆圈），"下线""下地狱""下楼梯""下毒""下大雨"等组配频率相对较高（次大圆圈），"下井""下结论""下西洋""下火车""下厨房""下馆子"等组配频率相对较低（次小圆圈），而"下楼""下围棋""下暴雨""下课"等组配频率相对最低（最小圆圈）。

从图4-10和图4-9的对比可以看出，位移动词"下"与名词共现的高频组配中空间义（深灰色圆圈）的比例更多，如"下床""下楼梯""下大雨""下飞机""下车"等。但有趣的是，虽然空间义分布更多，但在前五高频组配中就有三个组配（下手""下线""下地狱）表非空间义，这些非空间义的组配中，仍能感知到抽象的空间位移方向。

为了更细致地分析位移动词"上""下"与名词组配后的语义情况，本研究对BCC语料库中动词"上"作谓语时与名词的组配进行了检索，分别排列出了组配频次最高的前20个组配结构，见表4-9：

表4-9　位移动词"上"与名词的组配频次及语义类别

	上+名词	频次	语义类别
Top 1	上床	15 032	兼有
Top 2	上大学	8 077	非空间义
Top 3	上厕所	6 798	空间义
Top 4	上船	4 850	空间义
Top 5	上心	3 865	非空间义
Top 6	上新台阶	3 190	非空间义
Top 7	上规模	3 023	非空间义
Top 8	上银行	2 860	空间义
Top 9	上门	2 824	非空间义
Top 10	上飞机	2 316	空间义
Top 11	上项目	2 294	非空间义

（续上表）

	上 + 名词	频次	语义类别
Top 12	上小学	1 959	非空间义
Top 13	上法庭	1 940	非空间义
Top 14	上台阶	1 837	非空间义
Top 15	上菜	1 778	非空间义
Top 16	上医院	1 715	空间义
Top 17	上课	1 660	非空间义
Top 18	上高中	1 500	非空间义
Top 19	上战场	1 230	空间义
Top 20	上幼儿园	1 226	兼有

从表4-9可以看出，"上"作动词在现代汉语中的高频用法是非空间义。"上厕所""上银行""上医院"虽然也表示空间位移，但却表示水平轴上的位移，而"上大学""上课"等则表示一个事件而非具体动作。例如：

（51）玛利亚急忙向乔治招手："乔治，快上飞机！"（空间义，"上"表示由较低处位移到较高处）

（52）你等等我，我要跟你一起上船。（同上）

（53）外面黑乎乎的我不敢去上厕所，刚刚室友陪我去上厕所了。（空间义，但表示水平轴的位移）

（54）她满两周岁以后三天两头地上医院，家长很头疼也很郁闷。（空间义，"上医院"可理解为"去医院"，表示水平轴的位移）

（55）农民工老陈艰辛打工培养孩子上大学。（非空间义，"上大学"可以理解为"读大学""念大学"）

（56）别人都开始停课考试了，我们还在上课。（非空间义，"上课"表达的是一个事件）

（57）今早我不太舒服，我妈送我儿子上幼儿园。（空间义，"上幼儿园"可理解为"去幼儿园"，表示水平轴的位移）

（58）虽然孩子来年上幼儿园，但学前班的学费还没有着落。（非空间义，"上幼儿园"表达的是一个事件）

接下来对BCC语料库中动词"下"作谓语时与名词的组配进行了检索，分别排列出了组配频次最高的前20个组配结构，见表4-10：

表4-10 位移动词"下"与名词的组配频次及语义情况

	下+名词	频次	语义类别
Top 1	下床	8 288	空间义
Top 2	下手	4 614	非空间义
Top 3	下线	2 641	非空间义
Top 4	下地狱	2 154	非空间义
Top 5	下楼梯	2 118	空间义
Top 6	下毒	1 545	兼有
Top 7	下大雨	1 435	空间义
Top 8	下飞机	1 222	空间义
Top 9	下车	1 147	空间义
Top 10	下大雪	912	空间义
Top 11	下井	825	空间义
Top 12	下结论	816	非空间义
Top 13	下口	799	兼有
Top 14	下网	795	兼有
Top 15	下西洋	774	空间义
Top 16	下台阶	759	兼有
Top 17	下火车	653	空间义
Top 18	下嘴	581	非空间义
Top 19	下筷子	576	空间义
Top 20	下针	559	空间义

和"上+名词"的组配结构相比，"下+名词"前20个高频组配的空间义要丰富得多，如"下床""下楼梯""下大雨""下飞机""下车""下大雪"等都可以表示垂直轴上的位移，即从较高处位移到较低处。"下+名词"也可以表示水平轴位移的情况（如"下车间""下馆子"），但无法像"上+名词"组配能表示一个事件。例如：

（59）被窝好暖和，我真的不想下床。（空间义，"下"表示由较高处位移到较低处）

（60）心情好好的，出来竟然下雨！（空间义，"下"表示由较高处位移到较低处）

（61）还没到站，司机就催促乘客赶紧<u>下车</u>。（空间义，"下"表示由较高处位移到较低处）

（62）街上那么多摊子，你们专挑老弱残疾<u>下手</u>。（非空间义，"下手"表示使用武器或暴力或欺骗的方式来对待他人）

（63）遇到事情不要急于<u>下结论</u>。（非空间义，"下结论"指的是对某个问题或情况作出判断或决定）

（64）牛肉片硬得不知道怎么<u>下嘴</u>。（非空间义，"下嘴"可以理解为"张嘴"，"吃"或"咬"的动作）

（65）我其实挺想夸他们几句的，但是不知道从哪<u>下嘴</u>。（非空间义，"下嘴"可以理解为"开口说话"，表达自己的感受或想法）

通过表 4-9 和表 4-10 的语料对比可以看出，非空间义是"上 + 名词"前 20 个高频组配的主要语义类型，而空间义则是"下 + 名词"前 20 个高频组配的主要语义类型。即便都可以表示空间义，两者也有差别，"上 + 名词"既可以表示垂直轴上的位移（如"上车""上飞机"等），也可以表示水平轴上的位移（如"上银行""上医院"等），"下 + 名词"也可表示水平轴上的位移（如"下车间""下馆子"），但组配范围不如"上 + 名词"的组配范围大，也无法像"上 + 名词"一样表示一个事件。此外，同是表示非空间义，"上 + 名词"的语义虚化程度更高，可以指一个事件（如"上课""上学"等），"下 + 名词"结构中的非空间义仍然有比较明显原型空间图式的痕迹（如"下结论""下嘴"等）。

一、空间义的组配

当"上""下"作动词表示"位移"义时，"上/下 + 名词"中的名词主要充当地点宾语的句法角色。

参照 Talmy（1985，2000）的概念结构①，空间词作动词时表示的位移事件可以分解为几个基本语义元素：位移主体、位移客体、位移动作、位移方向、位移路径、位移所受的动力驱动。在"上 + 名词"结构中，位移主体、位移动作、位移路径、位移方向在客观世界里都是可观察到的，这是"上"

---

① 根据 Talmy 所设定的概念结构（conceptual structure），表示位移的事件由四个基本的语义元素组成，即"客体"（figure）、"处所"（ground）、"移动"（motion）和"路径"（path），有的会出现伴随事件，如"方式"（manner）或"动因"（cause）。

"下"作动词表示"位移"义最基本的用法。

其中"上＋名词"表示"由低处向高处移动"，名词是位移动作到达的终点。"下＋名词"表示"由高处向低处移动"，名词是位移动作离开的起点。这与方位词"上/下"的原型空间义"位置较高/位置较低"是直接相关的，见表4-11：

表4-11　位移动词"上/下"与名词的组配

上＋名词	下＋名词
上山	下山
上坡	下坡
上楼	下楼
上台阶	下台阶
上车	下车

表4-11中左右两列在形式上对称，在语义上对立。"上""下"分别表示由较低处向较高处移动和由较高处向较低处移动。和"上/下"组配的名词要么是客观世界中有实际高度的自然存在物，如"山""坡"等，要么是客观世界中的人造物，如"楼""车""船""飞机"等。此类位移属于客观世界物理性的位移。

二、非空间义的组配

（一）位移动词"上/下"表示水平轴上的位移

根据吕叔湘（1980），"上/下"作动词解时，"上"还可以表示"由一处到另一处"，"下"有"进入（处所）"之义。《现代汉语词典》（第7版）对动词"上/下"的释义如下：

上：到；去（某个地方）：上街｜上工厂｜他上哪儿去了？

下：去；到（处所）：下乡｜下车间｜下馆子

卢华岩（2001）专门把这类列为"到"义动词，并从认知角度进行了分析。这样释义对以汉语为母语的人来说没有问题，但在对外汉语教学中，汉语学习者根据这样的解释没法作出正确的类推。比如，同是处于房屋内的两个部分"厕所"和"厨房"，和空间义词的组配分别是"上厕所"和"下厨房"，而我们不说"*下厕所",也少说"?上厨房"。因此,为了便于分析和教学,我们将"上/下"和宾语的组配情况分成几类来讨论。

1. 位移动词"上"表示水平轴的位移(靠近心理焦点)

此类"上+名词"属于语境空间义,空间词表非空间义的用法,因为立足于语境来分析,位移主体的确有空间位移的动作及轨迹,但由于其空间位移属性已脱离原型的纵轴结构,而是表达水平轴的位移,因此空间词是抽象空间义的用法。见表4-12:

表4-12 位移动词"上"与名词的组配(水平轴方向上的位移)

上 + 名词	下 + 名词
上街	—
上图书馆	—
上公园	—
上商场	—
上单位	—
上外地	—
上海边	—
上厕所	—

表4-12中"上+名词"表示横向位移,即动作的位移并没有造成高度的改变,这里的"上"可以替换成"到……去","上图书馆"即"到图书馆去"。这个结构中的名词是动作位移的目的地,和位移动词"上"后接地点宾语凸显终点一致。进入此类的处所词还有"酒吧""咖啡馆""博物馆""洗手间""盥洗室"等。

与表4-11中的"上山""上楼""上车"不同,该结构中的名词在组配中被视为一个点而不是一个组装物。比如"图书馆"作为一个人造物,肯定是有一定高度的,也有外墙、走廊、内部构造等。但根据常识和常理,没人去攀爬图书馆的外墙,因此"上图书馆"这一位移事件被识解成"去/到图书馆"的图式。

"上"的移动义由表纵向的位移发展出表横向的位移与人类的认知有关。"上"和"下"能形成语义对立的原因就在于空间存在域里物体的高度有高、低之别,"上"一定是由较低处到较高处,"下"则相反。在客观世界中,较高处即凸起物,凸起物容易成为焦点,而位置较低的实体则容易成为焦点的背景。那么，如果我们要出发去一个地方，这个地方一定是我们心理上关注的焦点，我们就是奔着这个焦点而去的，不是焦点的地点不会受到关注或者很少会被关注。我们心中的焦点，即凸起物，凸起物就会占据相对高的位置，那么表4－12中的"上＋名词"虽然在现实世界里表示水平位移，但在心理世界中，其实是有高度差的位移，这和"上""下"在原型空间位移场景中分别表示由较低处向较高处位移和由较高处向较低处位移一致。"凸起"或"焦点"是在不同语义间搭起桥梁的关键点。

　　以上是对空间位移动词和地点宾语组配前的语义分析，值得注意的是，组配后表达式的语义并不等于两者的简单相加。比如"上厕所"并不仅是表达"去厕所""到厕所去"这样一个简单的横向位移活动，还表示了另一活动事件，即"排泄"这一生理环节，也就是说"上厕所"表示了两个事件，一个是位移事件，一个是活动事件。

　　比如，我们说"我要上厕所"，意思并不是说我要到厕所这个地方去，而是指"我要到厕所这个地方进行排泄（大/小便）"。同样，"上图书馆"意思是"到图书馆这个地方学习/看书"、"上公园"是指"到公园这个地方玩儿/散心/散步"、"上单位"是指"到单位这个地方工作"等。"上"和名词组配之后表示的其实并不是一个简单的位移活动，而是表示"从一处移动到另一处实施某项活动"，其中名词是实施这一活动的场所。

　　2. 位移动词"下"表示水平轴的位移

　　"下＋名词"也可以表示客观世界里的横向移动，在"上＋名词"结构中，位移主体、位移路径、位移方向、位移的目的地都是客观世界真实可感的，特别是地点名词，是客观世界的具体存在物。但是"下＋名词"中的名词则没有那么具体，地点也相对抽象，导致这些词很容易激活人们在社会等级域的联想。见表4－13：

表4－13　"下＋名词"表示位移主体向社会等级较低方向的横向位移

上＋名词	下＋名词
—	下基层
—	下乡
—	下连队
—	下厨房

表4－13中"基层""乡"等处所词很容易激活"偏远""落后""贫困""不发达"等关于社会等级域的联想。很多学者持有这样的观点："上/下"在社会心理认知域的语义是空间域"上/下"投射的结果，从"上/下"空间域表示向较高处/较低处移动自然地发展出社会心理等级中的向较高等级/较低等级移动的义项。

本书提出不同的假设，即地点名词自身的语义特征和"下"由空间域向社会心理认知域的投射是一种双向互动的配置关系，也就是说是组配名词所附带的这些联想为"下"在社会等级投射义的形成创造了条件，并不是"下"先具备了"由社会较高等级向社会较低等级移动"这一义项，然后才可以带这些处所宾语。

如果表示向社会心理等级较高的方向移动，我们只能用"上＋名词"，见表4－14：

表4－14　"上＋地点名词"表示位移主体向社会心理等级较高方向的横向位移

上＋名词	下＋名词
上京（赶考）	—
上校长室	—

虽然表4－13是"上＋名词"组配后形式上出现空位，表4－14是"下＋名词"出现空位，但其中"上"和"下"的义项是完全对立的，组配后表达式的语义和形式也是完全对立的。

"上"与地点名词组配，还有一种情况，即相同的处所名词既可以和"上"组配，也可以和"下"组配，见表4－15：

表4－15　"上/下馆子"和"上/下车间"

上＋名词	下＋名词
上馆子	下馆子
上车间	下车间

虽同去一个地方，参照的对象不同，社会心理等级的高低就不同，经济条件稍好的家庭说"下馆子"，经济条件相对较差的说"上馆子"。领导到车间视察是"下车间"，普通工人到车间去工作是"上车间"。

（二）"上"与"下"与名词组配的对称与不对称

1. 位移动词"上""下"表示在社会等级域的纵轴位移

如表 4 – 16 所示，"上"表示由较低等级向较高等级呈交，"下"表示由较高等级向较低等级传递。当表示由较低等级向较高等级提交时，只有"上 + ×"形式，当表示由较高等级向较低等级传递时，则只有"下 + ×"形式。出现语义对称的原因是由名词的语义特点决定的，表 4 – 16 中，左列组配中的名词所指物只能由下往上呈交，而右列组配中的名词所指物只能由上往下传递：

表 4 – 16　位移动词"上/下"与物体宾语（×）组配（社会等级域的高低移动）

上 + ×	下 + ×
上书	—
上陈条	—
—	下文件
—	下通知
—	下命令

"上""下"能从空间域投射到社会等级域，与人类社会最初的生活场景和社会经验是分不开的。等级是伴随着社会产生的，在社会发展的不同阶段，等级的衡量标准是不一样的。在社会发展的初级阶段，武力是衡量社会等级高低的标准，在氏族部落中，武力和气力强的人才可以成为首领，从而占据较高的社会等级，而和强武力、大气力相伴随的往往是较高的身高和较大的外形，当一个个子相对较矮的人面对一个个子相对较高的人时，个子较矮的人的视线必须是向上的，而较高的人的视线是向下的。这些原始的生活场景和社会经验是"上/下"能从空间域投射到社会等级域的现实基础。

2. "上"表示"使出现"义、"下"表示"使消失"义

动词"上"表示"使出现"义也是在空间义（由较低处向较高处移动）的语义基础上发展而来的。"上/下"与不同语义类别的宾语组配，会在组配互动过程中呈现更具体的语义，但核心语义都可以归纳为"使出现"和"使消失"。

（1）位移动词"上/下"与物体宾语的组配。

表 4 – 11 表示的是位移动词"上/下"与地点宾语在空间纵轴上的位移，

比如"上山""上楼"等，当位移主体由较低处移动至较高处时，位移事件的背景，比如"山上""楼上"则增添了位移的主体，因此"上"衍生出"使出现"义。同理，当位移主体由较高处移动至较低处时，则位移主体逐渐淡出了背景，比如"下山"是位移主体从"山"这一背景逐渐淡出的过程，因此，"下"衍生出"使消失"义，如表4-17所示，"上货"表示让新的货物出现在某处，"下货"则表示让货物从原地点移出、消失。见表4-17：

表4-17 位移动词"上/下"与位移客体（×）的组配

上 + ×	下 + ×
上货	下货
上火	下火
上（颜）色	×（掉色/褪色）
上菜	—①
上茶	—
上刑	—

除表4-17中例子外，还有"上油漆""上蜡"等，这一类的结构为"上/下+位移客体"，这些位移客体在外部动力的驱动下发生了位移变化。原物体本身不具备"油漆""蜡"这些物质特点，通过"上油漆""上蜡"这一过程，让"油漆"和"蜡"出现在原物体上。

"下茶""下刑"之所以在表4-17中出现空位，是因为"下茶""下刑"在语言发展的过程中隐退了，古时婚姻必以茶为礼，后称男方向女家送致聘礼叫"下茶"。"下刑"也在语言历史上出现过。

由于"上"可以表示"使出现"义，当它与抽象名词组配时，容易发生词汇化，比如"上瘾""上当""上心"等。"上瘾"表示动作主体逐渐陷入某种不良习惯或行为中，表示逐渐形成一种状态；"上当"表示被动陷入一种受骗的状态；"上心"表示的状态是一种积极的关注的心理状态。其实这些非空间义与"上"垂直轴上空间义的语义仍存在联系，与"上山"一样，慢慢到达一个顶点（临界点），事件慢慢积累到顶点的状态时我们可以判定，这样

① "下菜"有另一种语义，比如"看人下菜"，并不表示"离除"义，因而表格中标出了空位，这里是语义上的空位。

的状态就是"上瘾"了、"上当"了。

从表4-18中可以看出，在"上/下+名词（×）"组配结构中，×是物质名词。当这类物质名词具有［+可旋转］和［+凹凸整体配对］的语义特征时（如"螺丝""发条"等），"上/下"的语义在互动构建中自动解读为"上"表示"使松变紧"义、"下"表示"使紧变松甚至脱离"义。很多研究将这个义项单列出来，认为这是"上/下"非空间义的一个新义项，但如果从在线语义构建和语义互动的理论视角出发，则可发现"上/下"的语义仍然属于"使出现"义／"使消失"义。拿"上螺丝"来说，"上螺丝"就是把螺丝上上去的过程，此处的"上"在语义上可以用"拧"来替换，但动词"拧"只凸显动作，而使用了空间义动词"上/下"（"上螺丝"和"下螺丝"）则既能说明具体的动作形态，也能表达动作的结果，即螺丝被拧上去了或螺丝被拧下来了。见表4-18：

表4-18　"上+×"表示"使松变紧"义，"下+×"表示"使紧变松甚至脱离"义

上 + ×	下 + ×
上弦	—
上发条	—
上闹钟	—
上螺丝	下螺丝

这和本书前文提及的"上"是第一性，"下"是第二性相一致。"下"的"使紧变松"的前提是"上"——"使松变紧"实现在前。要指出的是，拿"上螺丝"来说，"螺丝"和"螺帽"是相依存的，这两者组合在一起是一个整体，组合后才能发挥功能和作用。吕叔湘（1980）曾列出了"上"的两个义项：①把一件东西安装在另一件东西上，把一件东西的两部分安装在一起，如"上刺刀"；②拧紧，如"上发条"。本书把这两个义项归为一类，都表示"使出现"义，因为"刺刀"只有被安装上之后才能发挥功用，"发条"之所以存在就是等待被拧紧的，刺刀、发条与其所配物是一个整体的关系。

（2）位移动词"上/下"与抽象处所名词的组配。

在此类组配中，位移动词"上/下"后接的名词是抽象处所名词，名词和"上/下"组配后，其位移路径是抽象的，属于心理世界里的纵向位移。见表4-19：

表4-19　位移动词"上/下"与抽象处所名词（×）的组配

上 + ×	下 + ×
上排行榜	下排行榜
上黑名单	下黑名单
上岗	下岗
上市	下市
上报	？下报

表4-19 也可以这样解释，"上"表示"占据某一位置"，"下"表示"脱离某一位置"。"上排行榜"是"占据排行榜中某一名次"，"上岗"是"占据某一工作职位"等。这类"上""下"的语义也是在位移动词"上/下"的原型空间语义基础上引申出来的。表4-11 中"上山""上楼""上车"的"上"也包含"到达"义，位移主体到达某处之后对原空间而言就是一个新事物，所以由"到达"义衍生出"使出现"义是人类认知从空间域投射到非空间域的结果。同理，表4-11 中"下山""下楼"中"下"后接的地点名词表示的是位移的起点，即位移主体从这一起点开始离开，即脱离这一地点，由"离开"义衍生出了"使消失"义。

"使出现"和"使消失"其实是空间义位移动词"上"和"下"本身已经具有的语义。拿"上山"来说，"上山"的整体图式为"先离开出发点，再向较高处移动，到达目的地"。"上山"这一动作主体的位移行为其实既包含了起点（山脚），也包含了终点（山顶），既包含了"到达"义、"附着"义（到达山顶），也包含了"离开"义"脱离"义（离开山脚）。"下山"亦是如此。为什么"上"只凸显"使出现"义，而"下"只凸显"使消失"义？

我们还是要从人类客观活动的自然现象中寻找解释。比如"上山"和"下山"可以说是人类早期活动中的常见行为，除了翻越山头之外，一般"上山"就会在山上停留一段时间，要么打猎，要么砍柴，要么探索，由于地心引力的作用，上山所付出的体力必然要多于下山。"上山"是一个慢慢到达终点的过程，而"下山"是一个瞬间离开起点的过程。"上山"在心理活动中的未知性大于"下山"，"下山"时位移主体已经在心理完形作用下对这座山有了大致的了解。因此"上"凸显了"使出现"义，而"下"凸显了"使消失"义。

值得注意的是，"上/下＋名词"所表示的位移事件也隐含着"移动后位

置或状态的保持"的意思。（任鹰、于康，2007）此类中，如果"上"和
"下"单用作谓语，也可以表示"移入/移出注意范围"的语义，比如在舞台
上或球场上我们可以说"小王上""小李下"，同样可以归为"使出现"义和
"使消失"义。

　　3. "上"表示"开始"义，"下"表示"结束"义

　　与前文的语例不同，此类"上/下+名词"组配结构并不表示位移活动，
而是指一个活动事件。"上+名词"指向活动的开始，"下+名词"指向活动
的结束，活动本身被看作是一个有开端有结束的事件。见表4-20：

表4-20　"上+名词"指向活动的开始，"下+名词"指向活动的结束

上+名词	下+名词
上班	下班
上课	下课
上操	下操

　　表4-20中的名词"班""课""操"都指一个活动事件，"上+名词"
表示开始某项活动，"下+名词"表示结束某项活动，虽然这项活动有始有
终，但是这个活动开始的时间并不是由位移主体决定的，而是遵守社会规则约
定的时间。比如在中国上班时间就是从早上八点到下午五点，或是早上九点到
下午六点，上下课的时间也是由学校规定的，大家都要按规定执行。

　　"上+名词"比"下+名词"语法化程度更高，它甚至可以指示一个施为
事件，比如：

　　（66）你今天去不去上班？

　　（67）早上下雨，我不想上操了。

　　"上+名词"结构前可以加位移动词"去"或意愿动词"想"。"上+名
词"表示"做某件事"，"你去不去上班？"意思是"你去不去工作？""下班"
和"下操"均不能进入以上两个例句，""你去不去下班？"不符合语言使用
习惯。

　　"上+名词"的"开始"义是在空间域垂直轴位移的语义图式上衍生出来
的一个新义项。在位移活动中，比如"上山""上船""上飞机"，名词表示位
移的终点，在通常情况下，位移主体位移到这些地方后，都会进行一些施为性

的事件，比如"上山"可能是为了打猎、砍柴或采草药，"上船""上飞机"后位移主体也会在船上或飞机上有施为性的活动，即便是水平轴上的位移，也会伴随着一些活动事件，如"上图书馆"是为了"看书"或"学习"，"上馆子"是为了"吃饭"等。位移主体到这类处所去是实施这些行为的前提，是准备环节。所以"上+名词"可以由指示一个具体空间内的位移事件转而指示一个施为事件。在语言系统中，人们根据"上"表示"开始"的语义，发展出"下"表示"结束"的引申义。

4. 位移动词"上"表示"到达（数量）"义

在位移动词"上/下"的空间位移图式中，无论是垂直轴位移还是水平轴位移，"上"都可以表示"到达"义，由到达某一具体的处所可以引申出到达某一抽象的处所，即到达某一数量。见表4-21：

表4-21　"上+名词"表示"到达某一数量"

上+名词	下+名词
上百/上千	—
上岁数/上了年纪	—
上六十岁	—
上一百斤	—

要指出的是，"上岁数"即"上了一定的岁数"，指有了较大年纪。就好像"有钱""有水平"一样，"有钱"不是"有一定的钱"，而是"有很多钱"，"上岁数"不是指有些年纪，而是指有了较大年纪。表4-21的组配结构可以看作一种抽象的位移事件，在量的刻度上纵向位移，由较低的刻度向较高的刻度移动。

量由少到多对应在客观世界里就会有高度的变化，量小的刻度低，量大的刻度高。既然是有高度的级差，那么就会产生"高低"之别，也会有"上下"之分。所以此类"上"的语义也是在原型空间义基础上衍生出来的。

不过有意思的是，虽然表中的"下+×"出现组配上的空位，但是，"下+数量结构"可以出现在否定式中，比如"不下100""不下五十"。"不下100"表示"不少于100"或"不能在100这个刻度以下"，仍然体现了"下"垂直轴的空间义语义特征。

5. 位移动词"下"表示"确定"义

关于此类"下+名词"，《现代汉语词典》（第7版）给出"下"的义项是：做出（言论、判断）等。不过"下"的"判断""决定"义是由宾语×的语义贡献的。本书将此类"下"的语义定为"确定"义，见表4-22：

表4-22　"下+名词"表示"确定"义

上+名词	下+名词
—	下决定
—	下狠心
—	下功夫
—	下结论

那么"下"的"确定"义是如何发展而来的？动词"下"在空间域的原型义是"由较高处向较低处位移"，这一位移过程的完成即包含了对这一位移事件的确定。比如我们有"一锤定音"这个词，意思是锤子落下来就意味着双方的约定确定了。那"上"也可以衍生出"确定"义，为什么这里的"上+名词"出现组配上的空位？因为人们习惯把已确定的认知为"下"，把不确定的认知为"上"，比如汉语里有"悬而未决""悬案"等词语。还可以进一步来解释，为什么已确定的为"下"，不确定的为"上"？这是因为在人类所处的物理空间内，由地表向地心的探索范围是确定的，不随着人类科技水平的提高而改变，但是从地表到太空的距离空间却不是如此，随着人类科技水平的进步，人类对上部空间的认识范围从10^{21}米到10^{24}米不断地扩大，今后还将继续延伸。

三、小结

本节主要讨论的是空间词"上""下"作位移动词时与其他词语的组配情况。"上+名词"既可以表示垂直轴的纵向位移（如"上山"），又可表示水平轴的横向位移（如"上医院"），还可以表示一个活动事件（如"上课"），其中非空间义是"上"和名词组配结构中的高频用法。"下+名词"可以表示垂直轴的纵向位移（如"下山"），也可表示水平轴的横向位移（如"下馆子"），但无法表示一个活动事件。

"由低处向高处移动"和"由高处向低处移动"是位移动词"上""下"在组配结构中最基本的语义，本书将该语义定义为空间义。其他语义都是在空间义的基础上发展而来的。"上+名词"表示水平轴方向的位移并没有造成位移主体高度的变化，如"上图书馆""上单位"等，这一类组配结构中的"上"的语义可以概括为"到……去"，这类结构同时表示了两个事件，一个是位移事件，另一个是活动事件。"下 + 名词"也可以表示水平轴方向的位移，但同时体现了垂直轴的从高处往低处位移的方向，因为与"下"组配的名词"基层""乡"表示社会等级或行政级别或发展程度相对较低的地方。

动词"上""下"非空间义的语义情况较为复杂，"上"可以表示"使出现"义（如"上货""上螺丝""上黑名单"），"下"可以表示"使消失"义（如"下货""下螺丝""下黑名单"）。"使出现"和"使消失"其实是空间义位移动词"上"和"下"本身具有的语义，只是在原型垂直轴位移空间场景中不需要凸显所有的语义侧面。拿"上山"来说，"上山"的整体图式为"先离开出发点，再向较高处移动，到达目的地"。"上山"这一动作主体的位移行为其实既包含了起点（山脚），也包含了终点（山顶），既包含了"到达"义、"附着"义（到达山顶），也包含了"离开"义、"脱离"义（离开山脚）。

此外，"上"还可以表示"开始"义（如"上班""上课"等），"下"表示"结束"义（如"下班""下课"等），"上 + 名词"表示开始某项活动，"下 + 名词"表示结束某项活动。"上 + 名词"的"开始"义是在空间域垂直轴位移的语义图式上衍生出来的一个新义项。在位移活动中，比如"上山""上船""上飞机"，名词表示位移的终点，在通常情况下，位移主体位移到这些地方后，都会进行一些施为性的事件，位移主体到这类处所去是实施这些行为的前提，是准备环节。所以"上 + 名词"可以由指示一个具体空间内的位移事件转而指示一个施为事件。在语言系统中，人们根据"上"表示"开始"的语义，发展出"下"表示"结束"的引申义。

而"上 + 数量词"表示"到达某一数量"，"下"表示"确定"的语义也建立在"上"的典型空间场景语义基础之上。因此，我们可以总结出位移动词"上/下"和其他语素/词组配时的语义情况，如图 4 - 11：

```
语境空间义        ┌─────────────────┐    ┌──────────┐
空间词具体空间义 ──┤ "上"：表示在具体空间├────┤ 上山、上楼 │
                  │ "由低处向高处移动"义│    └──────────┘
                  ├─────────────────┤    ┌──────────┐
                  │ "下"：表示在具体空间├────┤ 下山、下雨 │
                  │ "由高处向低处移动"义│    └──────────┘
                  └─────────────────┘

语境空间义        ┌─────────────────┐    ┌──────────┐
空间词抽象空间义 ──┤ "上"：表示在抽象空间├────┤ 上图书馆、 │
                  │ "由低处向高处移动"义│    │ 上厕所、上书│
                  ├─────────────────┤    ├──────────┤
                  │ "下"：表示在抽象空间├────┤ 下乡、下基 │
                  │ "由高处向低处移动"义│    │ 层、下通知 │
                  └─────────────────┘    └──────────┘

语境非空间义      ┌──────────┐    ┌──────────┐
空间词非空间义 ──┤ "上"：表示"使│────┤ "下"：表示"使│
                  │ 出现"义（上货、│    │ 消失"义（下货、│
                  │ 上火）      │    │ 下火）      │
                  ├──────────┤    ├──────────┤
                  │ "上"：表示"开│────┤ "下"：表示   │
                  │ 始"义（上班、│    │ "结束"义     │
                  │ 上课）      │    │ （下班、下课）│
                  ├──────────┤    ├──────────┤
                  │ "上"：表示"到│────┤ "下"：表示"确│
                  │ 达（数量）"义│    │ 定"义（下决定、│
                  │ （上百、上年纪）│  │ 下功夫）     │
                  └──────────┘    └──────────┘
```

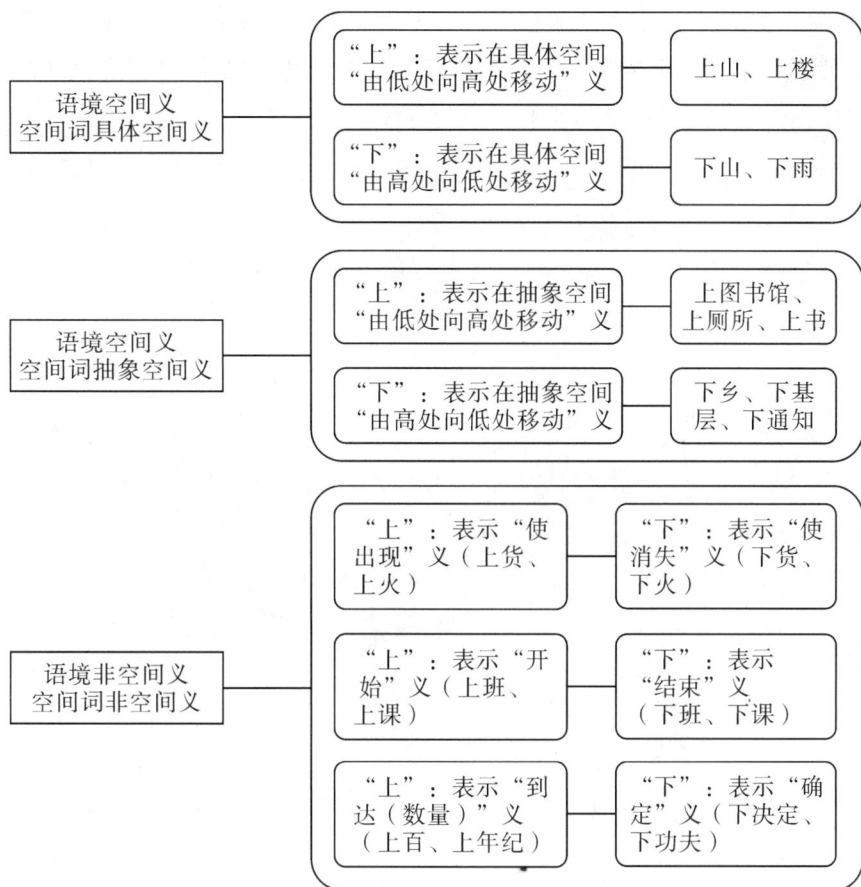

图4-11　位移动词"上/下"和其他语素/词组配的语义情况

从图4-11可以看出，位移动词"上/下"和名词组配的语义情况分为三种：第一种是语境表示空间义，空间词的语义也属于具体空间义的用法，如"上山""上楼""下山""下雨"，这是位移动词"上/下"的核心语义和原型语义。第二种是语境表空间义，但空间词表抽象空间义，例如"上图书馆""上厕所"整个结构描述的物理位移是自然空间的位移，但空间词"上"并没有其原型空间语义（即"从某处位移至较高处"），而是表示在心理空间、社会空间等抽象空间里的由较低处向较高处位移。值得注意的是，"上图书馆""上厕所"与"下乡""下基层"只是在语言形式上对称，在语义上并未形成对立关系，"上图书馆""上厕所"这一类的"上"是指位移动作趋近心理焦点（心理上较高位置的空间），而"下乡""下基层"的"下"是指位移主体从社会等级域的较高处向较低处位移，"下通知""上书"也属于此类。第三种是语境表非空间义，空间词也表非空间义，如

"上火""下火""上课""下课""上年纪""下决定"等,其中"上"的空间义可以是"使出现"义、"开始"义和"到达(数量)"义,"下"表示"使消失"义、"结束"义和"确定"义。

第五章　垂直轴的空间词（下）

趋向动词（包括简单趋向动词和复合趋向动词）作补语是汉语学习者的学习难点之一。难点体现在两个方面：一个是宾语的位置会产生偏误（空间义的用法），另一个是动趋结构的引申义会产生偏误（非空间义的用法）。

动趋结构后可带两类宾语，一类是处所宾语，另一类是物体宾语。处所宾语的位置是学习者习得的难点。比如，留学生常会造这样的错句：

(1) *我回来家了。

例（1）应改为"回家来"，处所宾语"家"应放在"来/去"之前。

趋向补语的引申义用法对留学生而言是另一大难点，他们会造出如下的错句：

(2) *这个句子有错，请改起来。（应为"改过来"）
(3) *快把这个藏下去，别让他发现了。（应为"藏起来"）

因此，趋向补语一直是本体研究和教学研究的重难点。本研究对 BCC 语料库中空间词"上"作简单趋向补语的组配结构进行了穷尽式的搜索（共1 159 475 条语料，其中 9 922 个动词参与了组配），分别排列出了组配频次最高的前 20 个组配结构，见表 5 - 1：

表 5 - 1　动词与简单趋向补语"上"的组配频次及语义类别

	动词 + 上	频次	语义类别
Top 1	走上	40 161	兼有
Top 2	穿上	23 045	非空间义

（续上表）

	动词 + 上	频次	语义类别
Top 3	闭上	22 355	非空间义
Top 4	遇上	20 418	非空间义
Top 5	带上	17 612	非空间义
Top 6	送上	17 400	非空间义
Top 7	爬上	14 554	兼有
Top 8	踏上	12 370	兼有
Top 9	喜欢上	9 390	非空间义
Top 10	追上	9 130	非空间义
Top 11	坐上	9 024	兼有
Top 12	配上	7 504	非空间义
Top 13	撞上	6 354	非空间义
Top 14	吃上	6 264	非空间义
Top 15	涌上	6 180	兼有
Top 16	挂上	6 130	空间义
Top 17	盖上	5 603	非空间义
Top 18	装上	5 560	非空间义
Top 19	补上	5 511	非空间义
Top 20	贴上	5 399	非空间义

从表 5 - 1 可以看出，非空间义是简单趋向补语"上"前 20 个高频组配的主要用法，也应是研究的焦点。例如：

（4）停电了，自己慢慢走上 25 楼。（具体空间义，"上"指示动作位移的方向）

（5）算下来，我一天要走上 10 多个小时，把三环走上一圈。（抽象空间义，"上"指达到某一数量）

（6）劲力从丹田拔上，涌上"关元穴"，却滞在"气海穴"。（具体空间义，"上"指示动作位移的方向）

（7）适逢周末，众多兰州市民涌上"河滩"，散步、放风筝，尽情地玩耍。（抽象空间义，"上"并不表示物理空间上的纵向位移）

（8）可是不知道为什么，我念着念着，眼睛就不由自主地闭上了。（非空间义，"上"表示动作的完成）

　　接下来对 BCC 语料库中空间词"下"作简单趋向补语的组配结构进行了穷尽式的搜索（共 855 667 条语料，其中 9 089 个动词参与了组配），分别排列出了组配频次最高的前 20 个组配结构，见表 5 - 2：

表 5 - 2　动词与简单趋向补语"下"的组配频次及语义类别

	动词 + 下	频次	语义类别
Top 1	停下	30 194	非空间义
Top 2	走下	17 619	空间义
Top 3	写下	14 571	兼有
Top 4	掉下	13 383	空间义
Top 5	拿下	13 036	非空间义
Top 6	跳下	11 695	空间义
Top 7	垂下	9 942	空间义
Top 8	接下	9 823	兼有
Top 9	生下	8 816	空间义
Top 10	买下	8 231	非空间义
Top 11	取下	6 914	空间义
Top 12	拍下	6 275	非空间义
Top 13	蹲下	5 947	空间义
Top 14	吃下	5 611	空间义
Top 15	喝下	5 448	空间义
Top 16	退下	5 425	非空间义
Top 17	立下	5 149	非空间义
Top 18	吞下	4 822	空间义
Top 19	拉下	4 612	空间义
Top 20	住下	4 417	非空间义

　　从表 5 - 2 可以看出，简单趋向补语"下"的非空间义用法不如"上"丰富。在前 20 个高频组配中，有 7 个表示非空间义，"下"补充说明动作位移的方向。通过观察发现，能和"下"组配的动词其自身的运动方向本就是由较高处向较低处移动，例如"掉""跳""垂""生""蹲"等动作动词。此外，由于受人类自身机体构造的限制，人类进食也是一个从上到下的过程，因此"下"也多和进食类动词组配，例如"吃""喝""吞"等。"下"与上述两类

动词的组配机制是语义互相吸引的结果。和前文的分析一样，"下"的非空间义是教学的难点，也是研究的重点，下例中"下"的语义不容易向学习者描述和解释，例如：

（9）此时，大巴士急速停下，吓了我一大跳。（非空间义）

（10）考试临近了，希望我的资格证考试一举拿下。（非空间义）

（11）王泽其给自己立下5条规矩。（非空间义）

（12）如果你们愿意，可以在这里住下。（非空间义）

（13）a. 科学家发明能捕捉光速的超级相机，一秒钟能拍下一万亿帧画面。（非空间义）

　　　　b. 好给力的卖家！才拍下20分钟就发货了。（非空间义）

（14）a. 天崎把装好麦茶的纸杯递过来，幸宏心怀感激地接下。（非空间义）

　　　　b. 80万元一场商演创国内最高，他每年能接下60场左右。（非空间义）

本书一直强调应用研究要有别于本体研究，很多语法描写适合以汉语为母语的学习者学习理解而并不适合汉语学习者，故本节主要探讨空间词作趋向动词和其他词语的组配情况，仍然从空间义和非空间义的分析框架展开。

第一节　简单趋向动词 "上" 与 "下" 的组配分析

一、空间义的组配

"上/下"作简单趋向补语表示动作位移的方向，与"上/下"作位移动词在纵轴上的位移情况相似。在"动词＋上/下"组配结构中，动词表示位移的具体动作，如"爬""跑"等，而简单趋向补语表示动作位移的方向。例如：

（15）我摇摇晃晃地爬上10层楼高的驾驶台。

（16）然后她就跳上一辆公共汽车，不见了。

（17）把这三盆花搬上七楼可是一个力气活。

（18）他走过去，在轮椅旁蹲下，把脑袋倚在主人的手臂上。

（19）一醉汉不慎从三楼掉下，引来路人围观。

（20）乌亮的刀子终究无力地<u>垂下</u>了。

以上六个例句中，例（15）～（17）中组配结构的动词本身不具有方向性，与其组配的方向词不同，动作位移的方向就不同，例如，可以"爬上""跳上""搬上"，也可以"爬下""跳下""搬下"。但例（18）～（20）中的动词本身是具有明确方向的，例如"蹲""掉""垂"这类动词本身就具有从较高处位移到较低处运动方向的语义，而这一语义特点与作简单趋向补语的"下"的语义特点完全一致，属于语义互相吸引。既然两个组配成分都可表示相同的语义，则充当简单趋向补语的"下"的语义自然弱化，这是语义往非空间义方向发展的基础。

趋向动词"上/下"除了与处所宾语组配指示动作位移的方向外，还可以和物体宾语组配，"上""下"仍指示动作在纵轴上位移的方向。

杉村博文（1983）指出"<u>放下</u>笔"和"<u>摘下</u>老花眼镜"这两句中的"下"不是一码事，"放下"和"拿起"构成反义关系，而"摘下"和"戴上"构成反义关系，认为"摘下"的"下"除了表示位移之外还表示"脱离"义。但是，"脱离"义是动词"摘"贡献的，而不是空间词"下"贡献的。因而我们认为这两个"下"是一致的，都是表示动作由较高处向较低处移动的方向。

因此，解释"动词+简单趋向动词+物体宾语"组配语义必须同时考虑这三个组配元素各自的语义情况。前人绝大部分的研究只专注于对空间词的语义进行研究并区分出语义小类，却忽略了动词和宾语的语义对整个组配表达式的语义贡献。

二、非空间义的组配

从人类自身身体构造特点来看，人体在解剖学上是上下不对称的，在物理上人体对重力的响应也是上下不对称的。此外，我们的主要感知器官（视觉、嗅觉、味觉、听觉）都位于我们的头部，这种不对称是趋向动词非空间义的语义基础。Clark也指出，考虑到我们的腿在身体的一端，头在另一端，并且我们以直立的方式行走，那么这些区别就提供了一个可靠的方法来区分上下。① 换句话说，我们的身体是不对称的，而这种不对称对我们与环境的互动有着重要的影响。此外，就我们的环境而言，垂直轴也是不对称的，因为重力提供了一个自然的方向，这个方向可以在地球上的任何位置建立。Mahpeykar和 Tyler 的研究②指出，英文里的 up 也有丰富的非空间义，包括 More Sense（"数、量更多"义）和 Completion Sense（"完成"义），例如：

（21）The maid plumped up the cushions. （女佣把靠垫弄得鼓鼓的——More Sense）

（22）Turn up the volume. （调大音量——More Sense）

由于容器中液体量的增加与垂直高度的增加/上升之间存在相关性，容器的容量被完全利用，从而就形成了一种"完成"义。例如：

（23）Be sure to gas up the car for the trip. （旅行时一定要给汽车加满油——Completion Sense）

（24）Let's load up the truck and get going. （把东西装上车就走——Completion Sense）

有意思的是，动词和 up 组配，还可以表示"用光""耗竭"的语义，这一语义看起来与"完成"义相反，例如：

（25）The flashlight won't work. We must have used up the battery. （手电筒坏了。我们一定是把电用完了。）

（26）Turn in your papers, time is up. （快交作业，时间到了。）

根据 Tyler 和 Evans（2003）的研究，"消耗"义来源于人类进食的特点，我们会将饮料或食物送到嘴里，这是个由上至下的过程，食物被送进嘴里后要经历被咀嚼、被吞咽、被消化的过程，通过语用的加强，up 和"消耗"义联系在了一起。但该语义在汉语里并没有出现对应。

---

① CLARK H H. Space, time, semantics and the child [M] //MOORE T E. Cognitive development and acquisition of language. New York: Academic Press, 1973: 27 - 64.

② MAHPEYKAR N, TYLER A. A principled cognitive linguistics account of English phrasal verbs with up and out [J]. Language and Cognition, 2014, 7 (1): 1 - 35.

Tyler 和 Evans（2003）也指出，up 的语义特别复杂，up 的非空间义是建立在 up 原型空间图式基础之上的。up 的原型空间场景与汉语"上来"的空间义相一致，例如：

（27）The bird flew up the chimney.（鸟儿飞上了烟囱。）

（28）Jennifer climbed up the mountain.（詹妮弗爬上了山。）

Tyler 和 Evans（2003）指出 up 的语义包括 More Sense（"数、量更多"义）、Improvement Sense（"提高"义）、Completion Sense（"完成"义）。

（29）The farmer fattened up the calf.（农夫把牛犊喂肥了——More Sense）

（30）Pump/turn up the volume/heat.［= more volume/heat］（调高/调大音量/热量——More Sense）

上述两例都表示"数、量更多"义，因为数量和垂直高度在概念层面上是相关联的，不是因为它们之间的任何可感知的相似性，而是因为它们在经验中普遍和反复出现的相关性。通常情况下，垂直高度的增加与数量的增加有关。这种联系导致 up 意味着更多，从而产生了一种约定俗成的 More Sense。因为"数、量更多"义无法从上下文中获得，因此可以被视为 up 语义网络中一个独特的语义类别。

获得更多的数量或更多的东西的一个结果是，它通常意味着改进或改善。例如，获得更多的食物就可以减少饥饿。同样，一份工作挣的钱越多，工作者生活水平就越高。因此，up 还可以表示 Improvement Sense（"提高"义）。例如：

（31）I read up on British history after watching the film about Elizabeth I.（看了关于伊丽莎白一世的电影后，我研读了英国历史——Improvement Sense）

（32）Dave and Kirsten decided to get dressed up and go to a nice restaurant.（戴夫和柯尔斯顿决定盛装打扮去一家不错的餐厅——Improvement Sense）

在例（31）中，一般的理解是说话人的英国历史知识增加了，因此能力提高了，这里没有任何物质被提升的暗示。例（32）中，对"改进"或"改善"的解释与任何意义上的"增加"都是截然不同的。当人们盛装打扮时，他们会穿上他们认为比日常着装更时尚、更优雅的衣服；他们这样做的目的大概是改善自己的外表。然而，这种改善并不一定包括穿更多的衣服，因此，up的出现显然增加了一种文化认可的"改进"风格的穿着元素。

而数量增加的一个后果是，在许多情况下，当达到极限，数量无法再往上增加后，这就意味着动作的完成，Completion Sense（"完成"义）因此产生。试想每天与我们互动的容器如杯子、壶、碗等，当把液体倒进这些容器中，随着液体的数量增加，必将达到一个极限点，容器无法再容纳更多的液体，意味着动作的完成。因为相对于特定的容器而言，液面高度的上升与容器的容量之间是有关联的，在有限容器的度量限制下，液面的高度不可能无限制上升。下文的例（33）中 up 被解读为"完成"义：

（33）Be sure to gas up the car for the trip. （旅行时一定要给汽车加满油——Completion Sense）

Tyler 和 Evans（2003）认为 up 有两种不同的完成意义，每一种都源于不同的经验相关性，每一种都代表了完成的不同方面。一种完成意义是例（33）中的类型，另一种完成意义与"消耗"有关，例如：

（34）The flashlight won't work. We must have used up the batteries. （手电筒坏了。我们一定是把电用完了——Completion Sense）

（35）The guests drank up the wine and promptly fell asleep. （客人们喝光了酒，很快就睡着了——Completion Sense）

例（34）和例（35）中的 up 似乎可以理解为被消耗，而不是装满一个容器。这看起来与"上"指示位移主体由较低向较高处位移的方向矛盾，因为消耗依循从上至下的方向。Tyler 和 Evans（2003）认为，这种意义间的联系源于为了食用食物和饮用饮料而要先将食物和饮料送到嘴里，而随后牙齿和胃又将食物和饮料消耗，由于语用增强，允许 up 出现在表示"消耗"的语境中，同时也表示动作的完成。

但我们认为，空间词 up 的"完成"义可以理解为"填充类动词的动作已完成"，也可以理解为"消耗类动词的动作已经完成"，都表示动作的完成。至于 up 在句中被理解为哪一种完成义，取决于与 up 组配的词语是填充类动词还是消耗类动词。如果是填充类动词，动作完成，即表示空间被填满，已经达到上限，如例（33）。如果是消耗类动词，动作完成，即表示物品被吃光或用光，如例（34）、例（35）。所以不可以把趋向动词的非空间语义义项无限扩展，这点是需要非常谨慎的。

（一）"上/下"指示"靠近/远离心理焦点"位移的方向

"上/下"作简单趋向补语与作位移动词一样，既可以表示纵轴空间域的位移方向，如例（36）、例（37），也可以表示横轴空间域的位移方向，如例（38）：

（36）送上车、飘上天空

（37）跳下车、扔下楼

（38）跨上一步、挤上前、罚下场

"送上车""扔下楼"这类表示纵向位移的表达式很好理解，"上/下"表示动作位移的方向，表义单纯。但"跨上一步""罚下场"等表横向位移的情况则相对复杂。

《趋向补语通释》（刘月华，1998）就认为"上"可以表示"通过动作使人或物趋近面前的目标"，"下"可以表示"退离面前的目标"。例如：

（39）眼看老秃驴就要赶上……

（40）最后只能慢慢地退下场子。

杨德峰（2009b）则认为上例的"上"与"锁上门""吃上饭"等的"上"一样，也表示"有了结果"。"下"不表示"退离面前的目标"，而是"下""由高处向低处移动"的隐喻用法，因为在人们的心目中比赛场地和观众席也存在"高""低"的区别，比赛场地是运动员专用的，其地位高于观众席，"上场""下场""场上""场下"等说法就是证明，因此运动员从比赛场地上下来就如同从高处到低处一样。杨文从认知的角度出发，把研究推进了一步，但对"上""下"的释义并不对等，为何"上"就表示"有了结果"，而"下"不能表示"有了结果"？

我们认为，要想真正弄清空间词的语义，必须把动词的语义干扰和句式的语义干扰消除。例（39）中趋向补语"上/下"只指示心理空间的位移方向，"趋近面前的目标"这个意义是由动词"赶"承担的，而与"上"无关，而例

（40）中"退离面前的目标"是动词"退"承担的，与"下"无关，这与动词"上/下"空间域的原型位移图式是一致的。

（二）"上/下"表示"完成"义

"动词+上+宾语"和"动词+下+宾语"除"上""下"表示对立关系外，其他组配元素都相同，从逻辑上说，组配后的结构也应该表示一种对立的语义关系。但实际情况比较复杂，见表5-3：

表5-3　"动词+上"和"动词+下"与相同宾语的组配

	动词+上+宾语	动词+下+宾语
A	买上房子	买下房子
	娶上媳妇	？娶下媳妇
	收上钱	收下钱
B	结上仇	结下仇
	惹上祸	惹下祸
	闯上祸	闯下祸

从表5-3可以看出，"上""下"都可以表示"完成"义，补充说明动作的结果。在"动词+上+宾语"组配结构中，"上"的"完成"义更突显"目标的实现"，"上"则表示动作靠近目标的方向。

表5-3中，"动词+上+宾语"表示"实现"某一目标，"上"补充说明动作的结果。A类是主动实现，即通过自己的努力来实现，B类是被动实现，即由某种行为造成的。比如：

（41）时间过得真快，俺农民舅舅也买上小汽车了。

（42）攀上一门好亲事和娶上一个好妻子，是你这个年纪应该考虑的大事！

（43）以凑份子做海鲜生意为幌子，先给邻居一些小甜头——最后收上一大笔邻居们的"投资款"，卷款逃跑。

（44）哎，这辈子和交警结上仇了。

（45）他时不时会因为调皮捣蛋而闯上一些祸。

例（41）～（43）强调"实现目标的不易"。例（44）、例（45）是因为某些行为而造成了不好的结果，这个结果是主观意愿不希望发生的。

"动词 + 下 + 宾语"中"下"表示"完成"义，动词属于"占有"类语义动词，A 类是主动占有，而 B 类是被动占有，主动或被动的区别是由结构的语义特点提供的。例如：

(46) 中国富豪买下世界上四分之一的奢侈品。

(47) 你买下员工的 24 小时了吗？

(48) 老人买下经适房后喜极而泣。

不难看出，"动词 + 上 + 宾语"表示目标的实现，"动词 + 下 + 宾语"表示对某事或某物的占有。

当然，即便是表达比较抽象的语义时，动词"上/下"原型义中与移动方向有关的语义要素仍起着非常重要的作用，从而决定"动词 + 上"和"动词 + 下"不可能成为真正意义的同义形式。

为什么"实现"义要用"上"来组配，而"完成"义要用"下"来组配，还是得从人们的心理认知上找原因。人们常把心理上追求的目标和空间域的高处或上方相对应，把对目标的追求看作由低处向高处的移动（如"更上一层楼""踩着别人往上爬"），这种在隐喻作用下产生的对应关系，使"上"很容易从物理空间中由低至高的移动转化为心理空间向较高目标的努力，即在表达"完成"义时，还附有"通过努力实现某一目标"这样一层含义。当然，这与现实世界中"上山"比"下山"要多付出努力是有渊源关系的，一切语义义项的产生都可以在物理空间找到解释的基础。

与"上"相反，人们常把占有、支配的对象和空间域的低处或下方相对应，把对某一事物的占有、支配看作和低处相关的活动（如"攻下""拿下""下人""居高临下"），这种在隐喻作用下产生的对应关系，使得"下"很容易从空间域由高至低的移动转化为对某物的占有。这也可从最基本的动作义溯源，比如"拿下"这一动作，受人体器官构造的限制，人用手去抓东西，被抓的东西肯定是处于手的下方，而不是上方①。

由于"动词 + 上 + 宾语"和"动词 + 下 + 宾语"的语义内涵有所不同，因此在具体的语境中，两者通常是不能互相替换的。例如：

---

① 在这个义项的基础上引申出"拿下""攻下"等词语的抽象义。

(49) a. 时间过得真快，俺农民舅舅也买上小汽车了。

   b. 一月八号的票最早什么时候能买上？

(50) a. 中国富豪买下世界上四分之一的奢侈品。

   b. 你买下员工的 24 小时了吗？

(51) a. 目前，在我国城乡大多数卫生检疫站里，把检疫当成副业，能收上钱的地方，抓得紧一些，收不上钱的地方，检疫就可有可无。

   b. 那你就这样，收上钱全交给我，没有收上来接着收。

   c. 两个人拉拉扯扯了半天，最后我只得收下了那 5 块钱。

   d. 他拗不过老大娘，只好勉强收下了礼物。

例（49）～（51）中的例子都不能换成与之相反的表达式。

表面上看，表示"取得"义的动词既可以和"上"组配，也可以和"下"组配，可以表示大致相同的客观场景。然而，就其本质而言，"动词＋上"和"动词＋下"的语义内涵和语用价值的对立仍然存在。按照认知语言学的观点，语义是客观现实和主观认识的统一，语言形式的选用直接受制于主观意象，而不是客观场景。同一个客观场景可以有多个观察角度，可以表现为不同的语言形式。在"动词＋上＋宾语"中，说话人将取得的对象当成追求的目标看待，在"动词＋下＋宾语"中是将取得的对象当成占有物看待的。说话时的认知视角和表达意图不同，必然使得语言表达式有着不同的意义和功能。

（三）"上"表示"使出现"义、"下"表示"使消失"义

此类中，让汉语学习者感到困惑的是一组语义对立的空间词和同一语言要素组配后却能表示同一个位移事件。比如"写上名字"和"写下名字"，"上"和"下"是一组语义对立的空间义词，但和同一个名词"名字"组配后意义却相同。那么这两个组配结构是否完全等值，能否互换？两者的位移图式是否相同？如果不可互换，制约两者出现的条件是什么？这些都是汉语教学中迫切需要解决的问题。

为了解释这类问题，我们先来看一些词语的组配情况，见表5－4①：

---

① 参考了任鹰、于康（2007）文中的部分例子。

表5-4　"动词+上/下"与物体宾语的组配

		X	Y
		动词+上+物体宾语	动词+下+物体宾语
A	A1	穿上衣服	—
		挂上画儿	—
		贴上邮票	—
	A2	—	脱下衣服
		—	摘/取下画儿
		—	撕下信封上的邮票
	A3	换上衣服	换下衣服
B		写上名字	写下名字
		撒上种子	撒下种子

　　A类中趋向补语"上/下"指示动词位移的方向，如果动词只能表示单向的位移，则会出现组配上的空位。比如"穿""挂"的客体宾语在外力驱动下只能由下至上位移，而"脱""摘"的客体宾语在外力作用下就只能由上至下位移（通常情况）。因而A1中右列出现形式上的空位，A2中左列出现形式上的空位。出现空位的原因是受到了动词语义方向性的制约。如果动词可以表示双向位移，既可以"由下至上移动"，也可以"由上至下移动"，如动词"换"，则X和Y两列在形式上对称，在语义上对立，如A3。

　　A类对汉语学习者来说较易习得，B类则让汉语学习者感到困扰。"动词+上+物体宾语"和"动词+下+物体宾语"为何可以表示同一个位移事件？比如：

（52）请大家在本子上写上名字。
（53）请大家在本子上写下名字。

　　B类X列和Y列，从形式上看是"上"与"下"的对立。Y列中"写下名字""撒下种子"中"下"仅表示动作位移的方向，是"下"最基本的空间义。而X列中"上"的语义则较虚，表示的是"接触"义、"出现"义。通过语料库检索发现，有些情况"上"和"下"是不能互换的，比如：

（54）《共同纲领》为什么没有写上"社会主义"？
（55）转向车道标志应写上"转弯道"字样。

这两例的"上"就不宜换为"下"。这是因为"写+上+宾语"（如"写上名字"）这一类，我们需要一个视觉可见的结果，即我们要了解到新信息，这个新信息就负载在"纸张"或其他平面上，语言交流需要这一平面上多出某些东西成为新信息，所以"写上"中"上"的位移方向义被消减，而物体宾语"名字"在"纸张"上的"出现"义则被凸显。

"上"发生语义虚化最主要的原因是受到了组配词语语义特点的制约，所有组配元素的语义在构成一个语义整体时，彼此之间是语义吸引的关系，经历的是语义融合的过程。其中，最上层的制约因素还是语用。

因此，表 5-4 中，虽然 B 类 X 列和 Y 列的表达式看起来结构一致，但实际上处于不同的语义发展阶段，Y 列（"写下名字""撒下种子"等）中"下"的"方向"义较实，而 X 列（"写上名字""撒上种子"等）中"上"的"方向"义较虚，衍生出"出现"义。这两列并不能任意互换。

总的来说，此类"动词+上+物体宾语"中，"上"的语义可以描写为"出现"义，而"动词+下+物体宾语"中"下"的语义有两种，一种是表示"消失"义，与"上"表示"出现"义相对应，如"脱下衣服""摘下画儿""撕下邮票"，经过位移动作处理后的空间场景与原场景相比，宾语（如"衣服""画儿""邮票"）在原场景中都已经消失了。"下"另一种语义表示"完成"义，"完成"义中可以感受到物理空间里动词动作的方向。类似的例子在表 5-1 和表 5-2 中前 20 个高频组配里还有很多，例如：

（56）有男朋友女朋友的必须带上。

（57）为什么不好的事情都被我遇上。

（58）我应该半小时内可以追上他。

（59）我的车结结实实地撞上了树。

（60）新的一年，计划把大专读了，护士证拿下！

（61）30 多颗药丸分三次吞下，我太看得起自己了。

（62）战士们没有一个因病退下火线的。

最后，再来解释一下，为什么很多研究都指出此类中的"上"有"接触"义，其实"接触"义是动词的隐含语义，"上"仅表示"出现"义。我们来看一下"遇""喜欢""追""撞""闭""盖"这类动词就会发现，这类动词其实一定包含了两个主体，例如"遇"，一定是一个人和另一个人相遇，一个人无法完成这一动作。"喜欢""追""撞"也是如此，如果只有一个动作主体，则该语言结构无法成立。至于"闭上""盖上"有"接触"义是因为，在人类的百科全书式的背景知识里，眼皮是一定有上眼皮和下眼皮的，所以可以说"闭上双眼"，而"盖儿"和瓶子、杯子也一般都是配对存在的。因此"上"的"接触"义是语言单位组配后在线共建的结果。

三、小结

本节主要讨论的是空间词"上""下"作简单趋向补语时与其他词语的组配情况。其中，非空间义是简单趋向补语"上"的主要用法，前20个高频组配几乎都表非空间义。而简单趋向补语"下"的非空间义用法不如"上"丰富。在前20个高频组配中，有11个表示空间义，"下"补充说明动作位移的方向。通过观察发现，能和"下"组配的动词其实自身的运动方向本就是由较高处向较低处移动，例如"掉""跳""垂""蹲""生"等动作动词。此外，由于受人类自身机体构造的限制，人类进食也是一个从上到下的过程，因此"下"也多和进食类动词组配，例如"吃""喝""吞"等。"下"与上述两类动词的组配机制是语义互相吸引的结果。和前文的分析一样，"上""下"的非空间义是教学的难点，也是研究的重点。

在空间义的组配中，"上/下"作简单趋向补语表示动作位移的方向，与"上/下"作趋向动词在纵轴上的位移情况相似，如"爬上""爬下""跳上""跳下"等。除了与处所宾语组配指示动作位移的方向，"动词+上/下"还可以和物体宾语组配，"上"与"下"仍指示动作在纵轴上位移的方向。"上""下"作趋向补语与作位移动词一样，既可以表示纵轴空间域的位移，如"送上车""跳下车"，也可以表示横轴空间域的位移，如"追上我""退下场"，在这类表示横向位移的结构中，空间词"上"的语义是"出现"义，"下"的语义是"消失"义。

在本体研究这一块，"上/下"的非空间义非常复杂，到底有多少种语义还未达成共识。我们认为，"动词+上/下+宾语"中"上""下"都可以补充说明动作的完成，其中"上"突显"目标的实现"，例如"买上房子"和"收上钱"。即便是表达比较抽象的语义时，动词"上/下"原型义中与移动方向有关的语义要素仍起着非常重要的作用，从而决定"动词+上"和"动词+下"不可能成为真正意义的同义形式。为什么突显"实现"义要用"上"来组配？而"完成"义要用"下"来组配？这是因为人们常把心理上追求的目标和空间域的高处或上方相对应，把对目标的追求看作由低处向高处的移动；相反，人们常把占有、支配的对象和空间域的低处或下方相对应，把对某一事物的占有、支配看作和低处相关的活动。因此，一切语义义项的产生都可以在物理空间找到解释的基础。

此外，"动词+上/下+宾语"中"上"还可以表示"出现"义、"下"可以表示"消失"义，例如"穿上衣服"和"脱下衣服"，"挂上画儿"和"取下画儿"等。由于组配中词汇间的语义是互相吸引、互相配适的关系，因此，当宾语的语义特征为需要接触或合拢的实体时，只与"上"组配，例如"闭上眼睛""关上房门"等。当整个结构表示"达成某一目的"，除"取得"义动词外，其他动词只与"上"组配，如"住上新房子""考上好大学"等。而当动词为"确定"义动词时，只与"下"组配，如"定下日期""拍下新款"等。当动词表"增添/出现"义时和"上"组配，当动词表"脱离/消失"义时和"下"组配，例如"贴上邮票""缝上扣子"和"撕下邮票""拽下扣子"等。

空间词"上""下"作简单趋向补语时和其他词语的组配的语义情况，如图 5-1：

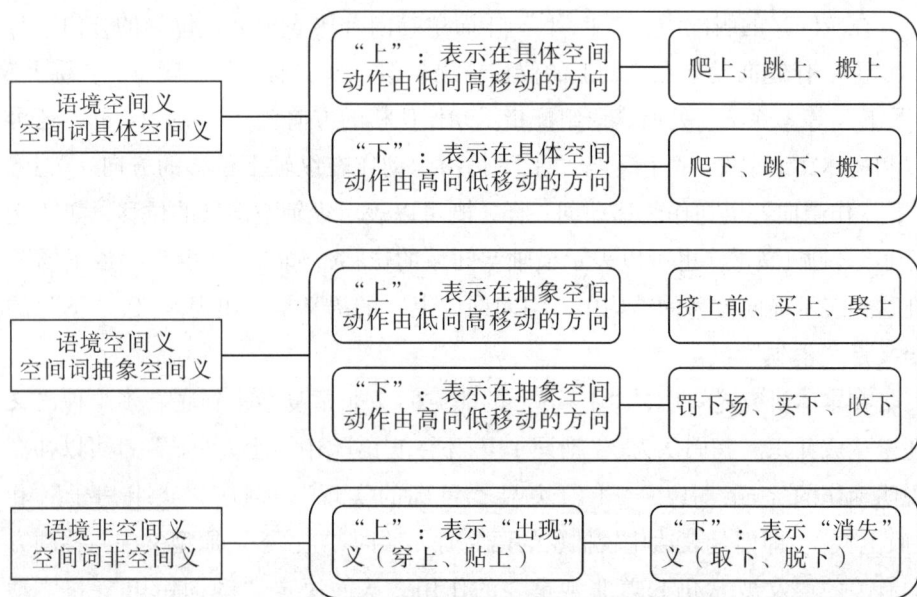

图 5-1 空间词"上""下"作简单趋向补语时和其他词语组配的语义情况

　　从图 5-1 可以看出，简单趋向动词"上/下"作补语时的语义情况分为三种：第一种是在语境表示空间义，空间词的语义也属于空间义的用法，如"爬上""爬下""跳上""跳下"。第二种是语境表空间义，但空间词表抽象空间义，例如"挤上前""罚下场"整个结构描述的物理位移是自然空间的位移，但空间词"上"并没有其原型空间语义（即表示动作"由低向高移动的方向"），而是表达了心理空间的位移，表示动作"向心理焦点（较高处）位移的方向"。第三种是语境表非空间义，空间词也表非空间义，其中"上"表示"出现"义，如"穿上""贴上"，"下"表示"消失"义，如"取下""脱下"。

第二节　复合趋向动词　"上来""起来" "下来""上去""下去"

一、空间义的组配

　　本节以"上""下"与"来""去"组合而成的复合趋向动词为主要研究对象，兼论"起来/去"。

　　和上文讨论的简单趋向补语的习得情况一样，汉语学习者在习得复合趋向补语时也有两个难点：第一个难点是宾语的位置。比如物体宾语的位置一般有四种情况：①动词＋复合趋向动词＋宾语，如"拿上来一封信"；②动词＋宾语＋复合趋向动词，如"拿一封信上来"；③动词＋趋$_1$＋宾语＋趋$_2$，如"拿上一封信来"；④用介词"把"将宾语提前，如"把（这封）信拿上来"。外国学生困惑的是，是否任意宾语都可以进入这四种格式？这四种格式的语义是否相同？这部分内容不具体展开，可参阅刘甜（2017）的研究。

　　第二个难点是"动词＋复合趋向动词"非空间义的使用。非空间义中，动词和复合趋向动词常作为一个整体使用，比如"看起来""看上去"等，这两者是否可以互换使用？在具体的语义语用表达上有哪些细微的差别，这需要逐一展开研究。

　　以往研究中，以某个复合趋向补语的意义和用法为对象的个案研究较多，对复合趋向动词展开系统性的研究较少。逐一单个的研究固然可以使研究进一步深入，但也会使研究缺乏系统性，忽视了各义项之间的联系。此外，在义项的处理问题上，义项划分过细在教学中没有很强的操作性，但如果将趋向补语的意义概括为"趋向"义、"结果"义和"状态"义又太过于笼统，同样在教学中不具有可操作性。因此，本节试图将复合趋向动词"上来""上去""下来""下去"的语义语用情况做一个全景式的描写和梳理，以期指导汉语教学。

复合趋向动词主要的语法功能是作补语，但也可单独充当句子的谓语，比如：

（63）下面的兄弟快<u>上来</u>！
（64）他刚刚<u>进去</u>。

这一类的情况很简单，汉语学习者在习得过程中也没有问题，所以在书中没有单独列出进行分析。

在句中充当补语，是复合趋向动词的主要语法功能。在动趋结构中，动词主要表示位移的动作和方式，而复合趋向动词则表示位移的方向，这一点与简单趋向动词作补语的用法一致。例如：

（65）快点跑<u>上来</u>。
（66）她非常喜欢这片草，她不忍心把脚放<u>上去</u>。
（67）你跳<u>下去</u>。
（68）今早一个翻身，差点从床上摔<u>下来</u>。

在以上例子中，动词"跑""放""跳""摔"是动作位移的具体方式，"上来"与"下去"等复合趋向动词指示位移方向。此类是最基本的位移图式，能进入此类的动词还包括"爬""飞""游""飘"等移动类动词。趋向动词的空间方向义非常明晰、具体，既可以指向垂直轴位移（比如"上/下来""上/下去"），也可以指向水平轴位移（比如"进/出来""进/出去""过来/去"）。对外国学生而言此类动趋结构是最简单、最好掌握的一类，在此不做赘述。

此外，动趋结构还可以表示位移主体向关注焦点的位移（心理空间的位移），即"上来/去"表示在水平轴上的位移方向，例如：

（69）看见领导来了，大家纷纷迎<u>上去</u>。
（70）看见小偷谁会冲<u>上去</u>制止？
（71）宝宝每次看见妈妈开电脑就会凑<u>上来</u>。

这一类属于语境空间义，空间词表抽象空间义一类，从客观世界可以观察到，这一类的位移主体是在水平轴上发生位移，与第四章对位移动词"上"的分析是一致的，因为"领导""小偷""电脑"等都是关注的中心，处于关注范围内的焦点，在心理上占据较高的位置。这一类中动词和复合趋向动词都不能省略，省略任何一个，句子都无法成立。

二、非空间义的组配

从历时语言学角度考察，空间词作趋向补语出现于六朝时期，在唐宋时用法开始多起来，到明代时用法趋于成熟。① 复合趋向动词作补语时，其非空间义的语义情况非常复杂，这一直是汉语学习者习得的重难点。比如"看起来"和"看上去"之间的异同，"胖起来"和"胖下去"是否能互换等，几乎每一个都可以专门来研究。

复合趋向补语的习得难点主要体现在以下几个方面：

（1）复合趋向补语的非空间义很抽象，对以汉语为母语的人来说使用起来没有问题，但解释起来则非常难准确地概括，对汉语学习者而言也非常难理解，很难找到类推的周遍规则。

（2）复合趋向补语的非空间义很丰富，谓词与复合趋向动词组配时有语义互选性，相同的动词与不同的趋向动词组配会产生相似但又并不完全同的非空间义，比如"写下来""写出来""写上来"都是合乎语法的语言形式，在具体语言使用中究竟应该选择哪一个，让学习者感到十分困扰。此外，不同的动词与相同的趋向动词组配在形式上和语义上都存在着不对称的现象。

（3）虽然在复合趋向补语中，"上"与"下"、"来"与"去"、"进"与"出"是语义对立关系，但进入组配后整个结构的语义并不存在对立关系，这些都是教与学的重点和难点。刘月华（1998）指出，一个动词可以和哪个趋向补语的哪一个意义结合是固定的、有限制的，特别是结果意义，学习者几乎需要逐个地去记。

刘月华等在《实用现代汉语语法》（2001）中把趋向补语的结果意义和状态意义称为趋向补语的引申用法。结果意义表示动作有结果或达到了目的，例如"出来"的结果意义表示从无到有，如"我想出来办法了。"状态意义表示

---

① 周红. 从驱动－路径图式看"V＋上/下"的对称与不对称［J］. 新疆大学学报（哲学·人文社会科学版），2015（6）：121－127，134.

动作、状态在时间上的展开、延伸，例如"起来"的状态意义表示进入一个新的状态，如"他哭了<u>起来</u>。"这样的研究是本体研究的视角，在实际教学中会遇到一些挑战。

首先，我们来看一下《高等学校外国留学生汉语言专业教学大纲》（以下简称《大纲》）中对垂直轴复合趋向补语教学内容的安排。对外汉语教材的编写，均是以国家对外汉语教学领导小组办公室编写的《大纲》为指导，《大纲》中对复合趋向补语这一语法项目的安排见表5-5：

表5-5　《大纲》中复合趋向补语语法项目的安排

年级	语义类型	语法项目	语法项目的解释
一年级	空间义	复合趋向补语句式	
		动词＋上＋来/去	
		复合趋向补语的肯定/否定式/正反疑问句	
		运用复合趋向补语时宾语的位置	
	非空间义	"起来"	表示从分散到集中的动作取得结果
			表示开始并继续下去
			表示回到记忆中来
二年级	非空间义	"起来"	表示说话人对事物进行估量或评价
		"下去"	表示动作或状态的继续（从现在到将来）
			表示动作或状态的继续（从过去到现在）
		"下来"	表示固定
			表示某种状态出现并继续发展，往往表示由强到弱或由动到静的变化

从表5-5可以看出，复合趋向动词非空间义的用法是教学的重点，而其中"起来"和"下来"的用法最为丰富。接下来再来看看趋向补语的相关语法点在汉语教材中的设计情况，我们以杨寄洲主编的《汉语教程》①展开对比分析，复合趋向补语相关语法项目的教学设计见表5-6：

---

① 选取该教材进行分析基于两点考虑，一是该教材在国内使用范围较广，二是因为与功能性的汉语教材相比，该教材有很明显的结构主义的特点，语法项目设计清晰而系统，且有层级性。

表 5 - 6　　《汉语教程》中复合趋向补语语法项目的设计

年级	语义类型	语法项目	语法项目的解释	册数与课教
一年级	空间义	动词＋复合趋向补语＋宾语	主要强调宾语和"了"在结构中的位置	一年级第二册第 46 课
		动词＋起来	开始并继续，恢复记忆	一年级第二册第 57 课
	非空间义	动词＋下去	正在进行并继续	一年级第二册第 57 课
		动词＋下去	从过去继续到现在	一年级第二册第 57 课
		看起来		一年级第二册第 62 课
		动词＋起来	聚拢，合拢	一年级第三册第 71 课
		动词＋下来	完成，固定	一年级第三册第 76 课
		动词＋起来	插入语或在句子前面，表说话人着眼于某一方，有估计的意思	一年级第三册第 76 课
		形容词＋下去	存在并发展，形容词一般为消极意义	一年级第三册第 89 课
		看上去	得出结论和判断	一年级第三册第 91 课
		比起来	表"跟……相比"	一年级第三册第 100 课

　　从以上语法点的排列可以看出：①复合趋向补语的非空间义用法在初级阶段已基本介绍完毕。②《汉语教程》对复合趋向补语的处理分为两大块，一个是空间义的用法，一个是非空间义的用法，而且这两者的教学顺序不可逆。③在空间义用法的处理上，特别强调了复合趋向动词和不同的宾语类型组配时宾语的位置，以及时态助词"了"在句中的位置。④对"动词＋复合趋向动词"的非空间义的概括非常精简，有些语用频率较高的搭配是以个案呈现的，比如"看起来""看上去""比起来"。⑤九个复合趋向动词的非空间义中，"动词＋起来"的展示比例最大。

　　比较《大纲》和《汉语教程》的内容安排，可以说教材的编写基本符合大纲要求，但也有一些不同：《汉语教程》并没有将大纲列出的趋向补语的意义完全呈现出来，有些义项做了拆分，有些义项做了合并，解释也比较简洁。有些用法虽然没有在教材中介绍，但在练习及 HSK 辅导材料中都有出现，学习者理解起来有难度，比如"出来"表示超过；"过来"表示对数量、范围大的事情是否有能力完成；"起来"表示从分散到集中的动作取得的结果；"下来"表示某种状态出现并继续发展，往往表示由强到弱或由动到静的变化等。另外，"形容词＋趋向补语"这一部分的处理比较薄弱。因此本节将垂直轴的五个复合趋向动词进行全面系统的语义梳理。

(一)"上来"的非空间义

为了展示动词和趋向动词高频组配的整体情况，我们采用了嵌套三元组的方式来构建知识图谱，首先对"动词+上来"这一动补结构的语料进行收集和清理，将趋向动词"上来"与其高频共现的动词进行提取和组配，此外，还结合"动词+上来"作为一个整体与名词组配的信息，尽量全面地提供"动词+上来"的语境背景。复合趋向动词"上来"和其他词语高频共现的知识图谱展示如图5-2：

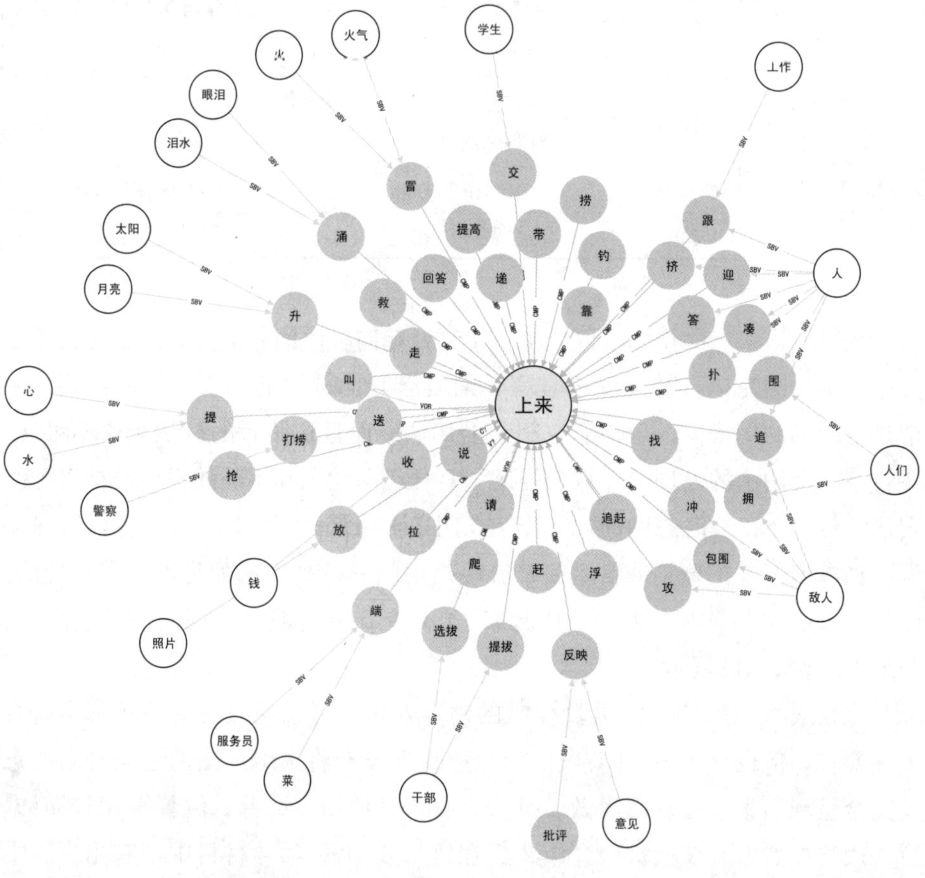

图5-2 复合趋向动词"上来"和其他词语高频共现的知识图谱

与第四章知识图谱构建的方式不同，第五、六、七章中的知识图谱采用了嵌套三元组的方式进行构建。由于实体数量较多，无法呈现组配频率的大小，也无法用颜色来区分空间义和非空间义，在嵌套三元组构建的知识图谱中，颜色与词性对应。

如图5-2所示，浅灰色圆圈表示"×上来"中的×，×均为动词，这些动词可以和中心实体"上来"构成动补结构，如"找上来""送上来""救上来""赶上来""跳上来"等，这是第一层三元组，实体1（趋向动词"上来"）和实体2（高频共现的动词）之间的关系是动补关系（图中用英文字母CMP表示）。而图5-2中的名词（白色圆圈）作为新的实体，与内圈的动补结构构成第二层三元组，两个实体之间的关系是主谓关系（图中用英文字母SBV表示），如"泪水涌上来"中，动词"涌"和趋向动词"上来"先构成第一层三元组，而名词"泪水"和"涌上来"构成第二层三元组。因此，图5-2知识图谱可以提供更广泛的词语组配信息，即提供更丰富的语境信息。

例如，在图5-2中，看到动补结构"升上来"，可以知道"太阳升上来""月亮升上来"是高频组配；看到动补结构"提上来"，可以知道"水提上来""心提上来"是高频组配；看到动补结构"端上来"，可以知道"服务员端上来"和"菜端上来"是高频组配；看到动补结构"冒上来"，可以知道"火冒上来""火气冒上来"是高频组配。

同时，看到名词"干部"，可以知道"干部提拔上来"和"干部选拔上来"是高频组配；看到名词"敌人"，可以知道"敌人追上来""敌人包围上来""敌人拥上来""敌人攻上来"都是高频组配；看到名词"钱"就可以看到"钱收上来"是高频组配。看到动词"围""迎""凑""追"，可以知道由这些动词构成的动补结构的主语都是人[①]。

虽然嵌套三元组的知识图谱能提供非常丰富的词语共现信息和语境信息，但"动词+上来"的语义类别特征无法呈现，因此接下来我们将立足BCC语料库，对"动词+上来"的组配结构进行穷尽式的搜索（共24 980条，其中1 506个动词参与了组配），分别排列出了组配频次最高的前20个组配结构并进行了具体的语义分析，见表5-7：

表5-7　"动词+上来"结构的组配频次及语义类别

	动词+上来	频次	语义类别
Top 1	追上来	1 251	非空间义
Top 2	爬上来	1 111	空间义

---

① 见图5-2中右侧的白色圆圈。

（续上表）

	动词 + 上来	频次	语义类别
Top 3	发上来	1 047	非空间义
Top 4	涌上来	907	空间义
Top 5	端上来	816	非空间义
Top 6	迎上来	777	非空间义
Top 7	送上来	759	兼有
Top 8	扑上来	685	兼有
Top 9	围上来	664	非空间义
Top 10	走上来	617	空间义
Top 11	传上来	612	非空间义
Top 12	放上来	473	空间义
Top 13	跑上来	396	空间义
Top 14	拉上来	383	空间义
Top 15	浮上来	377	空间义
Top 16	收上来	372	非空间义
Top 17	捞上来	349	空间义
Top 18	升上来	347	空间义
Top 19	打捞上来	342	空间义
Top 20	带上来	266	非空间义

从表 5 - 7 可以看出，"动词 + 上来"空间义有很多高频用法，例如：

（72）黄昏开始落入黑暗，海水涌上来。（具体空间义，"上来"表示海水涌动的方向）

（73）播到这首歌的时候，好多情绪涌上来。（抽象空间义，"上来"表示情绪涌动的方向）

（74）一条大黄狗汪汪叫着扑上来。（具体空间义，"上来"表示狗运动的方向，一般是垂直轴位移）

（75）就在这时，他看见陌生人猛地扑上来。（抽象空间义，"上来"表示人运动的方向，一般是水平轴位移）

从例（74）、例（75）可知，"扑上来"表示具体空间义还是抽象空间义，与施事主体的语义特点有关。如果施事主体是体型小于人类的动物（如"狗"）而受事主体是人类，则施事主体的位移动作既存在垂直轴的位移方向，也存在水平轴的位移方向。如果施事主体和受事主体都是人类，则主要体现在水平轴上的位移方向。

除了动词，形容词也可以和"上来"组配，形成中补结构，不过"形容词+上来"的组配形式并不丰富，组配频率也较低，主要有"冷上来""黑上来""红上来""胖上来""高上来"等。例如：

（76）我看了看天上，黑上来了，只有一片红云，像朵孤独的大花。

（77）今天的办公室真冷啊，穿着鞋子还从脚底冷上来，看着外面阳光明媚，怎么感觉古丽孜总是这么冰。

（78）他的脸慢慢地红上来了，迟疑了半天，才说……

（79）只能瘦下去，绝不胖上来。

（80）壳厚肉少但够鲜甜，从前少有人吃，如今产得少，不易得，价反而高上来。

"上来"在现代汉语中的使用频率较高，用法也较为复杂，前人的研究主要从句法、语义、语用三方面展开。关于"上来"非空间义的语义类型，不同学者有不同的观点。张志公（1956）认为"上来"有三种用法，包括表示动作的趋向、与动词结合表示趋向或动态以及加在形容词后表示性状变化。而刘月华（1998）将"上来"的语义分为三类，包括表趋向、表结果、表状态。童小娥（2009）则从事件结构角度分析了"动词+上来"所表达的语义，她认为"动词+上来"可表达空间位移事件和状态位移事件。张爱玲（2018）认为"上来"的非空间义主要分布在时间域（活动的开始、动作的成功、事物的出现）和度量域（程度的加深、数量的增多）。这些研究为"上来"非空间义的语义类型研究提供了不同角度和思路，但总的来说，上述研究没有厘清组配词语的语义和构式的整体语义对空间词"上来"的影响，虽然构式的语义属于非空间域，但"上来"的语义很单纯，就是表示一种由低到高的方向。"上来"和不同的动词搭配所形成的表达式会形成不同的语义，但都属于语境非空间义，空间词表抽象空间义的用法。具体有以下几类：

1. "上来"表示社会空间位移的方向

"上来"表示人员、事物从较低部门（层）到较高部门（层）这种在社会等级中由低向高位移的方向。这类用法是从空间域投射到社会等级域的结果。在此类结构中，与"上来"组配的词语具有非空间义，整个构式也具有非空间义，虽然社会等级不属于自然物理空间的等级，但这一抽象事物仍然具有心理空间上的高低关系，此类"上来"属于"语境非空间义，空间词表抽象空间义"一类，例如：

（81）他是从下面乡镇调上来的。

（82）这是从下面反映上来的意见。

上述两例中参与组配的词语"下面""乡镇""意见"共同构建了一个抽象的社会等级网络，"上来"只是指示这一抽象社会等级中动作的位移方向。能与此类"上来"组配的动词还有"提拔""推荐""呈""报""收""交""升""调"等。例如：

（83）要及时把在金融工作第一线涌现出来的各种优秀人才大胆提拔上来。

（84）作文初稿多达千篇，最后经各班英语教师推荐上来的作文约200篇。

（85）三个月以后，报告呈上来了。

（86）你倒干脆，连名带姓报上来。

（87）学费已经收上来了。

（88）"时间到，请大家把试卷交上来。"老师说。

（89）十二月会正式公布，应该是林经理升上来。

（90）这两个人，原来都是上山下乡的，一个调上来当演员，一个调上来"跑龙套"。

例（83）中"动词＋上来"指的是将优秀人才提拔到更高的职位或更重要的岗位；例（84）中"动词＋上来"指被推荐或评选出来的作文进入更高级的评选阶段；例（85）中"动词＋上来"指"报告"上交给了上级主管部门；例（86）中"动词＋上来"指将自己的姓名报给对话中社会等级更高的人；例（87）中"动词＋上来"指学费从学生家长手里位移到了学校更高一级的管理部门；例（88）中"动词＋上来"指将试卷提交给老师，而老师是班级的管理者，社会等级更高；例（89）中"动词＋上来"指位移主体升职或晋升到更高的职位；而例（90）中"动词＋上来"指调动到更高岗位或更重要的角色。此类中"上来"表示位移主体在社会等级空间的位移方向。

"上来"还可以表示事物由低水平向高水平方向发展，句中常有"了"。例如：

（91）经过一段时间的学习，小北的鉴赏能力也提高上来了。

（92）公司的业绩搞上来了，个人也会得到更好的发展。

（93）小雨通过课后的用功，学习进度终于跟上来了。

上述语例中，"能力""业绩"和"学习进度"这些抽象名词都可以对应到物理空间的垂直轴，"上来"仍然是指示位移主体位移的方向。这类动词与

"上来"的组配较容易习得，因为从空间域的高低投射到社会层面的高低具有跨语言的普遍性。

此外，《趋向补语通释》（刘月华，1998）认为"上来"还有一个引申用法，即"表示接触、附着以至固定"。这种用法常搭配的动词有"补""接""加"等个别动词。动词联系着两个方面，整体或主要物体和部分或次要物体，着眼点在整体，例如"名单上又补上来几个人。"这一类也归并于此。比如"把落下的功课补上来""趁这个机会把知识补上来""把财政上的资金补上来"都是属于说话者期待事件往积极的理想的方向去发展，趋向动词的语义仍具有抽象心理空间的位移方向。再如"新产品很难接上来""台词都能自己接上来""把传统接上来"等，都可以用同样的方法来解释。

2."上来"表示信息空间位移的方向

"上来"还可以表示位移动作在信息空间位移的方向，《现代汉语八百词》指出能进入"动词＋上来"结构的动词限于"说""唱""学""答""背""回答""叫""念"等少数几个。例如：

（94）所以我们家孩子知识面比较宽，爱好广泛，什么都能说上来一点。
（95）要快速扩大音域，改变音色，我就是这样唱上来的。
（96）从十四岁就开始学画的我，从艺术科、艺术系一路学上来的我，终于可以进入欧洲一所古老的艺术学院了。
（97）这个问题你不一定答得上来。
（98）我到家拆开了这封信，这封信我也背得上来。
（99）这种花你叫得上来名字吗？

这一类动词可以和"上来"组配表示成功地完成某一活动，主要与动词的语义有关。"说（得）上来""答得上来"主要是针对某一问题，而问题相对普通信息而言在难度上占据较高的位置。"学上来"也是如此，也有由低至高的方向性。而"唱（得）上来"既可以指"唱得出来"，也可以指"高音部分上得去"，固然也可以和"上来"组配。这一类也属于语境非空间义，空间词表抽象空间义的情况。

汉语学习者看到这一组词会类推出，只要是言语类的动词都可以和"上来"组配，因此他们造出了"*讲得上来"这一表达。同是言语类的动词，为何"讲"不能和"上来"组配呢？因为"讲"其主要意义是传递新知识，这个动词的方向性是由高处向低处的，自然和"上来"的方向性矛盾，因而不能组配。

3."上来"表示程度上位移的方向

"上来"与感官类形容词组配，表示一种较轻微的状态逐渐变成更强烈的

状态。"形容词+上来"表示状态的发展,兼有范围扩大的意思。形容词仅限于"热""凉""黑"等少数几个。例如:

(100) 天一点点黑上来了。

(101) 天气热上来了。

(102) 昨天天气还行,今天就凉上来了。

"黑上来了"表示天空逐渐变得黑暗,"热上来了"表示天气逐渐变得更加炎热,"凉上来了"表示天气逐渐变得更加凉爽。既然是范围扩大,程度加深,那么在数量域上与"上来"空间域由低至高的方向性一致,因而也属于语境非空间义,空间词表抽象空间义的用法。

4. "上来"表示水平轴位移的方向

观察这一类"动词+上来"的语义情况可以发现,"动词+上来"整体结构的语义可以表示物理空间的位移动作,但是并不是垂直轴的位移,而是水平轴的位移。如"追上来"(1 251①)"端上来"(816)"迎上来"(777)"扑上来"(685)"围上来"(664)"凑上来"(255)"拥上来"(121)"撞上来"(115)"挤上来"(97)"靠上来"(65)"追赶上来"(61)"围拢上来"(47)"包围上来"(43)等。例如:

(103) 收好了自己的东西,刚走到教室外,徐薇忽然追上来。

(104) 不一会儿,两份香喷喷的饭菜端上来。

(105) 盼着儿子归来的母亲,笑眯眯地迎上来。

(106) 他不安地往后退几步,拉开两人的距离,生怕他会失去理智扑上来。

(107) 裁判正在统计分数,不少参赛选手就已经围上来。

(108) 眼看着对面的车迎面就要撞上来了。

(109) 后面学生都纷纷挤上来围着我们。

以上例句中,"上来"并不表示物理空间由较低处向较高处位移的方向,而是表示向心理焦点位移的方向。焦点往往占据较高位置,"上来"表示向心理焦点位移的方向,这与第四章中位移动词表达水平轴位移动作的语义是一脉相承的。

其实,关于复合趋向补语的语义小类的研究一直不乏深度和广度,但如果将语义小类划分得过细,在教学中是较难操作的。通过上文对"上来"非空间

---

① 括号内的数字表示"动词+上去"结构在语料库中的频次,后文不再注释。

义的梳理，我们可以在更抽象的一个层面上对其与不同动词、形容词组配后的语义小类进行概括，即"上来"表示动词由较低向较高层次位移的方向，分别是由较低社会等级向较高社会等级的位移、由低水平向高水平的位移、由较低信息难度向较高信息难度的位移、由较低程度向较高程度的位移都可以概括为一个语义小类，即"上来"表示动词由较低向较高层次位移的方向。那么"名单上又补上来几个人。"仍可以用这一观点解释，本来这几个人的名字是没有资格出现在名单上的，但由于规则变化或其他原因，这几个人又有了资格。

通过上文的分析，可以把"上来"和其他词语组配的语义情况描述如图 5 - 3：

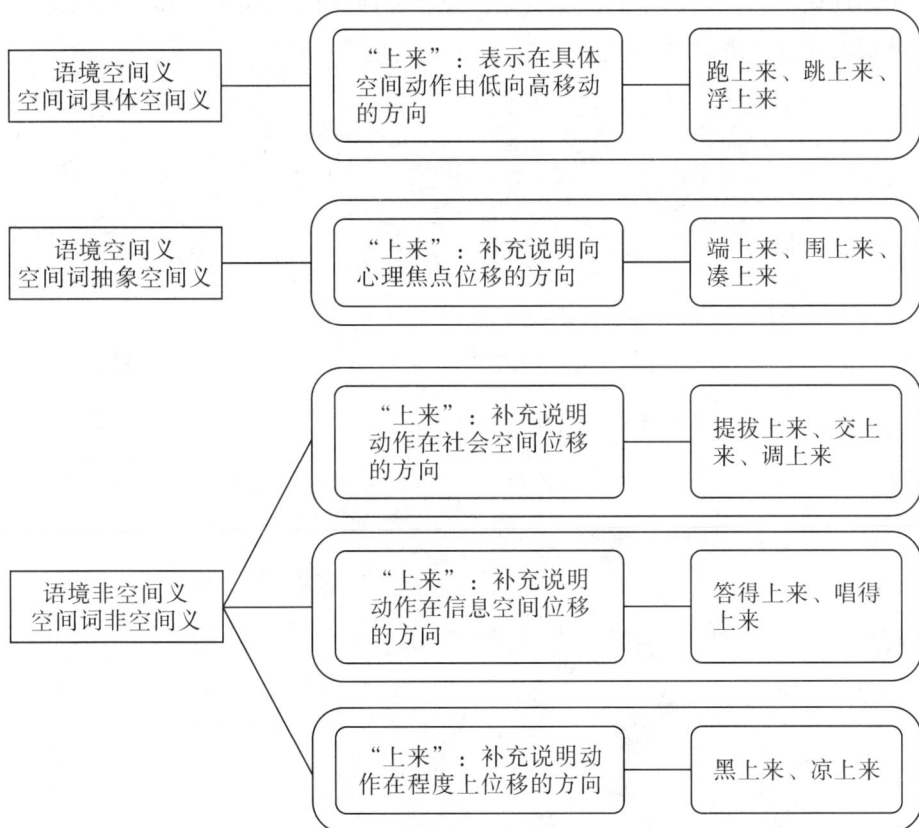

图 5 - 3　复合趋向动词"上来"和其他词语组配的语义情况

（二）"起来"的非空间义

英文中的 up 可以对应汉语里的两个词，分别是"上来"和"起来"，但

是动词与"起来"的组配结构更为丰富，语义情况也非常复杂，一直都是教
与学的重难点。"我突然想起来了我见过他。"和"这件事做起来不容易。"这
两例中"起来"的语义应如何理解？又如，"冷"和"热"是一对反义词，为
何"天冷起来了。"和"天热起来了。"都合乎语法，而"胖"和"瘦"也是
一对反义词，但"一天天胖起来"可以说，而"？一天天瘦起来"却不可接
受？这都是在教学中学生所提出的问题。

为了展示趋向动词"起来"和其他词语高频组配的整体情况，我们仍采
用了嵌套三元组的方式来构建知识图谱，首先对"×起来"组配结构的语料
进行收集和清理，再结合"×起来"作为一个整体与名词组配的信息，尽量
全面地提供"×起来"的语境背景。复合趋向动词"起来"和其他词语高频
共现的知识图谱如图 5-4：

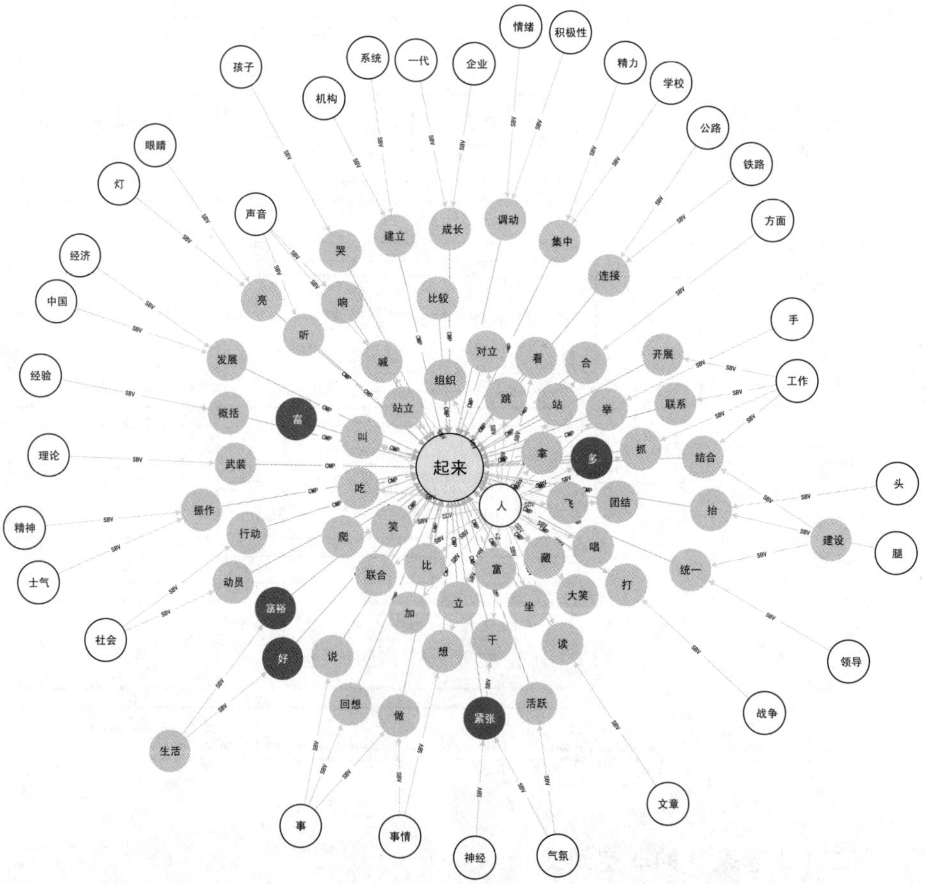

图 5-4 复合趋向动词"起来"和其他词语高频共现的知识图谱

在嵌套三元组构建的知识图谱中，颜色与词性对应。从图5-4可以看出，浅灰色圆圈表示动词（如"抓""拿""飞""站"等），深灰色圆圈表示形容词（如"富裕""好""紧张""多"等），白色圆圈表示普通名词（如"企业""理论""工作""战争"等）。因此，从颜色的分布可知，与"×起来"共现的高频词语中，既有动词又有形容词，而在"×上来"高频组配的知识图谱中并未出现形容词。

知识图谱可以提供很多丰富的组配信息，以图5-4中的"调动起来"为例，趋向动词"起来"是实体1，动词"调动"是实体2，实体1和实体2之间的关系是动补关系（图中用英文字母CMP表示），但"调动"又可以和新的实体"积极性""情绪"（白色圆圈词语）构成一个新三元组，新三元组的结构关系是主谓结构（图中用英文字母SBV表示），即"积极性调动起来""情绪调动起来"是高频组配。同理；看到动补结构"建立起来"，可以知道"机构建立起来""系统建立起来"是高频组配；看到动补结构"抬起来"，可以知道"头抬起来""腿抬起来"是高频组配；看到动补结构"振作起来"，可以知道"士气振作起来"和"精神振作起来"是高频组配，看到动补结构"发展起来"，可以知道"经济发展起来"是高频组配。

同时，看到名词"理论"，可以知道"理论武装起来"是高频组配；看到名词"企业"，可以知道"企业发展起来"是高频组配；看到名词"灯"，可以知道"灯亮起来"是高频组配；看到名词"气氛"，可以知道"气氛紧张起来"和"气氛活跃起来"是高频组配。

虽然嵌套三元组的知识图谱能提供非常丰富的词语共现信息和语境信息，但"动词+起来"语义类别特征并没有呈现，因此接下来我们将立足BCC语料库，对"动词+起来"的组配结构进行穷尽式的搜索（共370 627条，其中4 883个动词参与了组配），分别排列出了组配频次最高的前20个组配结构并进行了具体的语义分析，见表5-8：

表5-8　"动词+起来"结构的组配频次及语义类别

	动词+起来	频次	语义类别
Top 1	结合起来	32 066	非空间义
Top 2	站起来	22 701	空间义
Top 3	转起来	10 824	非空间义
Top 4	听起来	10 076	非空间义

（续上表）

	动词 + 起来	频次	语义类别
Top 5	爬起来	9 236	空间义
Top 6	笑起来	9 224①	非空间义
Top 7	跳起来	8 515	空间义
Top 8	发展起来	7 298	非空间义
Top 9	说起来	7 136	非空间义
Top 10	联系起来	5 118	非空间义
Top 11	行动起来	4 954	非空间义
Top 12	建立起来	4 801	非空间义
Top 13	加起来	4 573	非空间义
Top 14	叫起来	4 175	非空间义
Top 15	吃起来	4 008	非空间义
Top 16	团结起来	3 965	非空间义
Top 17	哭起来	3 591	非空间义
Top 18	组织起来	3 505	非空间义
Top 19	坐起来	3 494	空间义
Top 20	联合起来	3 206	非空间义

从表 5 - 8 可以看出，在前 20 个高频组配中，"动词 + 起来"表示非空间义的比例非常高，共有 16 个，只有"站起来""爬起来""跳起来""坐起来" 4 个结构属于空间义场景。要准确描写"起来"的非空间义，既需要剔除构式语义及其他组配词语语义的干扰，也需要在语境中考虑组配词语语义和"起来"语义的互动关系。"起来"与动词或形容词组配所产生的非空间义可以概括为五类，分别是 TOGETHER IS UP（"集中"义），MORE IS UP（"量多"义），ESTABLISH IS UP（"确立"义），NEW IS UP（"起始"义），CONDITION IS UP（"条件"义）。

1. "起来"表示位移主体"集中"的方向

"起来"与"集中"义动词组配，表示 TOGETHER IS UP（"集中"即是"上"）的语义。

通过语料库检索发现，在"动词 + 起来"的组配结构中，表示"由松散

---

① "大笑起来"有 3 270 条没有计算进"笑起来"的频次中。检索时间为 2023 - 1 - 11。

到集中"核心语义的动词与"起来"的组配比例最高，有 69 个动词属于此类。现列举如下，见表 5－9：

表 5－9　与"起来"组配的"集中"义动词

由松散到集中	A 类		连①、围、圈、捆、绑、包、包裹、串、套、收、叠、皱、聚集、组装、封锁
	B 类	B1	加、聚、抓、收集、搜集、概括、结合、整合、综合、统一、合并、武装、融汇、融合、归纳、连贯、套合、组合、编排、排、排列、牵扯、配合、编集、积聚、串联、总结、保管、控制、管、组织、召集、协调、动员、发动、带动
		B2	交织、联系、等同、并列、对应、对立、模仿、混淆、关联、回忆、想
		B3	收缩、封闭、囚禁、孤立、掩盖、隐遁、隐藏

表 5－9 中，A 类动词中表示"集中"的动作是具体可感的。例如：

（110）把这些羊肉串起来。

（111）他的眉头不由得皱了起来。

B 类动词的"集中"义比较抽象。B1 在思考上、管理上都体现了"由松散到集中"的语义。例如：

（112）概括起来，代理关系包括三个方面。

（113）地质学的另一特点是把空间和时间统一起来进行研究。

（114）把分散的生产要素组合起来。

（115）一旦时机成熟，社会成员就会重新组织起来。

B2 是在"集中"过程中发展出的"联系"义及"比较"义。任何集中都不会是随意的集中，一定是建立在某种共性上的集中，如例（110）中集中的对象必须是羊肉，例（115）中社会成员就是集中的共性条件，而不是其他类型的成员。确立共性的前提离不开"联系"和"比较"，因而我们把 B2 也纳

---

① 这里的"连"指的是"把这些点连起来，画成一条线"中的动词意义。

入"集中"类动词,事实上,B2 类动词入句后,其"集中"的核心语义体现得非常明显。例如:

(116) 这一报告把国力危机同人才危机、教育危机直接联系起来。

(117) 把建立节水型社会与建立节水型农业、节水型工业并列起来。

值得注意的是,本节把"回忆"和"想"也归入了 B2 类,因为"回忆"和"想"的过程恰恰就是建立联系和比较的过程。例如:

(118) 他睁开眼睛,看看面前的老药农和年轻姑娘,又想了一会,终于回忆起来了。

(119) 等他想起来再回去找时,书稿已不见了。

例(118)和例(119)是将眼前所见之景与曾经头脑中的印象进行联系和对比,最终集中到了一起,完成了匹配的过程。因此,"想起来"和"想出来"的对立之处就在于,"想出来"是从无到有,是形成一个新想法,而"想起来"则是寻找与匹配的过程,是把已有的记忆同现在的刺激匹配起来。

再来看 B3 的例子,虽然是"收缩"和"隐藏"类,但也仍然体现了"集中"义。例如:

(120) 部队吸取了第一次海湾战争的教训,"化整为零",能分散的分散,能隐藏起来的则隐藏起来。

(121) 当我们突然感到吃惊时,全身的肌肉都会收缩起来,并处于行动的准备状态。

例(120)中,"隐藏"与"分散"作为对立面出现,"隐藏"其实体现的就是"集中"义。而例(121)中的"集中"义则是一个很容易识解的自然现象。

2. "起来"表示在数量、程度上位移的方向

"起来"与"量级增长"类动词/形容词组配,表示 MORE IS UP ("量多"即是"上")的语义。

"起来"的空间义表示在纵轴上由较低处向较高处的位移,其"表示数量与程度增长"的非空间义与空间义的位移方向一致。与"起来"组配的此类

词语不限于动词，表示正向量级发展变化的形容词①也常出现在此类组配中。现将1 000条随机语料中此类所有出现的动词和形容词（共42个）分列如下，见表5-10：

表5-10　与"起来"组配的"量级增长"义动词/形容词

量级增长	A		积累、发展、伸展、增加、增强、高涨、挺、竖、发育、扩张、膨胀、鼓、生长、培养
	B	B1	好、亮、富、完善、成熟、发达、富强、频繁、强盛、鲜活、丰满、复杂、清晰、壮大、凸、跋扈、豪阔、开阔、宽阔、庞大
		B2	警觉、觉悟、活跃、亲切、尖锐、严谨、独立、聪明

从表5-10中可以看出，A类以动词为主，B类多以形容词为主，也有不少词语是兼类词。A类词语具有明显的"量级增长"的语义特征，入句后也很明显。例如：

（122）一对，两对，三对……数据逐渐积累起来了。（数量上的增多）

（123）迅速扩张起来的专卖店潜在危险是：一旦市场放开，高额的成本将成为其进一步发展的阻碍。（数量上的增多）

（124）中国的主要目标是发展，是摆脱落后，使国家的力量增强起来，人民的生活逐步得到改善。（能力上的增强）

B类中的词语大多是表示正向量级发展变化的形容词，这与形容词的褒贬并非正向相关，如"跋扈"是个贬义词，但"跋扈"的人喜欢惹事，社交凸显度高，也具备正向量级发展变化的特点。其中，B1类的量级增长较容易理解，体现在程度的增强、复杂度的增加、范围的扩大、生命力的增强、财富与能力的增加等方面。例如：

（125）数学就是在解决矛盾中逐渐完善起来的。

（126）线索中断，案情变得复杂起来。

（127）到加拿大之后，家族又是如何一代一代地发展壮大起来的？

---

①　正向量级与负向量级并不与形容词的褒贬对应，主要指量级上的对立，比如"膨胀"就是正向量级形容词，"缩小"就是负向量级形容词。

（128）一个可怕的念头在我的脑子里形成并<u>鲜活起来</u>。

（129）商人阶级有了钱，都<u>豪阔起来</u>。

B2 类的"量级增长"义则不那么直接，但这些形容词所描述的特征并不是随意可以达到的，而是需要付出更多的脑力或体力，体现了意识加工难度的增加。例如：

（130）参与大流通，在这个大市场里角逐，让我们的企业家们<u>更聪明起来</u>。

（131）在当年的莫斯科，很多人一听到"李立三"三个字就<u>警觉起来</u>，离他远远的，唯恐被沾上"机会主义"的病毒。

（132）同学们有了决定权，思想也一下子<u>独立起来</u>。

在我们的日常生活中，由于数量的增多与垂直高度现象之间的反复关联，这种相关性也会被固化到人类的认知体系，比如当物体不停堆高或液体不停增加到一定高度，这些情况下，数量的增加就会与垂直高度的增加直接相关。对这两种共生现象的观察导致了两者之间的强相关认知。这种概念上的联系又反过来体现在"The price have gone up.（价格上涨了。）"这样的句子中，其中，表示空间关系上较高位置的词语用来表示数量上的增加（Grady，1997；Johnson，1999；Lakoff，1987）①。

3. "起来"表示在状态上位移的方向

"起来"与"确立"类动词组配，表示 ESTABLISH IS UP（"确立"即是"上"）的语义。

趋向动词"起来"与"集中"类、"量级增长"类词语组配所产生的引申义与其空间义的位移变化方向是相一致的，当量级增长到一定程度时，会迎来质的突变，事物会由一个阶段向另一个阶段变化或者由一个状态向另一个状态变化，这是"起来"与"确立"义动词组配的前提。在 1 000 例随机语料中，属于"确立"类的动词有 5 个，分别是"确立""建立""形成""奠定""树立"。例如：

---

① MAHPEYKAR N, TYLER A. A principled cognitive linguistics account of English phrasal verbs with up and out ［J］. Language and cognition, 2014, 7（1）: 1 - 35.

（133）光学终于作为一门物理学科被正式<u>确立起来</u>。

（134）社会的相互作用体系一旦<u>建立起来</u>，本身就具有一种使原有状态保持不变的倾向。

（135）在德国，生产新武器的巨大潜力，正在一年一年地<u>形成起来</u>。

（136）他的声望主要就是在这场席卷整个俄国的大动乱中<u>奠定起来</u>的。

（137）公司的形象<u>树立起来</u>了，我们就知足了。

上述例子表明，一旦从量变积累到质变，则会确立一个新的物质或状态。ESTABLISH IS UP（"确立"义）可以通过想象建造房子的过程来理解，与建房前相比，房子建好后呈现了一个 up 的状态，表示新事物、新形象、新结果的确立[①]。

4. "起来"的"起始"义和"条件"义

值得注意的是，同一个动词与"起来"组配，在不同的语境义影响下，既可以表示"起始"义，又可以表示"条件"义，例如：

（138）到汉武帝时，这种策问考试，才比较普遍<u>实行起来</u>。（"起始"义）

（139）政策规定厂长有辞退权，但<u>实行起来</u>并不容易。（"条件"义）

（140）如今从事认知科学的工作者就是千方百计想研究出"挖潜"的方法，使人的脑力比较充分地<u>运用起来</u>。（"起始"义）

（141）这些规则每个人<u>运用起来</u>都得心应手，灵活自如。（"条件"义）

例（139）和例（141）中的"评价"义并不由"起来"贡献，而是整个组配结构贡献，尤其是句中的核心谓语成分，拿例（139）来说，"实行<u>起来</u>并不容易"其"评价"义是由核心谓语"容易"这一形容词承载，接下来将从"起始"义和"条件"义两方面来归纳描写。

（1）"起来"与谓词组配，表示"起始"义（NEW IS UP）。

"起来"表示"起始"义似乎已成学术界的定论，能进入此类句式的动词和形容词不像前三类那样受到自身语义特征的限制，用法也较常见。如"哭起来""笑起来""打起来""跑起来"，等等，句中"起来"的语义等同于"开始"。例如：

① JOHNSON M. The body in the mind：thedodily basis of meaning, imagination, and reason［M］. Chicago：The University of Chicago Press, 1987：83 – 87.

（142）为了使这架庞大的建筑机器运转起来，指挥部特别注意协调好各施工单位之间的关系、土建与安装的关系。

（143）两人一言不合，你来我往，大吵大闹起来，最后，他冲出房门，心中仍难掩愤怒之情。

（144）这些懂得一点法律知识的败类，却在乡间为非作恶起来，法律还要去保护他。

（145）一个企业家如果由革新派变成了保守派，思想僵化起来，就宣告了他的企业家生命的结束，他就应该自动退出历史舞台。

（146）就连平时特别顽皮的孩子也突然变得安静起来。

例（142）～（146）中"谓词 + 起来"都可以理解为"开始做什么"，表示一个新变化的产生，如例（146），核心谓语前出现了动词"变得"，与"起来"共同凸显一种新情况的产生。"安静"既可以和"起来"组配，也可以和"下来"组配，但"安静起来"强调新状态（安静的状态）的出现，重点在凸显一个点的变化，而"安静下来"凸显从吵闹到安静的量级从高往低渐变的过程，重点在凸显了一个过程。

（2）"起来"与谓词组配，表示"条件"义（CONDITION IS UP）。

一些学者将"说起来简单，做起来难。"中"起来"的意义归纳为"表评价"（刘月华，1998；高顺全，2005），然而新近研究指出"评价"义是整个句式的语义，而不是"起来"的语义（吴为善，2012；方迪，2018）。宋玉柱（1980）、房玉清（1992）指出"v 起来"有表示"当……的时候"的用法，后边紧跟着谓语结构。本书赞同宋文和房文的解释，认为"起来"表示"条件"义，很多动词都可以进入此类句式。例如：

（147）但每所学校也就几个或十几个残疾儿童，比较分散，管理起来会比较困难。

（148）这是热点问题，也是难点问题，解决起来非常棘手。

（149）这部分内容是我们比较熟悉的，理解起来没什么难度。

（150）在场专家向市民介绍，这种原产南美巴西的绿色植物，种植起来非常简单。

（151）当然，如果监督起来太贵了，人们就宁可不要监督和互相信任。

从例（147）～（151）可以看出，"评价"义句式都具有"动词 + 起来＋'评价'义形容词"的整体结构特征，其中"动词＋起来"作状语，表示"在……的时候"，形容词负责描述这种情况下的感觉与评价。通过例（138）～（141）的比较可以得出结论，如果"动词＋起来"后没有其他描述性成分，则被理解为"起始"义，而"动词＋起来"后紧接着具"评价"义的描述性形容词或形容词短语，则被理解为"条件"义。例如：

（152）他从抽屉中拿出自己准备的在东南几省宣传工作会议上的讲话稿，仔细地审阅起来。（"起始"义）

（153）为了让自己的思路尽量清楚，也为了让自己的工作能够让别人，例如合伙人，审阅起来简单易懂。（"条件"义）

恰恰是因为"评价"义句式具有"动词＋起来＋'评价'义形容词"的句法结构，因而可以解释填空题"武汉的冬天不像南方那么暖和，冷＿＿寒风刺骨。"中，为何只能选择"起来"，而不能选择"上来"和"下来"。因为"冷下来"表示冷的程度加深，且"冷下来"后不接表示"评价"义的形容词。而"冷上来"使用频率非常低，CCL 语料中"冷上来"和"凉上来"共两例。因而，此题只能选择表示"条件"义的"起来"，与表示"评价"义的"寒风刺骨"组配。

吕叔湘（1999）还指出，"起来"可用在有限的几个动词，如"说""看""听""算""想"后，加强估量、揣测的语气，在句首充当插说语。例如：

（154）说起来，审计这行业的一大乐趣，就是能够去不同的企业，了解不同企业的经营情况。

（155）看起来，你们这个周末很忙啊。

（156）听起来，像是在开玩笑，但却是事实。

（157）想起来，实在有些惭愧啊。

从本体研究的角度，我们需要深入分析句首"动词＋起来"与句中"动词＋起来"的句法位置与语用功能的差异性，比如例（155）中的句首"看起来"可以移位至句中，变为"你们这个周末看起来很忙啊。"但是从教学的角度，更要求描述和解释的简明性，无论"动词＋起来"置于句中还是置于句首，这些句子都是表示"评价"义的句式。置于句首的"动词＋起来"中，动词入句的数量是有限的，限于"说""看""听""算""想"这些感知类动词，不管是解释为"典型的话语标记"，还是"评注性准副词"，都不影响学习者的有效习得。至于表"评价"义的"看起来"与"看上去"的辨析，刘楚群（2009）的研究成果已能很好地运用在教学中，当评论的对象可以看到时，既可以用"看起来"也可以用"看上去"；而当评论的对象不能看到，通常就只能用"看起来"，而不能用"看上去"。

从上文的梳理可以看出，"起来"与其他词语组配后在空间义的基础上通过隐喻借助生活经验由空间域向其他域投射产生了五类非空间义，分别是：TOGETHER IS UP，MORE IS UP，ESTABLISH IS UP，NEW IS UP，CONDITION IS UP。这五类非空间义可以按由具体到抽象的顺序排列如下：TOGETHER IS UP > MORE IS UP > ESTABLISH IS UP > NEW IS UP > CONDITION IS UP。

说英语的人在谈论知觉经验的结果（如看、尝、听、闻、感觉）时也使用非常相似的模式，就像他们在谈论外部物理空间世界中实体的运动一样。具身体验（embodied experience）和人类认知（human cognition）的一个重要组成部分是将内在的概念化思考与物理空间世界中的经验联系起来[1]。人类体验到的"真实"世界与人类认知所代表的概念化世界是不同的，人的知觉系统提供了外部世界和内在概念世界之间的基本接口。我们理解这种界面的一种方式似乎是把知觉看作是物体沿着从外部世界到我们的概念世界的路径移动。在谈论知觉经验时，英语采用了经验即对象（experiences are objects）的比喻。我们可以在"I had a good time."这个句子中看到这个隐喻，在这个句子中动词 had，"拥有"的典型动词，被用来谈论一种经历，就好像它是一个物体一样。感性经验的结果被表示为 F 元素，而人（或有生命的存在）被表示为经验的基础/接受者。例如：

（158）This milk smells fresh to me. （这牛奶闻起来很新鲜。）

在这个句子中，新鲜的嗅觉体验是 F 元素，而经历嗅觉体验的人，也就是"我"，是知觉体验的基础/接受者。尽管感知信息可以被视为中立地更新一个人对世界的心理模型，但在许多情况下，人们会对体验的结果做出评估性判断。

---

① TYLER A. Cognitive linguistics and second language learning: theoretical basics and experimental evidence [M]. 1st ed. New York: Routledge, 2012: 139.

刺激视觉、味觉等的事物或事件处于句子的主语位置。在谓词中，对刺激的评估被视为移动的 F 元素，知觉系统代表了通往接受体验的人的路径。标记感知的接收者（或动作的隐喻终点）。

（159）a. The music sounds good to me. （这音乐听起来不错。）

b. This fish smells bad to me. （这鱼闻起来很臭。）

c. This shirt feels itchy to me. （这衣服穿起来很痒。）

用来描述身体感知的语言已经被扩展到谈论对更抽象的情况的反应和感知者的内部感知或结论。在这种用法中，刺激不再是世界上唤起感官知觉的物体，如例（159）中的鱼或衣服，而是更抽象的东西，如唤起判断或情感的计划或情况，例如：

（160）The plan sounds good to me. （这个计划听起来不错。）

"谓词＋起来"所产生的这五项非空间义的语义特征在未入句前就已具备，当入句后受到前后组配词语语义以及句式语义的刺激和吸引，其相应语义板块被激活、凸显。当"起来"与表示"集中"义的动词组配时，其"TO-GETHER IS UP"的引申义板块被激活。相应的，当"量级增长"义动词与"确立"义动词和"起来"组配时，其相应的语义板块"MORE IS UP"和"ESTABLISH IS UP"也分别被激活。入句后，其未被激活的其他板块语义并没有全部消失，而是处于隐潜的状态，处于次要的地位，且这些次要板块语义的地位也并不平等。比如在"把这些羊肉串起来。"中，"串起来"表示的语义是"TOGETHER IS UP"，但它同时也可以表达"ESTABLISH IS UP"和"NEW IS UP"的非空间义，只不过不那么凸显而已。"串起来"中"CONDI-TION IS UP"的语义无法体现，是因为受到了句式的制约，因为句式中"起来"后缺少"评价"义形容词。

这五类非空间义中最特殊的要数"CONDITION IS UP"这类，因为只要在"谓词＋起来"后添加上表示"评价"义的形容词，前面四类的组配结构都可以进入"动词＋起来＋'评价'义形容词"这一句式，从而致使"谓词＋起来"的语义发生改变。如表示"TOGETHER IS UP"的"组合起来"，在"把分散的生产要素组合起来。"这一祈使句中，"组合起来"凸显的是"集中"义，而在"把分散的生产要素组合起来不容易"一句中，"组合起来"凸显的是"条件"义，整个句式表达了"评价"义。因此，针对"起来"引申义的教学，必须结合句式，在具体语境中考虑组配词语语义与"起来"的互动关系。

此外，这一解释不仅适用于"起来"非空间义的各个语义板块，也适用于"起来"空间义和引申义之间的关系，能用来解答学习者的疑惑，"哭了起来"表示状态的改变，"站了起来"是不是也可以表示状态的改变呢？回答是肯定的。在"站了起来"中，"起来"不仅指向动作具体的空间位移方向，也包含了动作状态的改变，由"坐"到"站"。刘丹青指出，语言的经济性原则决定了语言物尽其用的特点，在普米语中，趋向前缀在表示趋向的同时也"顺便"完成了表示过去进行时中的"过去"义[①]。因此，"谓词+起来"这五类非空间义之间并不是孤立和对立的关系，也不是非此即彼的关系，而是呈现一个共现和叠加的状态，至于最终哪种引申义得到凸显，受到组配词语和句式语义的制约。

为了便于汉语学习者更好地理解和使用"起来"，本节将其所有非空间义义项统筹归纳起来，见表5–11：

表5–11　隐喻视角下"起来"的引申义

	句法语义形式	非空间义	例句
↑	①集中类 V + 起来	TOGETHER IS UP	把这些报纸捆起来。
	②量级增长类 V/A + 起来	MORE IS UP	事情变得复杂起来。
	③确立类 V + 起来	ESTABLISH IS UP	公司形象树立起来了。
	④谓词 + 起来（"起始"义）	NEW IS UP	孩子们变得安静起来。
	⑤谓词 + 起来（"条件"义）	CONDITION IS UP	闻起来臭，吃起来香。

根据表5–11，我们能很好地回答本节开头学习者提出的两个问题，"我突然想起来了我见过他。"中"想起来"应归入①类，表示"集中"义，可解释为现场场景的刺激画面或情况与记忆中的某个片段的结合，完成了过去记忆片段和现场场景片段的匹配过程。而"这件事做起来不容易。"中"做起来"应归入⑤类，表示"条件"义，可解释为"做的时候"，后面的"不容易"表示一种评价。此外，利用表5–11还可以解释为何"天冷起来了。"和"天热起来了。"都合乎语法，因为这两例都归入④类，表示"天

---

① 刘丹青. 显赫范畴的典型范例：普米语的趋向范畴 [J]. 民族语文，2013（3）：5–17.

开始冷"和"天开始热"。而"冷"与"热"也是成组的反义词，为何
"一天天胖起来"可以说，而"？一天天瘦起来"却不可接受？这是因为
"胖起来"应归入②类，表示量级的增长，从这一维度来说，"胖"与"起
来"的变化维度是一致的，而"瘦"与"起来"的变化维度不一致，因此
语义不兼容。

表5-11是以汉语教学为目标的设计，为了全书统一，将复合趋向动词
"起来"和其他词语组配的语义情况展示如图5-5：

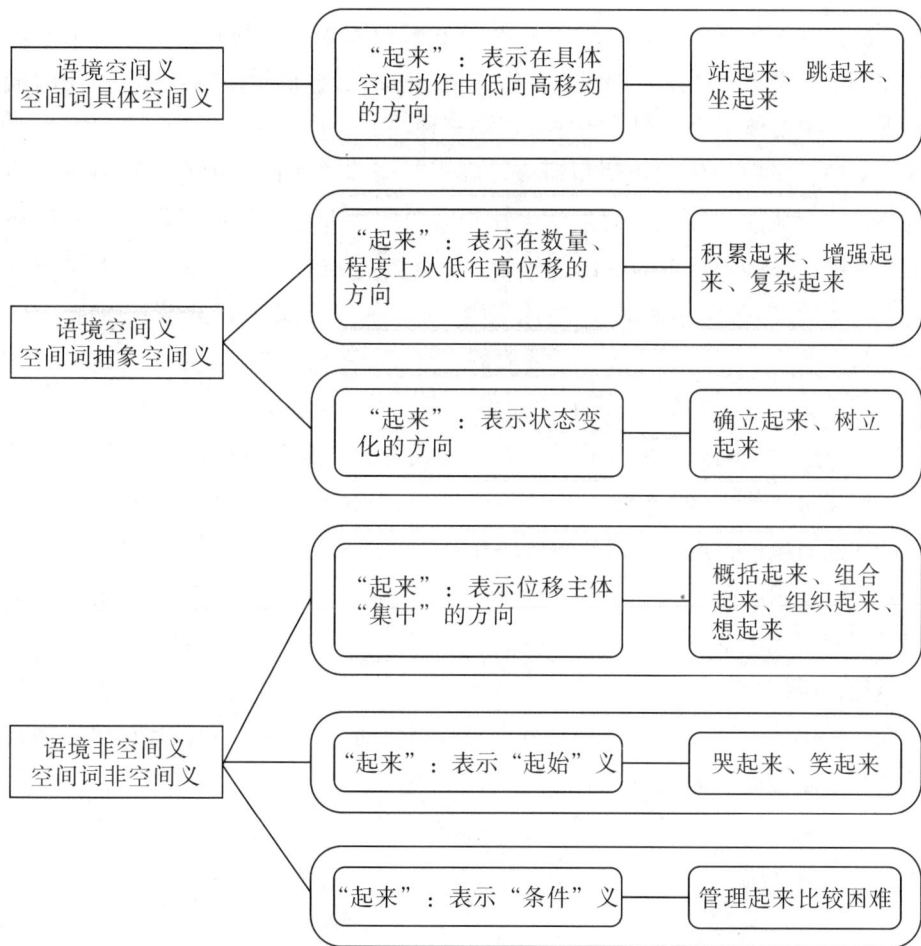

图5-5　复合趋向动词"起来"和其他词语组配的语义情况

从图5-3和图5-5的对比可以看出，复合趋向动词"起来"的非空间义
比"上来"更虚化，图5-3显示趋向动词"上来"的非空间义全部是抽象空
间义，如"提拔上来""答得上来""黑上来"，"上来"和谓词组配后虽然是

非空间义语境，但"上来"表示的是位移主体在抽象空间的位移方向，即在抽象空间从较低处向较高处位移。而"起来"除了有语境非空间义，空间词表抽象空间义的语义类别外，还有很多例子属于语境非空间义，空间词表非空间义的情况，如"概括起来""想起来""笑起来"等，这些例子中的"起来"已感知不到位移主体在垂直轴位移的方向。

（三）"下来"的非空间义

高影、徐川在刘月华《实用现代汉语语法》和卢福波《对外汉语教学实用语法》研究的基础上，将趋向补语"下来"的语义分为趋向意义、结果意义和状态意义三个类别。同时也分析了中高级汉语水平的韩国学习者出现的偏误现象，主要体现为混用、错序和遗漏三种。①

其中，错序的偏误很值得研究。高影、徐州（2014）中有一项测试，趋向补语"下来"被剔除，要求学生在句中选择一个合适的位置将"下来"补全。其中，很多学习者的输出很难解释不可组配的理由。比如"一天课上下来，挺累的。"学生会输出这样的错序语句"*一天的课上，挺累下来的。"又如"她一直哭，哄了好半天，这才安静下来。"学生会产出"她一直哭，*哄下来了好半天，这才安静。"再如"这房子质量好，价钱合适，我看你就买下来吧。"学生会补全成"这房子质量好，价钱合适，我*看下来你就买吧。"其中，"*累下来""*哄下来"为何不合语法？"看下来"本是成立的搭配但不可用在此语境中，这些偏误都需要展开系统而深入的研究。

为了展示趋向动词"下来"和其他词语高频组配的整体情况，我们仍采用了嵌套三元组的方式来构建知识图谱，首先对"×下来"的语料进行收集和清理，再结合"×下来"作为一个整体和其他词语组配的共现语料，尽量全面地提供"×下来"的语境背景，复合趋向动词"下来"和其他词语高频共现的知识图谱展示如图5-6：

---

① 高影，徐川．韩国学生习得汉语趋向补语"下来"的偏误分析［J］．语文建设，2014（3）：67-68.

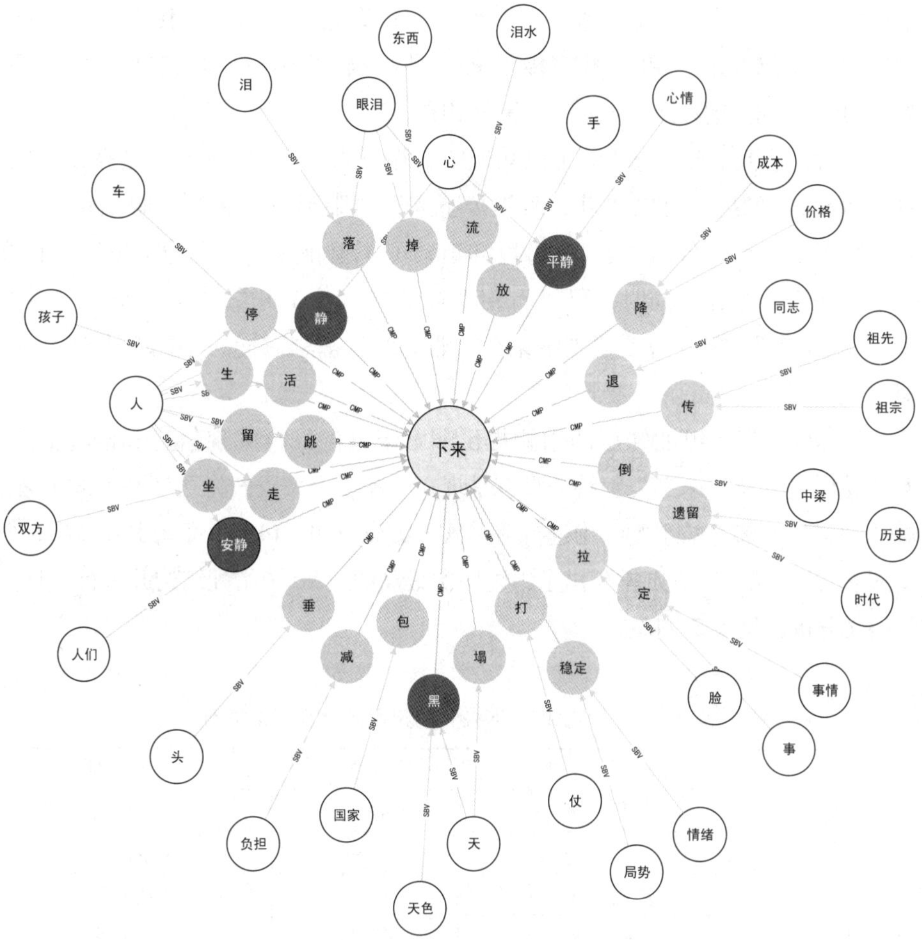

图 5 - 6　复合趋向动词"下来"和其他词语高频共现的知识图谱

在嵌套三元组构建的知识图谱中，颜色与词性对应。其中，浅灰色圆圈表示动词（如"跳""走""拉""放"等），深灰色圆圈表示形容词（如"安静""黑""静""平静"等），白色圆圈表示普通名词。因此，从颜色的分布可知，与"×下来"共现的高频词语中，既有动词又有形容词，与"×起来"类似。

知识图谱可以提供很多丰富的组配信息，以图 5 - 6 中的"遗留下来"为例，趋向动词"下来"是实体 1，动词"遗留"是实体 2，实体 1 和实体 2 之间的关系是动补关系（图中用英文字母 CMP 表示），但"遗留"又可以和新的实体"历史""时代"（白色圆圈）构成一个新三元组，新三元组的结构关系是主谓结构（图中用英文字母 SBV 表示），即"历史遗留下来""时代遗留下来"是高频组配。同理；看到动补结构"降下来"，可以知道"成本降下来""价格降下来"是高频组配；看到动补结构"稳定下来"，可以知道"情绪稳定下来""局势稳定下来"是高频组配；看到动补结构"传下来"，可以知道"祖先传下来"和"祖宗传下来"是高频组配；看到动补结构"生下来"，可以知道"孩子生下来"是高频组配。

同时，看到名词"天"，可以知道"天塌下来""天黑下来"是高频组配；看到名词"眼泪"，可以知道"眼泪掉下来""眼泪落下来""眼泪留下来"是高频组配；看到名词"心"，可以知道"心平静下来""心静下来""心放下来"是高频组配。同时，可以看到动补结构"停下来""生下来""活下来""留下来""跳下来""走下来""坐下来"都享有同一个高频共现名词，即"人"。

虽然嵌套三元组的知识图谱能提供非常丰富的词语共现信息和语境信息，但"动词 + 下来"语义类别特征没有呈现，因此接下来我们将立足 BCC 语料库，对"动词 + 下来"的组配结构进行穷尽式的搜索（共 114 975 条，其中 2 723 个动词参与了组配），分别排列出了组配频次最高的前 20 个组配结构并进行了具体的语义分析，见表 5 - 12：

表 5 - 12　"动词 + 下来"的组配频次及语义类别

	动词 + 下来	频次	语义类别
Top 1	留下来	4 870	非空间义
Top 2	停下来	4 494	非空间义
Top 3	坐下来	4 278	空间义
Top 4	接下来	4 128	非空间义
Top 5	静下来	2 875	非空间义
Top 6	定下来	2 390	非空间义
Top 7	掉下来	1 849	空间义
Top 8	落下来	1 419	空间义
Top 9	存下来	1 370	非空间义
Top 10	生下来	1 178	空间义
Top 11	传下来	1 005	非空间义
Top 12	录下来	989	非空间义
Top 13	活下来	951	非空间义
Top 14	流下来	818	空间义
Top 15	退下来	658	非空间义
Top 16	降下来	603	空间义
Top 17	写下来	513	兼有

（续上表）

	动词＋下来	频次	语义类别
Top 18	跳下来	489	空间义
Top 19	记下来	471	非空间义
Top 20	摘下来	460	空间义

从表 5-12 可以看出，"动词＋下来"组配结构中，有 8 个构式表示空间义，分别是"坐下来""掉下来""落下来""生下来""流下来""降下来""跳下来""摘下来"，这一类单纯具体空间类的位移对汉语学习者来说很好理解。"下来"的空间义表示在纵轴上由较高处向较低处的位移，位移方向明确。因为与"下来"组配的动词自身有方向义，这与"下来"的语义完全相配适，都表示由高处移动至低处。在地心引力的作用下，纵向位移动词"掉""落""流"一定是由高处到低处，这是人类普遍的物理经验和共享的常识。

还有一类动词，也表示纵轴空间的位移，与"上来/上去"搭配表示由较低处向较高处位移，与"下来/下去"搭配表示由较高处向较低处位移，如："拿下来""抱下来""走下来""放下来""写下来""背下来""蹦下来""搀下来""冲下来"等。这类组配中的"下来"也是表示单纯的空间位移，归属具体空间义。

除了上述位移类动词，"下来"与"脱离"义动词组配也非常高频，能进入构式的动词都具有［＋分离性］的语义特点。例如："摘下来""取下来""减下来""撤下来""剥下来""拨下来""撕下来""拆下来""扯下来""剪下来""抓下来""拔下来""掰下来""裁下来""片下来""舔下来""拽下来""剃下来""解下来"。具体例句如下：

（161）你戴的是不是假牙？能不能摘下来？

（162）我也许看不出，可是您忘了从假发上把商标取下来。

（163）周末儿子帮我套垃圾袋，摘芹菜，把整个玉米上的粒一颗颗剥下来。

（164）我想把键盘拆下来洗一下。

（165）他翻开各种画报，把有趣的画片剪下来。

（166）把花瓣掰下来之后，加入茴香一起研磨。

（167）羊腿就架在火上翻转着烧烤，用小刀一片一片地片下来。

　　因为"上"与"下"的语义对称性，人们会自然而然地由"上"所具有的"附着"义联想到"下"应具有的"分离"义。① 但从语料可以发现，"脱离"义主要是由具有"脱离"义的动词所贡献，而"脱离"义这一语义特点与"下来"由较高处向较低处位移的方向性一致，从而产生了语义互相吸引的组配结果。

　　相对而言，"下来"的非空间义就复杂得多，由于本体研究的局限性，教材中各个趋向补语语义的解释不够全面和深入，难以指导学习者系统习得趋向动词"下来"的多义用法。以杨寄洲主编的《汉语教程》② 为例，教材中对趋向动词"下来"非空间义语义解释有二：①表示动作使事物固定或动作（状态）从过去继续到现在（如："记下来""拍下来""坚持下来"）；②表示动作完成，动作使某物固定在一定的地方和位置（如"定下来""摄下来"）。面对这样的解释，学习者会产生困扰：①中的"拍下来"和②中的"摄下来"为什么不是一类？ ①中的"记下来"和②中的"定下来"可不可以是一类？而在《发展汉语》③ 中，趋向动词做补语的用法在《初级综合Ⅰ》和《初级综合Ⅱ》只各用一课做了非常简单的介绍。

　　对外汉语教材的编写，均以国家对外汉语教学领导小组办公室编写的《高等学校外国留学生汉语言专业教学大纲》（2002）（以下简称《大纲》）为指导，《大纲》中列出了趋向动词"下来"三个引申义：①表示动作或状态的继续（从过去到现在），如"这是古代流传下来的一个神话故事。"②表示固定，如"请把你的姓名和地址写下来。"③表示某种状态出现并继续发展，往往表示由强到弱或由动到静的变化，如"回到家后，他的情绪渐渐平静下来。"

　　从《大纲》和具代表性汉语类教材中对趋向动词"下来"的处理可以看出，其语义解释存在几大挑战：其一，对"下来"语义各义项的描写并不统一；其二，对"下来"语义的解释过于抽象，让学习者难于理解；其三，"下来"的语义究竟是其自身的语义，还是其组配词语和句式的语义，并未厘清，例如，"赶紧把这个计划定下来。"中，"固定"义到底是动词"定"的语义还是趋向动词"下来"的语义仍需进一步探讨。

　　刘月华（1998）将"下来"划分成"趋向义""结果义"和"状态义"

————————

　　① 朱京津. 过程范畴框架下"V下来"语义习得研究［J］. 汉语学习，2020（5）：88-95.

　　② 杨寄洲. 汉语教程：第二册：上［M］. 北京：北京语言大学出版社，2006；杨寄洲. 汉语教程：第二册：下［M］. 北京：北京语言大学出版社，2008；杨寄洲. 汉语教程：第三册：上［M］. 北京：北京语言大学出版社，2008.

　　③ 荣继华. 发展汉语：初级综合Ⅰ［M］. 2版. 北京：北京语言大学出版社，2011；荣继华. 发展汉语：初级综合Ⅱ［M］. 2版. 北京：北京语言大学出版社，2011.

三个义项，卢英顺（2006）将"下来"划分出"空间义""延续义""离开义""留存义""终止义""状态获得义"六个义项，朱京津（2020）将"V下来"划分出"空间义""分离义""心理义""时间义""留存义""状态义"六个义项。首先，不管语义类别的数量是多是少，不管是分离出"下来"的语义还是将"V下来"的语义合并研究，这种平行的、抽象的语义分类模式仍然无法解决汉语教学中的困难。比如，卢英顺（2006）指出"下来"具有"留存义"和"终止义"，但"保存<u>下来</u>"中"保存"义和"停<u>下来</u>"中的"终止"义究竟是动词（"保存""停"）贡献的还是"下来"贡献的呢？其次，在汉语教学中，对于什么是"状态"，什么是"结果"，"状态"和"结果"的区别是什么，无法向汉语学习者解释清楚。其三，对"下来"语义的分类较为主观，未在语料库的基础上进行全面、系统的梳理。因此，本节立足语料库，把"下来"置于"动词＋下来"短语、句子、语篇的背景中来集中考察"下来"的词汇概念和认知模型，以"下来"的空间义为基础，将其分为空间义和非空间义两大类，对"下来"的语义进行系统的描写，"动词＋下来"既可以表示具体空间由较高处向较低处的位移，也可表示抽象空间由较高处向较低处的位移（数量域、社会等级域、比赛域/表演域等）。

1. "下来"表示在数量、程度上位移的方向

"下来"在数量域的语义概念表现首先体现在数字的变化上，例如："（温度已经）降下来了""冷却下来""（利润）拖累下来""（部队人数）精简下来"。不管是温度、人数还是利润，都有明显数字上的变化，"下来"表示由较大数字向较小数字的位移方向。此外，光线的强弱、脸色的变化，"下来"的语义都可以理解为数量量级上由较高位置向较低位置的位移。例如："天、光＋暗下来/黑暗下来/昏暗下来"。进入此类组配构式中的论元常常是"温度""利润""天色""光线""脸色""夕阳""灯光"等名词。其中，"光"既可以指物理世界的光，也可以指脸色的亮度，比如，恋爱中的人脸上都在发光，暗示着好心情、好状态，于是自然而然地过渡到情绪域，从高涨的情绪到低落的情绪为"下来"。例如，"天色灰暗下来"是光线的变化，而"脸色灰暗下来"是心情的变化，都表示由 up 到 down 的变化过程，这样的例子还有"拉下脸来""脸沉了下来""脸色阴沉下来"。

此外，身体表征和心理表征上由强到弱、由紧到松、由高涨到低落的变化也归于数量域。例如，"松弛下来""疲倦下来""垮了下来"是身体表征上的变化，身体由紧张到松弛的状态，是一个由较高处向较低处变化的过程。而

"静下来""安静下来""平息下来""镇定下来""镇静下来"是心理表征上的变化，在心理认知上仍然可转化为数量域的可视性。这一类，很多学者将之归为"状态"义，比如卢英顺（2006）认为此状态义应起名叫"状态的获得"，兼容了"状态处于获得过程中"和"状态已经获得"，例如"会场"的气氛从"沸腾"到"安静"这是一种状态的获得过程［＋过程］。但本文仍把此类中"下来"的语义归于空间义。因为从情绪高涨到情绪低落，或沮丧、或生气、或低落，从 happy 到 sad，与"下来"在纵轴上由较高处向较低处位移的语义特征完全一致，这些属于更为抽象的心理层面纵向位移，我们也归于"数量域"，例如，"消沉下来""衰败下来""低沉下来"等。

当学习者认识到"情绪"也是一种数量域上的变化时，学习难点就简化了。例如在"我的心情很长一段时间都不能*平静起来。"一句中，"平静起来"应改为"平静下来"，因为"下来"的语义在此处就是表示数量域由高到低（心情状态从激动到平静，由高到低）的变化趋向。这里并不是"平静"与"起来"的组配出现错误，而是"平静起来"作为一个整体与整个句子的语境认知并不匹配。在 CCL 语料库中，有 12 条"平静起来"的语料，但出现的语境都是表示"新状态的出现"，即"获得了平静这一新状态"，因为在隐喻认知机制作用下，"新状态的出现"是"起来"的语义之一（NEW IS UP)①，例如"吃了我的药，身上不疼了，心里也会自然平静起来。"

2. "下来"表示社会空间位移的方向

社会等级域的语义是在空间域的基础上产生的。《现代汉语八百词》专门指出，这类"下来"表示人员、事物随动作由较高部门（层）到较低部门（层）或使离开原来的职务。② 在传统文化中，人们会把权位较高的部门置于心理认知空间较高的位置，把权利较低的部门置于心理认知空间较低的位置，这种心理空间位置的高低之别与物理空间上的高低之别一致。例如："（计划）批下来了""（上边）派下来的""交代下来""怪罪下来""退位下来""（被上级）卡了下来""（把事故）压下来""置换下来""批下来""责备下来""摊下来③"等。

---

① 刘甜. 隐喻视角下趋向动词"起来"的引申义教学研究［J］. 华侨大学学报（哲学社会科学版），2019（3）：135－144，152.
② 吕叔湘. 现代汉语八百词［M］. 北京：商务印书馆，1980：569.
③ "摊下来"的语料不多，进行穷尽式的考察后，发现"摊下来"的语义占据两种认知模块，一个是"等级"义，例如"这一回收的是无主钱粮，上面摊［下来］的。"另一个是"延续"义，例如"从纵向上说，因为一年、二年、三年都是这样摊［下来］的，第四年再这样摊就认为是'顺理成章'了。"

当把社会等级域这一认知领域切分出来之后，我们会发现学习者的偏误问题迎刃而解。例如，"当面试官把任务一个个*分派出来时，我知道只有战胜自己才能成功。"① 这是一位高级汉语学习者（乌克兰）的偏误，如果在教学中我们能集中展示"下来"的语义类型与认知模型，那学生便可以领会其语义，因为句子语境构建了一个社会等级域的心理场景，"面试官""分派"和"任务"这些关键词能激活学习者头脑中的认知模型，自然就明白动词"分派"后应组配"下来"而不是"出来"。

3. "下来"表示远离关注焦点的方向

这一类的"动词＋下来"的用法主要集中在比赛（战争）域和表演域。本节将比赛、战争、表演都归为一类，因为战场和舞台都是心理焦点，是关注的中心。《现代汉语八百词》指出，"从前线到后方，从前台到后台"用"下来"，例如"演员刚从前台下来""刚从前线下来一个通讯员""轰下来""淘汰下来"等。因为焦点往往占据高位，从心理焦点退到背景位置，就是从较高处向较低处的位移。此外还有"换下来""刷下来""比下来""败下来""退下来""救下来""逃下来""淘汰下来""溃败下来"，其中"比下来""相比下来""对比下来"空间义逐渐虚化，语义更加抽象，更突显过程，为"延续"义（非空间义）的出现准备好了语义条件。

从"下来"在抽象空间场景的语料可以看出，"冷却下来"表示温度数量的"由高到低"；"精简下来"表示人数的"由高到低"；"交代下来""派下来""批下来"等表示"任务"等从上级部门到下级部门的"由高到低"；"（比赛）淘汰下来"表示心理位置的"由高到低"，这与"下来"在空间域"由高到低"的认知图式是一致的，它们只是不同程度地偏离了这个核心图式，这是隐喻机制作用下的结果。对外国学生来说，只要涉及空间域的理解，无论是具体空间场景，还是抽象空间场景，其实都不难习得。

4. "下来"与停留类/获得类动词组配表"状态"义

（1）"下来"与停留类动词组配。

"下来"表示一种"停留"的状态，离不开人们在原型空间场景中对"下来"空间语义的识解。在具体空间场景中，"下来"表示物体由较高处向较低处纵向位移的方向，但向下位移并不是无止境的，比如"雨"落到地上，就不可能无限制地继续下落，雨水就会在地上停留，那么具有"停留"义动词

---

① 例子引自朱京津．过程范畴框架下"V下来"语义习得研究［J］．汉语学习，2020（5）：88－95.

和"下来"的语义结合就具备了可能。根据表5-12可知，前20个高频组配中这类占比33%，比"动词+下来"空间义的组配频率（29%）还要高，从表5-12也可以看出，最高频的两个组配就是"留下来"和"停下来"。归于此类语义的"动词+下来"非常多，例如："留下来""遗留下来""存留下来""搁置下来""蛰伏了下来""停下来""安顿下来""定居下来""（心、家）安下来""耽搁下来""住下来""隐居下来""沉积下来"。

此类组配中，比较难理解的是"剩下来"和"剩余下来"，其实这是人类认知在隐喻机制的作用下对生活场景的识解。从"买来两斤最普通的紫葡萄，……把葡萄全部都挤烂，然后把籽和皮挑出来，剩下来的葡萄肉放入锅里熬煮……"和"被各行各业挑剩下来的农民青年也不愿终生留在黄土地上，他们或花大钱买城市户口，或用婚姻做跳板……"这两例可以看出，葡萄皮和葡萄籽被挑出来后，葡萄肉剩在碗底这一状态只能与"下"而不能与"上"匹配，同理，"挑剩下来的农民青年"在挑选这一过程中只能是被动的，是"被剩下"，只能"被动停留"，这些都是非语言知识，与语言知识一起共同促成语义的识解。在语言理解的过程中，帮助人们进行语义识解的除了语言知识（language knowledge），还有大量的非语言知识，即世界知识（world knowledge）。

（2）"下来"与获得类动词组配。

当"下来"与"获得类"动词组配时，"下来"的语义体现为一种"获得状态"。此类组配构式的使用频率非常高，能进入"动词+下来"的词语也非常丰富。例如："接受下来""收下来""侵占下来""注册下来""扛下来""包租下来""租下来""申请下来""省下来""节省下来""空下来""多下来""顶下来""包下来""（把这个比赛）拼下来""（剧本）接了下来""攒下来""存下来""包揽下来""闲下来""盘下来""摊下来""收割下来""（指标）终于跑了下来""攻下来""把……赢下来""（户口）办下来了""节约下来""扣了下来""保下来"。

如果说"商标注册下来了""户口办下来了""房子租下来了""钱省下来了"中的"商标""户口""房子""钱"是物理世界用眼睛可感知的具体事物外，那么能与"答应下来""应承下来""应付下来""承担下来"组配的名词"计划""责任""意愿"，以及能与"录下来""记下来""影印下来""拷贝下来""抄下来""捕捉下来""（把经历）写下来"组配的名词"回忆""知识""作品"则是更抽象的。刘月华（1998）认为"写下来""画下来""抄下来"等表示"分离"义，通过"写""抄"等动作将事物从原型中分离出来。卢英顺（2006）认为"写下来""录下来"是"留存"义，表示使物体停留、保存在某处。朱京津（2020）不认同卢文的解释，认为对"动词＋下来"结构的语义解读关键在于人们的着眼点是过程的终点［＋凸显终点事件］。本文认为，这些语义描述对汉语教学和中文信息处理来说，都太复杂了，应该去繁就简，这一类就应归于"获得"类。比如，此处的风景很美，摄像机里没有，那么就录下来，这样摄像机里就有了一份对自然风景的拷贝。今天老师讲的课很难，所以学生要把老师的笔记抄下来，这样，学生的笔记本上就得到了老师讲解内容的重点。这些都是一种"获得"的行为与结果，我们自然就可以解释为什么"老师说话太快，为了复习，我就把老师说的话[*]录下去。"中需要用"录下来"而不可以用"录下去"。

5. "下来"表示动作在时间轴上位移的方向

"下来"与"延续类动/名词"组配表示"延续状态"的语义，是从"获得"状态的语义发展而来，是语料最丰富也是语义最抽象的一类，表示"从过去到说话时间的延续"。空间感知是人类最基本的感知范畴，人们对时间范畴的感知是建立在空间感知的基础上的。比如，人们把较早出现的时间归为"上"，如"上午""上周"，把较晚出现的时间归为"下"，如"下午""下周"。此类语义在"下来"的语义系统中最特别，因为"延续性"的语义最为抽象，但却又十分高频。根据语义相容理论，能进入此类语义类型的"动词＋下来"中的动词，都具有［＋可延续性］的语义特点。例如：

（1）"下来"与可延续性的普通动词组配。

"保持下来""坚持下来""维持下来""撑下来""传下来""遗传下来""流传下来""留传下来""祖传下来""传承下来""继承下来""积累下来""连着下来""活下来""沿用下来""朝夕相处下来""一直繁衍下来"等就是"下来"与可持续性的普通动词组配的例子。能进入"动词＋下来"构式中的动词＋与"下来"之间还可以插入一个时段或频率补语，如："站一天下来""逛一遍下来""忙碌一天下来""这样做了几次下来"。

表示时段或频率的组配词甚至可以出现在"动词＋下来"整体构式的前面做状语，例如："一个月跑下来""一天劳累下来""几轮厮杀下来""一步步地做下来""一路检查下来""几天颠簸下来""几次吃下来"①。

此类"动词＋下来"与"动词＋下去"的对比是汉语教学的重点，两

---

① 由于"吃"的多义性，"下来"的不同语义概念与"吃"的具体语义在组配时进行语义协商，在不同的语义场景中，"下来"自动被赋予不同的语义。如"吃"可以表示吞并/拿下公司，还可以表示吃掉、吃这一过程。那么，前者的"下来"表示一种获得状态，后者的"下来"表示一种延续状态。

者有明显区别。前者表示"（故事、历史、文化等）从过去某一时间点开始，延续到说话时间点，至于将来还是否会延续，并未表达"。而后者则表示"从现在开始，会一直延续到将来"，这是基于"来"与"去"语义对立基础上的"下来"与"下去"语义的对立。因此，面对汉语高级水平学习者"这是我奶奶 * 传过来的手镯。"这样的输出偏误，也很好解释为什么应该改为"传下来"。

（2）"下来"与认知类动词的组配。

这一类动词仍然具有［＋延续性］的语义特点，不过相比第一类，这类动词语义较为抽象，属于认知类动词，这类动词的动作活动通常需要较高的认知处理能力，因为它们涉及复杂的信息处理和决策过程。例如："念下来""读下来""（字能）认下来""数下来""听下来""平衡下来""问下来""（手术）下来后""追查下来""拖延下来""验收下来""讨论下来""比较下来""测下来""查下来""贯彻下来""（从东南沿海一直）考察下来""（捐款一笔笔地）洽谈下来了"。

这一类，吕叔湘、杉村博文、刘月华等都将"下来"的语义概括为"完成"，如"这篇文言文他到底念下来了""杨杰就一字不漏地听下来""陈文良几年观察下来"。卢文认为，这些例子中"下来"的着眼点在于行为的过程，强调的是行为由开始到结束，看作"延续"义更合适一些。[①] 本文认同卢文的观点。

与第一类的句法表现相似，第二类中表示时段或频率的组配词语也可以出现在"动词＋下来"整体构式之前，且为高频组配。例如："一首曲子弹下来了""一口气演下来""一早上四节课上下来""戏一天拍下来""第一轮比赛下来""一连串回答下来""一天画下来""大学四年读下来""4 年观察下来""几次课上下来""一场表演下来"。

（3）"下来"与时段名词组配。

此类最为特殊，进入"×下来"构式中的组配词语不再受限于谓词，表示时段延续性的 NP 也可以进入这一构式，其语义用法仍然是高频用法。例如："一路下来""几十年的工作下来""这一个星期下来""一年下来""上古时期下来""这一路下来的讨论""一仗下来""一个镜头下来""可半年下来""四个月下来""几个月下来""几个回合下来""一个学期下

---

① 卢英顺．"下来"的句法、语义特点探析［J］．宁夏大学学报（人文社会科学版），2006（5）：30－34．

来""整整一周下来""这样下来""几年下来""一曲下来""17 天下来"
"一场舞下来""三年脱产研究生下来""几遍下来""几年兵下来""几个
疗程下来"。

　　在非空间义中，"下来"与"停留"义动词、"获得"义动词、"延续"义
动词/名词组配，其实都只有一种语义，即"状态"义，但是由于与不同语义类
型的词语组配，"状态"义则可以具化为"停留状态""获得状态"及"延续状
态"。因此，"下来"作趋向补语时，仅表示为两种语义，一种是"表示由较高
处向较低处位移方向"的空间场景的语义，另一种是非空间场景的"状态"义。
复合趋向动词"下来"和其他词语组配的语义情况展示如图 5 - 7：

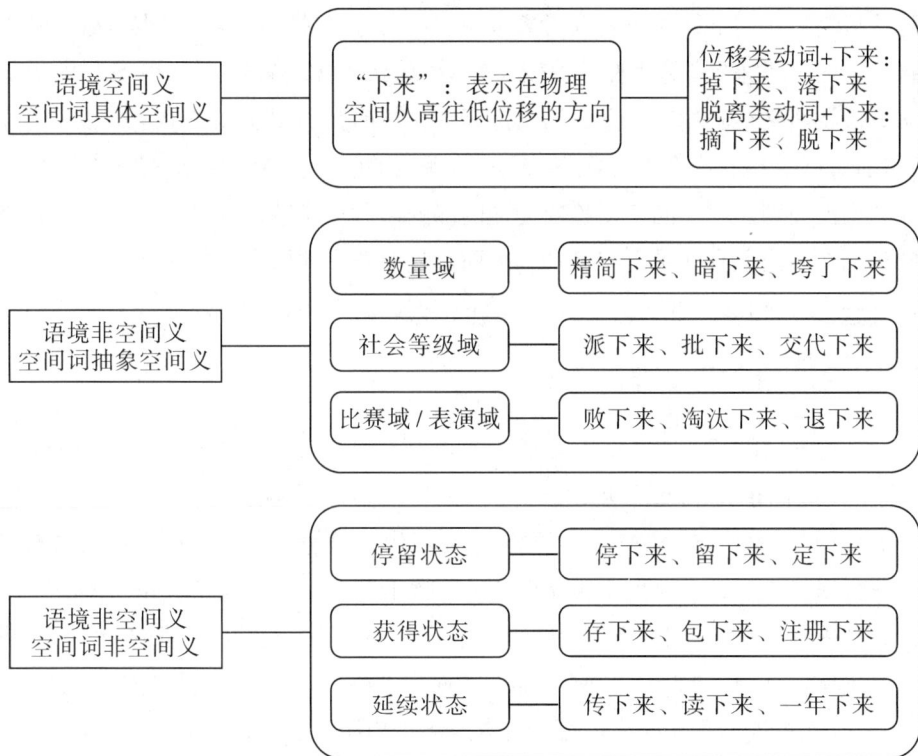

　　图 5 - 7　复合趋向动词"下来"和其他词语组配的语义情况

　　词汇的概念多义现象是指语义并非完全取决于词汇本身，一个词语的意义
有一部分是建立在它与上下文讯息彼此间的互动上。① 因此，把"下来"的语

---

　　① 林建宏，张荣兴. 从篇章角度分析概念多义之现象：以华语名前形容词"老"为例 [J]. 华
语文教学研究，2018，15（3）：49 - 83.

义放在语境和语义系统中进行教学，更有利于学生进行理解，从而提高学习正确率与效率。从前文的分析可以看出，利用图 5 - 7 能清楚地解释所有学习者关于趋向动词"下来"的习得偏误。

长期以来，词义一直是认知语义学研究的核心议题[①]，但词义关系的研究备受冷落[②]。从图 5 - 7 对"下来"作补语时的复杂语义分析与归纳可以看出，"下来"多义性现象不是任意发生的，其内在语义本质具有相似性。"下来"作补语时，其语义原型范畴是空间范畴的位移，指的是"由较高处向较低处的位移方向"。在具体空间位移场景中，不管"下来"是与普通动词组配，还是与"脱离类"动词、"停止类"动词组配，表达的都是描述主体在物理空间的位移方向。而空间范畴是人类一切认知的基础，因此"下来"的空间义在隐喻机制的作用下，又投射到了数量域、社会等级域、比赛域与表演域。归入这一类的"下来"，仍然表示由较高处向较低处的位移方向。"下来"的语义从具体空间义到隐喻空间义，语义逐渐虚化，而其引申出的"状态"义（"停留状态""获得状态"与"延续状态"）则更为虚化。趋向动词是一个十分特殊的词汇类别，不仅同一个趋向动词内部的语义多义性极其复杂，而且不同趋向动词在用法上有联系也有区别，因而对趋向动词的研究不能笼而统之，而应该逐一进行研究，才能更好地从宏观上把握趋向动词的特点。

（四）"上去"的非空间义

杨德峰（2017）认为，"上来""上去"都有"表示由低处向高处移动""表示趋近面前的目标"的"趋向"义和"表示接触、附着以及固定"的"结果"义。曹洪豫（2021）以国家语委现代汉语通用平衡语料库作为语料来源，根据 Coll. Analysis 程序的计算结果，指出有 129 个动词能够和"上去"组配，其中有 90 个动词的语义和"上去"互相吸引，有 39 个动词和"上去"相互排斥。其中，"迎""扑""冲""跟""追""爬""跑"这 7 个动词和"上去"组配时，"动词 + 上去"结构表示"趋向"义；而"接""附加""添注"跟"上去"组配时，"动词 + 上去"表示接触、附着以及固定的"结果"义。本研究认同曹文立足构式搭配分析法计算趋向动词和组配动词之间的关联度和吸引度的研究观点，但同时也认为，趋向动词"上去"的非空间义需要

[①] EVANS V, POURCEL S. New directions in cognitive linguistics［M］. Amsterdam: John Benjamins Publishing Company, 2009: 3.

[②] GEERAERTS D. Lexical semantics［M］//DABROWSKA E, DIVJAK D. Handbook of cognitive linguistics. Berlin München, Boston: Mouton de Gruyter, 2015: 273 - 295.

系统、全面地描写。

　　为了展示动词和趋向动词"上去"高频组配的整体情况，我们仍采用嵌套三元组的方式来构建知识图谱，首先对"动词＋上去"的语料进行收集和清理，再结合"动词＋上去"作为一个整体与名词组配的信息，尽量全面地提供"动词＋上去"的语境背景，复合趋向动词"上去"和其他词语高频共现的知识图谱展示如图 5－8：

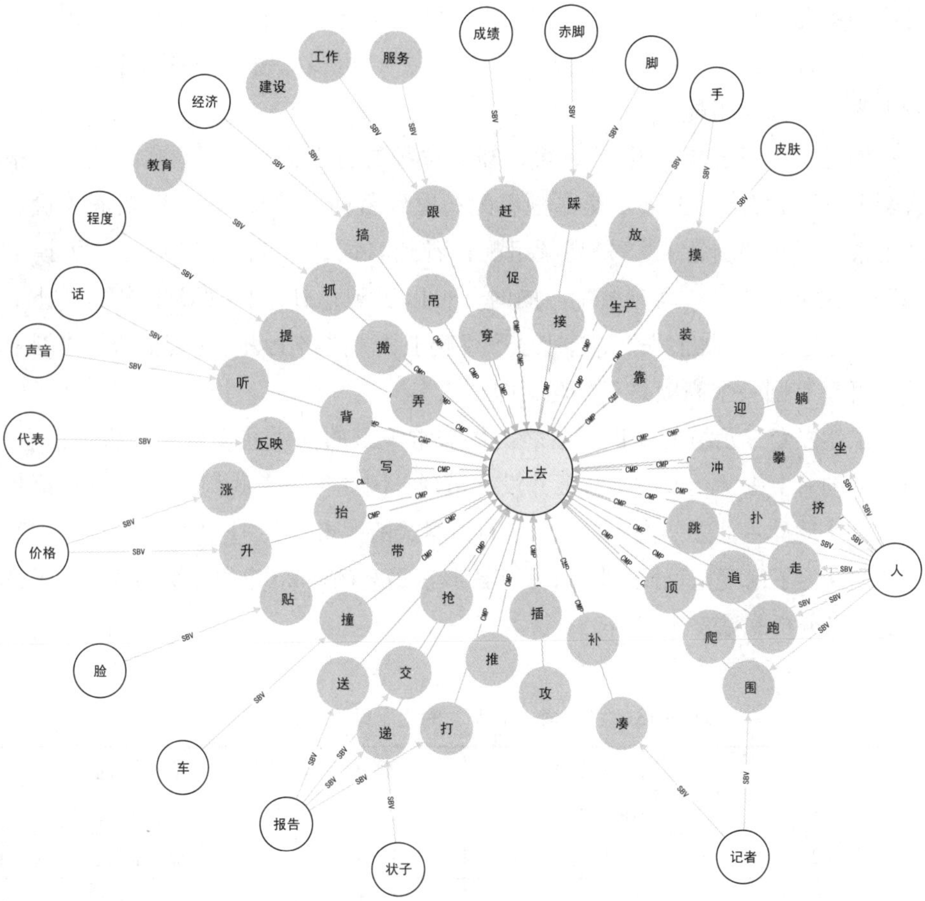

图 5－8　复合趋向动词"上去"和其他词语高频共现的知识图谱

　　从图 5－8 可以看出，实体 1"上去"与高频共现动词（浅灰色）实体 2 之间的关系是动补关系（图中用英文字母 CMP 表示）。在嵌套三元组构建的知识图谱中，颜色与词性对应。其中，浅灰色圆圈表示动词（如"接""抬""背""写""跳""冲"等），白色圆圈表示普通名词。

知识图谱可以提供很多丰富的组配信息，以图 5 - 8 中的"搞上去"为例，趋向动词"上去"是实体 1，动词"搞"是实体 2，实体 1 和实体 2 之间的关系是动补关系（图中用英文字母 CMP 表示），但"搞"又可以和新的实体"经济""建设"（白色圆圈词语）构成一个新三元组，新三元组的结构关系是主谓结构（图中用英文字母 SBV 表示），即"经济搞上去""建设搞上去"是高频组配。同理；看到动补结构"踩上去"，可以知道"脚踩上去""赤脚踩上去"是高频组配；看到动补结构"撞上去"，可以知道"车撞上去"是高频组配；看到动补结构"递上去"，可以知道"状子递上去"和"报告递上去"是高频组配，看到动补结构"听上去"，可以知道"声音听上去""话听上去"是高频组配。

同时，看到名词"报告"，可以知道"报告打上去""报告送上去""报告交上去""报告递上去"是高频组配；看到名词"价格"，可以知道"价格涨上去""价格升上去"是高频组配；看到名词"手"，可以知道"手摸上去""手放上去"是高频组配。同时，可以看到动补结构"顶上去""扑上去""坐上去""跳上去""冲上去""爬上去""挤上去""迎上去""围上去"都享有同一个高频共现名词，即"人"。

虽然嵌套三元组的知识图谱能提供非常丰富的词语共现信息和语境信息，但"动词 + 上去"语义类别特征并没有呈现，因此接下来我们将立足 BCC 语料库，对"动词 + 上去"的组配结构进行穷尽式的搜索（共 31 750 条，其中 1 323个动词参与了组配），分别排列出了组配频次最高的前 20 个组配结构并进行了具体的语义分析，见表 5 - 13：

表 5 - 13　"动词 + 上去"的组配频次及语义类别

	动词 + 上去	频次	语义类别
Top 1	搞上去	2 806	非空间义
Top 2	追上去	1 853	非空间义
Top 3	听上去	1 746	非空间义
Top 4	扑上去	1 737	空间义
Top 5	爬上去	1 423	空间义
Top 6	迎上去	1 145	非空间义
Top 7	走上去	771	空间义
Top 8	坐上去	687	空间义
Top 9	放上去	520	空间义

（续上表）

	动词＋上去	频次	语义类别
Top 10	贴上去	474	非空间义
Top 11	凑上去	458	空间义
Top 12	跑上去	434	空间义
Top 13	抓上去	412	非空间义
Top 14	摸上去	400	非空间义
Top 15	送上去	345	空间义
Top 16	交上去	337	非空间义
Top 17	接上去	310	非空间义
Top 18	踩上去	298	空间义
Top 19	写上去	284	非空间义
Top 20	跳上去	281	空间义

从表 5－13 可以看出，"扑上去""爬上去""走上去""坐上去""放上去""跑上去""送上去""踩上去""跳上去"这 9 个结构都可以表示"动词＋上去"在具体空间场景的使用。其他 11 个高频构式都有非空间义的用法，例如：

（168）经济再难，也要把教育搞上去。

（169）要制定落实整改措施，明年一定要把运动成绩抓上去。

（170）在公交车上都闻到烤白薯的香味了，我下车后以百米冲刺的速度追上去买白薯。

（171）这时，上来一个戴着眼镜的中年人，孙洁霞赶忙迎上去。

（172）凭着自己三十多年的挡车经验，他一根又一根地把纱头接上去。

（173）她又买了一本日记本，把自己的苦恼写上去。

（174）这件事听上去不像是真的。

（175）树叶湿湿的，阳光照上去有点发亮，摸上去也是黏黏的。

例（168）、例（169）的语境表非空间义，趋向动词"上去"的垂直轴空间义仍可以感知，"把教育搞上去"和"把运动成绩抓上去"都表示要提高某种水平或成绩。例（170）、例（171）语境表空间义，属于水平轴的位移，"追上去买白薯"和"迎上去"都表示要追上某个目标，"上去"表示位移主体向心理空间较高处位移的方向。例（172）、例（173）中"上去"既可以表示空间义又可以表示非空间义（即"接触"义）。例（174）、例（175）属于语境义和趋向动词的语义都表非空间义，"上去"表示"条件"义。因此，"上去"在组配中的语义情况的确复杂。

1. "上去"表示社会空间位移的方向

"上去"表示人员事物从较低部门（层）到较高部门（层）这种在社会等级中由低向高位移的方向。这与"上来"在投射域的位移方向是一致的，其对立由"去"和"来"的对立体现，说明了说话者的视角不同。例如：

（176）我们的思想汇报都交上去了。

（177）我们的问题已经反映上去了。

（178）现在就是钱加能力，就能升官，实在没能力，有大钱也能升上去。

（179）这次的停房是你抓的，你这次的功劳我一定要给你报上去。

上述例句中的"上去"都属于同一类，语境义表非空间义，但是趋向动词"上去"的垂直轴空间义仍可以感知，都表达了一个"向上"的动作或趋势，即从一种状态或位置向更高、更进一步的状态或位置移动。具体而言，例（176）中的"交上去"表示将某物提交或上交给上级部门；例（177）中的"反映上去"表示将某事反映或汇报到更高层级或更重要的人或组织；例（178）中的"升上去"表示将官位晋升到更高的级别；例（179）中的"报上去"表示将某事或某信息上报到更高一级的管理部门。

2. "上去"在数量、程度上位移的方向

"动词＋上去"表示位移主体在数量、程度上位移方向的用法并不算多，通过对 BCC 语料库中的"动词＋上去"的组配结构进行全面的搜索，发现只有以下一些结构表示在数量和程度上的提高，包括：搞上去（2 806）、涨上去（91）、发展上去（42）、提升上去（21）等。例如：

（180）经济再困难，也要把教育搞上去。

（181）一旦建筑市场确认了门窗价格水平，门窗价格将很难再涨上去。

（182）当别的县市发展上去了，咱的市没有发展上去，咱就酸。

（183）大力支持"样板加盟店"把销售业绩大幅提上去。

从以上例子可以看出，例（180）的"搞上去"意思是让教育质量往更高处发展；例（181）的"涨上去"是指门窗价格的数值往更高数值发展；

例（182）的"发展上去"是指城市的经济往更高程度发展；例（183）的"提上去"指的是销售额往更大数额发展。这是因为，在我们的日常生活中，由于数量的增多与垂直高度现象之间的反复关联，这种相关性也会被固化到人类的认知体系，比如当物体不停堆高或液体不停增加到一定高度，这些情况下，数量的增加就会与垂直高度的增加直接相关。

3. "上去"在水平轴位移的方向

观察这一类"动词＋上去"组配的语义情况可以发现，"动词＋上去"整体结构的语义可以表示物理空间的位移动作，但是并不是垂直轴的位移，而是水平轴的位移。例如"追上去"（1 853）、"扑上去"（1 737）、"迎上去"（1 145）、"凑上去"（458）、"围上去"（211）、"挤上去"（210）、"拥上去"（56）、"追赶上去"（48）、"紧跟上去"（24）等。例如：

（184）在公交车上都闻到烤白薯的香味了，我下车之后以百米冲刺的速度追上去。

（185）见到了最爱的橙色玩具球，小朋友们立刻扑上去。

（186）我认定了从远处匆匆走来的他便是彬本达夫先生，于是迎上去。

（187）她看见庙前的空地上聚满了人，刚才还没有这些人呢，她好奇地凑上去。

（188）今天去都好朋友接妈妈，地铁贼多人，挤了三辆才挤上去。

（189）有时碰见选手们在街上踏单车，认得他们的便拥上去友善地打气一番，预祝成功。

（190）那个青年急匆匆进去，20分钟后提着一袋可疑物品出门，便衣民警紧跟上去。

以上例句中，"上去"并不表示物理空间由较低处向较高处位移的方向，而是表示向心理焦点位移的方向。因为焦点"烤白薯""橙色玩具球""彬本达夫先生""热闹""地铁""选手们""可疑的青年"都是关注的焦点，焦点往往占据较高位置，"上去"表示向心理焦点位移的方向，这与第四章中位移动词表达水平轴位移动作的语义是一脉相承的。如果是本体研究，应该将复合趋向动词的语义小类细化分解，但如果是应用研究，过细的分类既不利于教材中语言点的编排，也不利于教学和学习，面向对外汉语教学的语法研究要有概括性和抽象性的导向。

4."上去"表示向关注焦点靠近的方向和结果

刘月华（1998）指出，动词与"上去"组配，表示通过动作使物体的一部分或次要物体与整体或主要物体接触、附着以至固定。"上去"表示人或物向关注焦点靠近的方向。

（1）与"连、粘"类动词组配，如"接""缝""贴""靠""移植"等。例如：

（191）赶紧把断了的手指接上去。

（192）请你把这粒纽扣给我缝上去。

（193）另一名女子则麻利地将广告一张张贴上去。

（194）他把枕头靠着墙堆放，坐着靠上去。

（195）现在还能把一个人的胳膊给另一个人移植上去。

上述例句中动词的语义都具有［＋连接］的语义特点，表示将某个物体或部分放置、连接、贴合在另一个物体上。在上述语例中，"断掉手指的手""掉了纽扣的衣服""墙""靠枕""等待移植的病人"都是说话者关注的焦点，占据心理上的高位。

（2）与"填充、覆盖"类动词组配，如"堵""填""蒙""盖""晾""套"等。例如：

（196）用布把这个洞口堵上去，风吹进来好冷。

（197）第一个浪头，就把最上面刚填上去的虚土冲掉了。

（198）他把那块白布像先前揭开时那么小心地蒙上去。

（199）宝宝睡觉不喜欢盖被子，盖上去就给掀开了。

（200）妻子提醒后，他会从洗衣机取出洗干净的衣服，用晾衣架晾上去。

（201）他取下结婚戒指，然后再把金戒指套上去。

尽管此类组配动词的语义具有"填充"义和"覆盖"义，但和上文的例子一样，都是表示将 A 物与 B 物相联系，"上去"指示的是一个物体向另一个物体靠近的方向和结果。

（3）搭配"写、画"类动词，如"写""画""印""刻""绣"等。例如：

（202）你把他的名字也写上去。

（203）眉毛细长弯曲，漆黑闪亮，如同画上去似的。

（204）这个公司在招聘广告中连公司的名称都不敢印上去。

（205）车上的字是你刻上去的吗？

（206）今天穿着一件墨绿色的羊毛衫，衣领下方有一朵绣上去的黑色的花。

通过对上述三类不同的动词与"上去"的组配现象的分析发现，可以将此类中"上去"的语义概括为一个物体向另一个物体靠近的方向和结果，指 A 部分和 B 部分的接触/结合。比如例（191）中的"接上去"是指断了的手指和手的接合；例（199）中的"盖上去"是指被子和身体的接触；例（205）中的"刻上去"是字和车身的接触。

5. "上去"表"条件"义

此类构式中能和"上去"组配的动词限于感知类动词，如"看上去""听上去""闻上去""吃上去""摸上去""舔上去"等。张敏认为这一类结构不容易准确描述语义①。对外汉语教材上的解释为"常用口语词，表示通过观察，根据实际情况加以判断"。例如：

（207）秋冬季节的裙装看上去一定要有质感，摸上去要厚实温暖。

（208）凶手听上去似乎是东北口音。

（209）昨天在那里买回去的生小馄饨明显不新鲜，闻上去已经有股味道了。

（210）怎么做馒头才吃上去软软的？

（211）这个唇膏怎么舔上去是咸的？

上述例句中，"动词 + 上去"通常表示通过某种感官方式获得的印象或体验，它强调了感官体验的主观性。具体来说，此类"动词 + 上去"可以理解为"通过……的方式感受到……"的语义。例如，"看上去"可以理解为"通过视觉感受到"，"闻上去"可以理解为"通过嗅觉感受到"，"吃上去"可以理解为"通过口感感受到"等。这种表达方式强调了感官体验的主观性和个体差异，即表示在不同的条件下，不同的人可能会因为不同的偏好产生不同的感官体验，从而形成不同的评价或印象。从形式上看，这些表达式是动趋式短语，但从功能上看，已虚化为评注性准副词（张谊生，2006）。在"看上去"

_____

① 张敏在 2007 年复旦大学举办的语言学暑期班上提过这个观点。

"闻上去""摸上去""舔上去"中"上去"纵向方向义还可以感受到,但"听上去""吃上去"等"上去"的方向义已不能从形式上体现出来,而是和动词作为一个整体(短语词①)表示对事物的感知、对比。

通过上文的分析,可以把复合趋向动词"上去"和其他词语组配的语义情况描述如图 5–9:

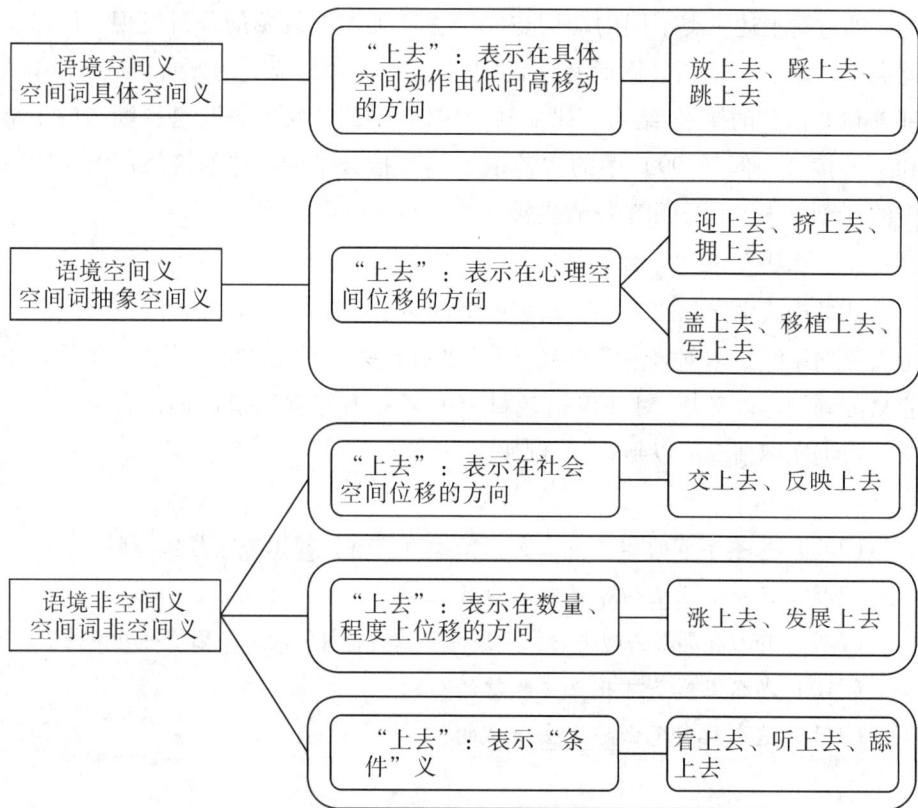

图 5–9 复合趋向动词"上去"和其他词语组配的语义情况

(五)"下去"的非空间义

从逻辑上讲,趋向动词"下来"和"下去"的语义对立关系由说话者视角的对立关系(即"来"和"去")体现,"来"表示靠近说话者,"去"表示远离说话者,但有意思的是"下来"和"下去"并不完全形成用法上的对

---

① 这些构式属于哪一级语法单位,目前似乎没有形成共识,张谊生(2006)视之为短语词。

称关系，在非空间义的表义特点上各有侧重。

为了展示趋向动词"下去"和其他词语高频组配的整体情况，我们仍采用了嵌套三元组的方式来构建知识图谱，首先对"×下去"的语料进行收集和清理，再结合"×下去"作为一个整体与其他词语组配的信息，尽量全面地提供"×下去"的语境背景，复合趋向动词"下去"和其他词语高频共现的知识图谱展示如图 5 - 10：

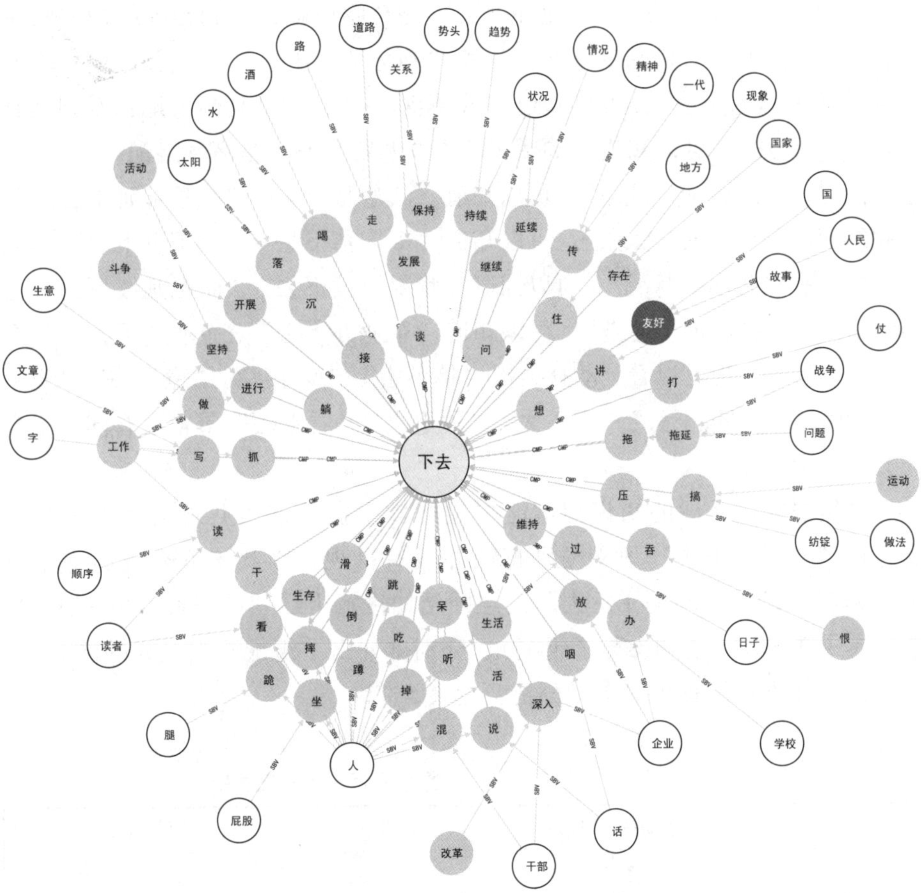

图 5 - 10　复合趋向动词"下去"和其他词语高频共现的知识图谱

从图 5 - 10 可以看出，实体 1 "下去"与高频共现动词（浅灰色）实体 2 之间的关系是动补关系（图中用英文字母 CMP 表示）。在嵌套三元组构建的知识图谱中，颜色与词性对应。其中，浅灰色圆圈表示动词（如"维持""生活""想""过""放"等），深灰色圆圈表示形容词（图 1 中只有一个高频形容词"友好"），白色圆圈表示普通名词。

知识图谱可以提供很多丰富的组配信息，以图 5 - 10 中的"保持下去"为例，趋向动词"下去"是实体 1，动词"保持"是实体 2，实体 1 和实体 2 之间的关系是动补关系（图中用英文字母 CMP 表示），但"保持"又可以和新的实体"关系""势头"（白色圆圈词语）构成一个新三元组，新三元组的结构关系是主谓结构（图中用英文字母 SBV 表示），即"关系保持下去""势头保持下去"是高频组配。同理，看到动补结构"写下去"，可以知道"字写下去""文章写下去"是高频组配；看到动补结构"办下去"，可以知道"学校办下去""企业办下去"是高频组配；看到动补结构"持续下去"，可以知道"状况持续下去"和"趋势持续下去"是高频组配；看到动补结构"深入下去"，可以知道"改革深入下去"是高频组配；看到动补结构"喝下去"，可以知道"酒喝下去""水喝下去"是高频组配。

同时，看到名词"战争"，可以知道"战争打下去""战争拖延下去"是高频组配；看到名词"太阳"，可以知道"太阳落下去""太阳沉下去"是高频组配；看到名词"状况"，可以知道"状况持续下去""状况延续下去"是高频组配；看到名词"企业"，可以知道"企业办下去""企业活下去"是高频组配。另外，也可以看到动补结构"摔下去""吃下去""跪下去""坐下去""滑下去""说下去""听下去""跳下去""看下去"等都享有同一个高频共现名词，即"人"。

虽然嵌套三元组的知识图谱能提供非常丰富的词语共现信息和语境信息，但"动词 + 下去"语义类别特征并没有呈现，因此接下来我们将立足 BCC 语料库，对"动词 + 下去"的组配结构进行穷尽式的搜索（共 114 745 条，其中 3 038 个动词参与了组配），分别排列出了组配频次最高的前 20 个组配结构并进行了具体的语义分析，见表 5 - 14：

表 5 - 14　"动词 + 下去"的组配频次及语义类别

	动词 + 下去	频次	语义类别
Top 1	走下去	8 636	兼有
Top 2	说①下去	8 099	非空间义
Top 3	活下去	6 756	非空间义
Top 4	接下去	5 067	非空间义
Top 5	坚持下去	4 699	非空间义
Top 6	继续下去	3 970	非空间义

① "说"组，合并了"说下去"（6 874）和"再说下去"（1 225）。

（续上表）

	动词＋下去	频次	语义类别
Top 7	看下去	2 384	非空间义
Top 8	吃下去	2 267	空间义
Top 9	跳下去	2 261	空间义
Top 10	掉下去	2 261	空间义
Top 11	发展下去	2 229	非空间义
Top 12	喝下去	1 693	空间义
Top 13	进行下去	1 374	非空间义
Top 14	想下去	1 250	非空间义
Top 15	生存下去	1 233	非空间义
Top 16	做下去	1 233	非空间义
Top 17	吞下去	1 193	空间义
Top 18	干下去	985	非空间义
Top 19	拖下去	955	非空间义
Top 20	听下去	950	非空间义

通过比较发现，"动词＋下去"前20个高频组配中的非空间义比例高于"动词＋上去"。根据前文的分析可知，虽然都是垂直轴，但"上"的虚化程度高于"下"，按此推理，"下去"的非空间义比例不应高于"上去"的非空间义。从表5－14可以看出，几乎绝大部分"动词＋下去"的高频组配是非空间义的用法。因此，本节将基于语料库将"下去"的非空间义置于具体组配语境中展开分析与描写。

要厘清趋向动词"下去"的语义，首先要排除组配动词语义的干扰。有研究认为"下去"具有"脱离"义、"消失"义，这是因为"下去"和具有这些语义特征的动词组配，而不是"下去"自身的语义特点。

比如，"下去"可以和"脱离"类动词（如"揭""摘""撕""踩"）组配，表示分离这一动作的完成。例如：

（212）面具戴久了，就很难摘下去，很难过真实的生活。

（213）面膜为什么揭下去就得洗掉？

（214）终于把车上一汽大众的商标撕下去了。

（215）你们离开那家或是那城的时候，就把脚上的尘土踩下去。

"下去"也可和"裁减"类动词（如"减""裁""剪"等）组配，表达动作的完成。例如：

（216）怎样锻炼才能把肚子<u>减下去</u>？

（217）事业单位定岗定编是不是就要把临时工<u>裁下去</u>？

（218）所有的卡片都被<u>剪下去</u>一个角。

此外，"下去"还可以和"去除"义的动词（如"抹""删""擦""磨""刷""洗""打""比"等）组配，"下去"也是表示动作的完成。但"下去"表示方向的语义仍有残留，否则就可以和"了"互换了，"下去"正在语法化的路上，能和这类动词组配是语义互相吸引的结果。"下去"的语义体现为，其一，以前的量较多，或是主观认为较多。其二，表示量减少的方向，或是主观希望量减少。例如：

（219）宝宝头上的湿疹用了好多东西都不见效，最后被我用香油<u>抹下去</u>了。

（220）怎样才能把玻璃上的手印<u>擦下去</u>？

（221）补牙补高了，医生<u>磨下去</u>一点，还是疼得要死。

（222）衣服上的油漆点怎么<u>洗下去</u>啊？

因此，不管"下去"是和"脱离"类动词、"裁剪"类动词组配，还是和"去除"类动词组配，其实"下去"都指示动作在某个抽象空间由较高处向较低处位移的方向，"下来"非空间义的用法还需继续分类分析。

1. "下去"表示在社会空间位移的方向

与"动词＋上去"相反，"下去"和动词组配表示人员、事物从较高等级到较低等级中由高向低位移的方向。这与"下来"在非空间域的位移方向是一致的，其对立由"去"和"来"的对立体现，说明了说话者的视角不同。例如：

（223）"这次考试成绩不大理想，待会儿课代表把试卷<u>发下去</u>。"老师说。

（224）今天必须把这件事情<u>传达下去</u>。

（225）一时也不便把这个当作硬任务<u>压下去</u>。

（226）国美，可别被1号店<u>比下去</u>了。

例（223）中的"课代表"相对于普通同学来说是个小小的管理者，例（224）中，"下去"表示信息或指示向下级传递，例（225）中布置任务的人是一个相对的管理者，而例（226）中"下去"表示比较、竞争中处于低下的位置，这一位置是通过比较得出的。总的来说，此类中的"下去"仍然可以感知一种从高处往低移动的方向，即便语境义属于非空间义。

2. "下去"表示在数量、程度上位移的方向

"动词+下去"由空间域投射到状态域，和由量大转入量小的谓词组配，"下去"表示某种事物的变化趋向。

比如"下去"可以和"熄灭""平息""停""平""淡忘"等"平息"类动词组配，例如：

（227）火葬灰中的红光在沉静的河边慢慢地<u>熄灭下去</u>。

（228）她的呜咽声逐渐<u>平息下去</u>。

（229）我一直等风<u>停下去</u>。

（230）邱晴的气<u>平下去</u>，那一丝淡淡的悲哀却拂之不去。

（231）很多东西，终究会在时间里，<u>淡忘下去</u>。

这些例句中的"下去"通常表示一个动作或状态逐渐减弱或结束的过程。人们习惯在心理上将一些抽象的词语形象化，比如"风波""掌声""气"等，这类事物从出现到淡化再到消失，在心理上是一个凸形形体逐渐下陷然后消失的过程，因而，此类中"下去"还是具有一定的方向性。

此外，还有表示声音由大转小的形容词，如"静""低""小"等，表示光线由强转弱的形容词，如"暗""黯""淡"等，表示状态或情绪由高昂转低沉的形容词，如"低沉""沉沦""平静"等，这些形容词和"下去"组配，"下去"仍兼表示"变化"义和"方向"义。例如：

（232）直到老师连说了三遍"请安静！"，教室里才渐渐<u>安静下去</u>。

（233）孩子哭累了，声音<u>小了下去</u>。

（234）天色渐渐<u>暗下去</u>了。

（235）我们已经一个月没见面了，感情会慢慢<u>淡下去</u>吗？

（236）今年的经济会不会一直<u>低沉下去</u>？

（237）怎样做才能让他不再<u>沉沦下去</u>？

上述例句中的"下去"也是表示某种程度或状态在逐渐减弱或消失。例（232）的"安静下去"表示教室内的嘈杂声在渐渐消失，安静程度在逐渐加深。例（233）的"小了下去"表示孩子的哭声在逐渐变小，哭泣的程度在逐渐减轻。例（234）的"暗下去"表示天色在逐渐变暗，光线的亮度在逐渐降低。例（235）的"淡下去"表示感情在逐渐减弱，亲密程度在逐渐降低。例（236）的"低沉下去"表示经济状况在逐渐恶化，情况逐渐变得不好。例（237）的"沉沦下去"表示某人的状态在逐渐恶化，情况逐渐变得更糟。这都说明"下去"表示数量、程度位移的方向。在数量上，指示由较高数量向较低数量甚至是零位移的方向；在程度上，指示由较高程度向较低程度位移的方向。

3. "下去"表示动作在时间轴上位移的方向

其实，从表 5－14 中前 20 个高频组配可以看出，在所有"动词＋下去"的非空间义中，"下去"表示时间上的"继续"义占了非空间义的绝大多数。例如"说下去""活下去""接下去""坚持下去""继续下去""看下去""发展下去""进行下去""想下去""生存下去""做下去""干下去""拖下去""听下去"等组配结构中，"下去"都表示时间轴上的从现在到未来位移的方向。例如：

（238）我垂下头，静静地听他继续说下去。

（239）尽管生活这么艰难，我们也要坚强活下去。

（240）我连忙催促了一句："接下去呢?""接下去——我的梦就醒了啊"。

（241）总有千百个理由放弃，也总会找一个理由坚持下去。

（242）我自由散漫惯了，并且准备继续下去，也许三十岁才会安定下来。

（243）无论境况如何，自己都要坚韧地生存下去。

（244）这件事总得解决，不能老拖下去。

上述例句中，"下去"表示动作在时间轴上位移的方向，通常是指动作或状态从现在到未来位移的方向，能和"下去"组配的动词都具有"延续"的语义特点，表示一个动作或状态持续进行的意思。"说下去"表示延续地说，不停止；"活下去"表示继续生存，不放弃；"接下去"表示持续，不中断；"坚持下去"表示继续坚持，不放弃；"继续下去"表示继续进行，不中断；"生存下去"表示继续生存，不放弃；"拖下去"表示继续拖延，不解决。

　　除了动词，形容词也可以和"下去"组配表示某种状态已经存在并将继续发展。此类中"下去"形容词多用表示消极意义的。例如：

　　（245）所有的不安议论声，在他推门的一瞬间<u>寂静下去</u>。
　　（246）千万不要再说了，就让我像个孩子一样<u>愤怒下去</u>，呆呆地傻傻地坐在客厅想一想。
　　（247）他一天天地<u>瘦下去</u>。
　　（248）就这样<u>松懈下去</u>。

　　在汉语里，时间轴被认知成有方向的线条。此类中"下去"已不表示空间域的方向，而指向时间域中从现在到将来的时间流逝方向。
　　通过上文的分析，可以把复合趋向动词"下去"和其他词语组配的语义情况描述如图 5 – 11：

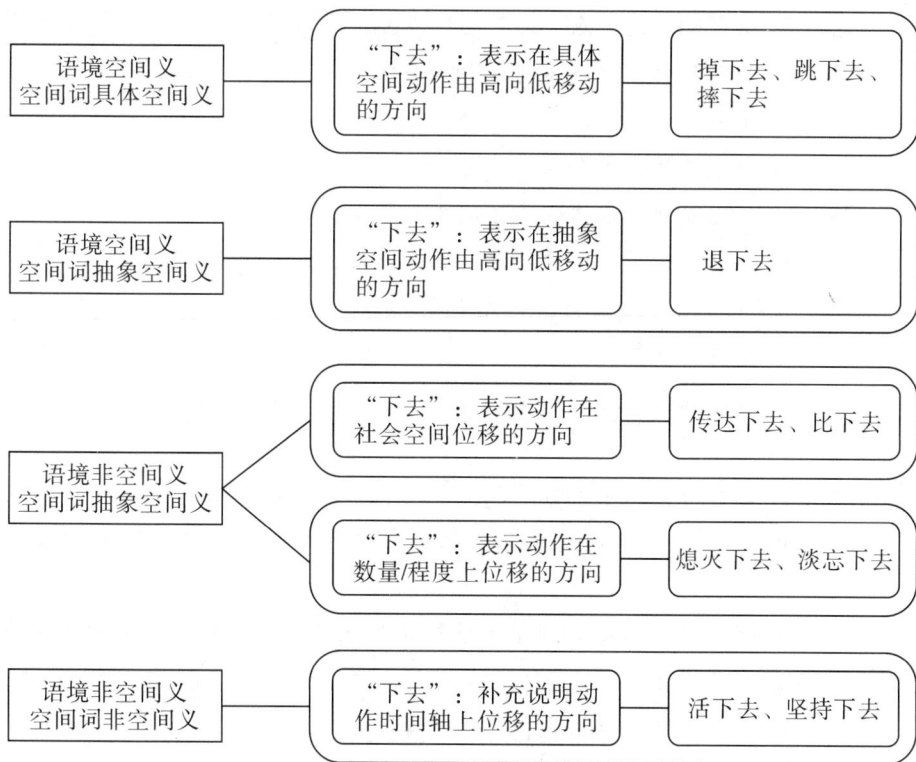

图 5 – 11　复合趋向动词"下去"和其他词语组配的语义情况

三、几组易混复合趋向补语的语义用法对比分析

（一）"下来""下去"表示动作在时间轴上位移方向的语用辨析

汉语里，趋向动词"下来"和"下去"都可以表示动作在时间轴上位移的方向。"下来"与"延续类动/名词"组配，表示"从过去到说话时间的延续"。"下去"表示动作在时间轴上位移的方向，通常是指动作或状态从现在到未来位移的方向，能和"下去"组配的动词也都具有"延续"的语义特点。因此，"下来"和"下去"与延续类动词组配的不同，体现在时间轴上的方向性不同，前者指示动作从过去到说话时间，后者指示动作从说话时间到未来。例如：

（249）a. 如果能像上个星期一样坚持下来，那么我的结果一定会很美好。

b. 如果你爱这个人，那就坚持下去。

（250）a. 我不明白，这是不可能的事，没有人可以在这样的情形之下活下来。

b. 一定不能让那个人活下去。

（251）a. 一定要把父亲的这个绝技继承下来。

b. 他认为，现在的年轻演员应该把文艺界的好传统继承下去。

（252）a. 那么，我的爸爸，会是我的第一个客户，接下来，就是大舅、二舅、三舅……

b. 我连忙催促了一句："接下去呢？""接下去——我的梦就醒了啊。"

（253）a. 这种习俗从此流传下来，年三十晚上便称为除夕了。

b. 她将永远不会被世人忘记，她的声音和灵感将世世代代流传下去。

（254）a. 很多早恋的故事到这也就戛然而止了，但阿强和小敏的故事继续下来了。

b. 既然坚持了这么久，何不继续下去？

（255）a. 结婚的事情就这样遥遥无期地拖下来。

b. 再拖下去，20年也完成不了。

（256）a. 每一个创业成功者的经验都是在千百次的实战中<u>积累下来</u>的。

　　　　b. 他已为华西培养了一大批人才和干部，他们会一代代<u>积累下去</u>，发展下去。

通过上述例句的对比可知，"下来"和"下去"虽然都与"延续"义动词组配表示动作在时间轴上位移的方向，但"下来"表示从过去到现在，将来情况如何不是表述的重点。"下去"表示从过去到现在再到将来，并主观认为动作会持续到将来。

此外，同一个动词分别和"下来""下去"组配的频次并不是对称的，基于 BCC 语料库的搜索，我们列出了以下"延续"义动词与"下来""下去"的组配频次，见表 5 – 15：

表 5 – 15　同一"延续"义动词分别与"下来""下去"的组配频次

动词 + 下来	频次	动词 + 下去	频次
A			
积累下来	451	积累下去	16
继承下来	337	继承下去	55
流传下来	638	流传下去	138
接下来	24 781	接下去	5 066
B			
继续下来	14	继续下去	3 969
拖下来	242	拖下去	953
坚持下来	1 278	坚持下去	4 698
活下来	2 437	活下去	8 254

从表 5 – 15 可以看出，同一个动词分别和"下来""下去"组配的频次并未形成对称关系。表 5 – 15 中的 A 类动词，更倾向和"下来"组配，两者语义之间更具有相互吸引性。而 B 类动词，更倾向和"下去"组配。这是因为，"下去"表示从过去到现在再到将来，更符合人们对未来的期望和计划。而"下来"则更多表示一种结束、到达的状态，更适合表示动作从过去到现在的方向。这主要是与说话人的时间认知视角有关，一般而言，如果没有参照点，说话的时间就是现在时间，从"过去"到"现在"与"下来"的方向性一致，

它朝着"说话人说话的时间"移动,从"现在"到"将来"与"下去"的方向性一致,它逐渐远离"说话人的时间",并朝着未来移动。刘甜(2009)指出,"来/去"有两种认知模式,一种以人为认知基准,另一种以被想象成人的时间为认知基准。立足于被想象成人的时间来感知,人与时间面向而立,以时间为基准,人朝时间移动,越来越靠近时间的是"来",在"过去"的范畴内,当人走到和时间重合的时候,表示"现在",当人走过时间,越来越远离时间的是"去",并朝向将来的方向位移。

(二)"下来""下去"和形容词的组配辨析

根据前文的分析,"下来"在数量域的语义概念首先会表现在数量的变化上,例如"(温度已经)降下来了""(部队人数)精简下来""(利润)拖累下来"等。不管是温度、人数还是利润,都有明显数字上的变化,"下来"表示由较大数字向较小数字的位移方向。此外,光线的强弱、脸色的变化,"下来"的语义都可以理解为数量量级上由较高位置向较低位置的位移,例如"(天/光)暗下来、黑下来"等。除了具体可感的温度、数字、光线、脸色等位移主体,身体表征和心理表征上由强到弱、由紧到松、由高涨到低落的变化也可归于数量域。例如,"松弛下来""疲倦下来""垮了下来"是身体表征上的变化,身体由紧张到松弛的状态,是一个由较高处向较低处变化的过程。而"静下来""安静下来""平息下来""镇定下来""镇静下来"是心理表征上的变化,在心理认知上仍然可转化为数量域的可视性。

"动词+下去"也可以表示这种状态的变化,和由量大转入量小的谓词组配,"下去"表示某种事物的变化趋向,例如"平息下去""淡忘下去"等,"下去"通常表示一个动作或状态逐渐减弱或结束的过程。此外,还有表示声音由大转小的形容词,如"静""低""小"等,表示光线由强转弱的形容词,如"暗""黯""淡"等,表示状态或情绪由高昂转低沉的形容词,如"低沉""沉沦""平静"等,这些形容词和"下去"组配,"下去"仍兼表示"变化"义和"方向"义,例如"安静下去""小下去""淡下去"等。因此,"下来"和"下去"在表示"变化"义时有语用交叉的情况,例如:

(257)只要你坚持锻炼,你就能瘦下来。

(258)再这样瘦下去可不行。

(259)楼市真的冷下来了吗?

(260)还会这么冷下去吗?

看到这些例句，汉语学习者就有了疑问，什么时候用"下来"，什么时候用"下去"，是不是每个词都可以分别和"下来"与"下去"组配？"下来""下去"的使用是否具有任意性？基于 BCC 语料库的搜索，我们列出了以下形容词与"下来""下去"的组配频次，见表 5 - 16：

表 5 - 16　同一形容词分别与"下来""下去"的组配频次

动词 + 下来	频次	动词 + 下去	频次
A			
松弛下来	495	松弛下去	2
静下来	2 409	静下去	28
闲下来	855	闲下去	9
黑下来	451	黑下去	41
垮了下来	332	垮了下去	33
平息下来	460	平息下去	91
软下来	271	软下去	52
瘦下来	1 055	瘦下去	376
冷下来	291	冷下去	158
B			
胖下来	0	胖下去	306
小下来	17	小下去	40
低下来	236	低下去	351
淡下来	57	淡下去	68

从表 5 - 16 中可以看出，"松弛下来"的组配频次是 495，而"松弛下去"的组配频次仅为 2，这说明"松弛"倾向和"下来"组配，"松弛下来"表示情绪或紧张的状态转向消散，变得轻松自在，"下来"表示由紧张的状态向松弛状态的变化方向，即由 A 状态到 B 状态。而"松弛下去"中，"下去"强调的是"松弛"的动作还在进行，会往越来越松弛的状态发展或一直松弛不会处于紧张状态，即一直在 B 状态或比 B 更深程度的状态，但不会到一个新的状态。也就是说，"下来"是指向质的变化，而"下去"则只是量的变化或状态的保持。

与"松弛下来"相一致的构式还有"静下来"和"闲下来"，其中，

"静"和"闲"也是倾向和"下来"组配，都可以指向从 A 状态到 B 状态的转化，"静下来"是指从热闹、吵闹的状态变得安静，而"静下去"则表示从比较安静到更为安静，只有量的变化。"闲下来"也是如此，表示从忙碌到空闲这种 A 状态到 B 状态的转化，而"闲下去"也体现在量的变化或状态的保持上，这里的"下去"其实应该归于指示时间轴上从现在到未来变化的方向。

因此，"下来"的"变化"义常常表示从某种状态转化为与之相反的状态，例如：

（261）为什么业主代表的态度软下来了？

（262）等出了研究生楼，老辛方才察觉到天已经黑下来了。

（263）习惯了忙碌，忽然闲下来了，还真有点不习惯。

例（261）表示态度从"硬"到"软"的变化，例（262）表示天色由"亮"到"黑"的变化，例（263）表示生活状态由"忙"到"闲"的变化。上述分析说明，同样表示变化，"下来"侧重强调变化开始的那一部分，而"下去"强调变化出现后持续的那一部分，各自凸显的焦点不同。

（三）"上来""下来"与形容词的组配辨析

通过前文的分析可知，部分形容词既可以和"上来"组配，也可以和"下来"组配，这些共现的组配形式给汉语学习者带来较大的困扰。例如：

（264）我毫无目的地沿着南京路由东往西走，不知不觉天黑下来了。

（265）冬至一过，天气终于冷下来了。

例（264）指天色由亮变黑，例（265）指气温由高变低。这两例中的形容词也可以和"上来"组配表示状态变化的方向，例如：

（266）他们赶到了指定地点，看好哨位，搭好帐篷，天已经黑上来了。（王愿坚《草》）

（267）这天气说冷就冷上来了。

看到这些例子，汉语学习者常常不得其解，"形容词 + 上来"和"形容词＋下来”是否表达相同的内容，形容词和“上来”“下来”是否可以任意组配？童小娥（2009）指出“冷上来”只能表达气温的状态位置变化，“冷下来”还可表示态度由热情到冷淡等引申意义上的状态位置转移。但其实“冷上来”的用法并不多见，详见下表5－17的组配数据。

　　本章有专门讨论过“上来”与形容词的组配情况，指出“上来”与感官属性类形容词组配，表示某种感觉或状态的增强。“形容词＋上来”表示状态的发展，兼有范围扩大的意思。形容词仅限于“热”“凉”“黑”等少数几个。“黑上来了”表示天空逐渐变得黑暗，“热上来了”表示天气逐渐变得更加炎热，“凉上来了”表示天气逐渐变得更加凉爽。既然是范围扩大，程度加深，那么在数量域上与“上来”空间域由低至高的方向性一致。

　　关于“下来”的“变化”义，在前文已有讨论，“下来”指向质的变化方向，即从状态A到状态B的变化，而“下去”则只是指向量的变化方向。因此，在指示量的变化方向上，“上来”与“下去”构成对称关系，而不是与“下来”构成语义对称，例如：

　　（268）这天气说冷就冷上来了。

　　（269）天气越来越冷了，我却不想它再继续冷下去。

　　（270）只能瘦下去，绝不胖上来。

　　也就是说，“形容词＋上来”凸显的是形容词描述程度的逐渐加深，而“形容词＋下来”凸显的是由A状态到B状态的变化。比如“冷上来”凸显“冷”的程度逐渐加深，而“冷下来”凸显天气由热到冷的变化。

　　由于“上来”和“下来”分别凸显事物变化的不同侧面，在有些情境中两者不可互换。例如：

　　（271）穆郎感觉揽住自己的手臂一僵，看看连誉，连誉的脸冷下来，停了停却对穆郎笑说：“今天天这么好，我带你去个地方。”

　　（272）让市长热线冷下来也罢。

　　以上两例换为“冷上来”皆不合适。我们也可以从形容词分别和“上来”“下来”“下去”的组配频率中找到证据。见表5－17：

表 5 – 17 同一形容词分别与"上来""下来""下去"的组配频次

形容词 + 上来	频次	形容词 + 下来	频次	形容词 + 下去	频次
冷上来	2	冷下来	291	冷下去	158
黑上来	1	黑下来	451	黑下去	41
热上来	4	热下来	0	热下去	25
凉上来	1	凉下来	74	凉下去	12
瘦上来	0	瘦下来	1 065	瘦下去	376
胖上来	1	胖下来	0	胖下去	306
高上来	1	高下来	0	高下去	5

从表 5 – 17 可以看出，形容词其实并不常和"上来"组配，而前人研究中包含"形容词 + 上来"的语料几乎都可以看做特例，不具备类推的前提。在汉语教学中，"形容词 + 上来"其实可以忽略不教，教学重点应放在"形容词 + 下来"和"形容词 + 下去"的对比分析上。

第六章　水平轴的空间词

汉语在水平轴的空间词包括：可以充当方位区别词的"前"与"后"、作方位后置词的"前"与"后"，位移动词"来"与"去"，以及复合趋向动词"过来"与"过去"。人类语言中对前与后的概念化是以人体为参照基准的，和垂直轴的"上/下"相似，人体的前后也具有不对称性，因为人体的主要感知器官位于头部的前面。人类对客观世界的体验总是从身体各个感觉器官的知觉体验开始建构的。

英语中也有两组相对的词表示"前"与"后"的概念，分别是 in front of 与 behind，before 与 after。Langacker（1987）指出，in front of 与 behind 主要指空间关系意义，而 before 与 after 主要用来表达时间关系。Lindstromberg（1998）指出，in front of 用于表示位置，而 before 主要表示序列。

Tyler 和 Evans（2003）描写了 before 的六种语义，分别是 preceding（在前的）、temporal（时间）、priority（优先级）、rather than（而不是）、location（位置）、access to（有权进入），例如：

（1）The scouts fanned out before the main body of the army.（侦察兵在主力部队前面散开。——表示 TR 的空间位置在 LM 之前）

（2）Alice arrived before Bill.（爱丽丝比比尔先到。——表示爱丽丝到达的时间在比尔之前）

（3）We've decided to put public safety before everything else.（我们决定把公众安全放在第一位。——TR 具有优先级）

（4）I'd throw out those ratty clothes before I'd wear them.（我宁愿把那些破衣服扔掉也不愿意穿。——宁愿选择 TR，而不是 LM）

（5）The hot steaming soup was placed on the table before him.（热气腾腾的汤放在他面前的桌子上。——空间位置）

（6）The world was all before them where to choose（Milton）.［世界摆在他

们面前，他们该如何选择（弥尔顿）。——有权进入]

但通过对上述语例的分析可知，这六种语义并不全是 before 的语义，前面五例其实都是表示了一种空间上的位置关系，既包括具体物理空间，也包括社会心理空间，还包括时间域。例（1）和例（5）表示 TR 的空间位置在 LM 之前，例（2）表示在时间序列上 TR 在 LM 之前，例（3）表示在优先级上 TR 在 LM 之前。TR 和 LM 的具体关系到底是指具体物理空间，还是抽象空间，还是时间，这是由上下文语境决定的，并不是空间词 before 的语义。因此，水平轴上空间词的语义和用法需要系统而全面的研究。

第一节 方位名词 "前" 与 "后"

一、方位区别词"前"与"后"

方位区别词"前""后"和其他语素/词组配，其形式可以描写为"空间词 + ×"。空间词在组配前是一组意义相对的词语（如"前"与"后"相对），组配后所形成的表达式在形式和意义上也是一一对应的（如"前门"与"后门"相对）。根据认知语言学理论，空间和时间是不可再分解的原始认知结构（Taylor，2001），是基本层次范畴（basic-level categories），其他范畴都是参照基本层次范畴建立起来的。而空间比时间更具客观感知性，时间也是在空间基础上进行认知投射的结果。因此本节仍然从空间词的空间义和非空间义两部分展开研究。

基于 BCC 语料库中"前"与名语素/词的组配语料，本节梳理出方位区别词"前/后"的组配情况，分别排列出组配频次最高的前 20 个结构，见表 6-1 和表 6-2：

表 6-1 "前"与名语素/词的组配频次及语义类别

	前 + ×	频次	语义类别
Top 1	前总统	4 825	非空间义
Top 2	前路	4 799	兼有

（续上表）

	前 + ×	频次	语义类别
Top 3	前人	2 197	非空间义
Top 4	前总理	2 130	非空间义
Top 5	前款	2 009	非空间义
Top 6	前女友	1 517	非空间义
Top 7	前首相	1 296	非空间义
Top 8	前区	1 209	空间义
Top 9	前牙	1 152	空间义
Top 10	前政府	983	非空间义
Top 11	前公司	977	非空间义
Top 12	前意识	756	非空间义
Top 13	前阶段	751	非空间义
Top 14	前广场	607	非空间义
Top 15	前动脉	601	空间义
Top 16	前腿	585	空间义
Top 17	前国务卿	511	非空间义
Top 18	前人类	492	非空间义
Top 19	前山	459	空间义
Top 20	前脸	451	空间义

从表6-1可以看出，方位区别词"前"和名语素/词组配中，非空间义比例较大。在非空间义中，"前总统""前总理""前女友""前首相""前政府""前公司""前国务卿"这7个结构属于同一类，都表示"过去"时，和"现在"相对应，而非与"后"相对应，这一类的非空间义比例最大。方位区别词"前"在句子中的组配语例如下：

（7）拆掉了原来<u>前区</u>、后区的管理机构，建立了新的统一管理机构。

（8）大部分<u>前牙</u>不能在正常位置前出，故而造成拥挤或个别牙错位。

（9）这个项目，可单独上报，其审批程序同<u>前款</u>。

（10）项思龙却是苦然一笑，想不到自己盗用了"<u>前人</u>"诗句。

（11）刚刚我弟告诉我，以前给我拔牙的漂亮牙科阿姨竟然是老爸的<u>前女友</u>。

"前区"和"前牙"是空间义,是某个空间位置的"前面",例(9)中"前款"是"序列"义,指的是上一条条款。例(10)和例(11)的"前人"和"前女友"位于时间轴中的过去,"前人"指的是古代的人,而"前女友"指的是关系上的"之前"。接下来,再来看"后"与名语素/词的组配频率,见表6-2:

表6-2 "后"与名语素/词的组配频次及语义类别

	后 + ×	频次	语义类别
Top 1	后市	8 871	非空间义
Top 2	后山	1 924	空间义
Top 3	后阶段	1 794	非空间义
Top 4	后并发症	1 767	非空间义
Top 5	后花园	1 702	空间义
Top 6	后心	1 491	空间义
Top 7	后一个人	782	非空间义
Top 8	后人	689	非空间义
Top 9	后车	646	非空间义
Top 10	后面	641	空间义
Top 11	后动脉	621	空间义
Top 12	后神经	610	空间义
Top 13	后街	606	空间义
Top 14	后腹膜	580	空间义
Top 15	后部	573	空间义
Top 16	后墙	524	空间义
Top 17	后膜	516	空间义
Top 18	后阴道	511	空间义
Top 19	后心肌	477	空间义
Top 20	后军	465	空间义

从表6-2可以看出,方位区别词"后"和名语素/词组配中,空间义占绝大多数。而"后市""后阶段""后并发症""后一个人""后人""后车"都表示非空间义,主要是表示时间轴上相对靠后的位置,兼表"序列"义。

方位区别词"后"在句子中的组配语例如下：

（12）几乎是同时，修罗的枪也迅速上膛，抵住她的后心。

（13）两车追尾相撞，造成前车检修人员1人当场死亡，后车1名司乘人员受伤。

（14）中国制造业活动再大幅放缓，预计后市PVC将进一步下跌。

（15）后阶段以"职业人"的培养为主要目标，以职业运动能力的教学和训练为主。

（16）应作快速病理切片明确诊断，以减少病人的痛苦及后并发症。

（17）前一个人与后一个人之间必须相隔半小时。

在上例中，"后心"表示身体部位，指背部的中心位置。"前车"和"后车"表示车辆在行驶时的相对位置，"后车"指后面的车辆。而"前一个人"和"后一个人"表示位置关系，指在某一序列中排在前面或后面的人。"后市""后阶段""后并发症"都表示时间顺序，指之后的时间段。下文将分别就方位区别词"前/后"和名语素/词组配后的空间义与非空间义情况分类进行分析。

（一）空间义的组配

这一对空间词组中，"前"的义项是"在正面的（指空间，跟'后'相对）"，"后"的义项是"在背面的（指空间，跟'前'相对）"，组配后的表达式形式和意义一一对应。"前/后"语素在前，其他语素在后，形成"前/后 + ×"的组配关系。见表6-3：

表6-3 "前/后"表示空间义

前 + ×	后 + ×
前面	后面
前门	后门
前台	后台
前牙	后牙
前山	后山
前院	后院

在表 6-3 中，组配后的结构"前"和"后"的方向对立关系不会因为说话人方位的变化而有所改变。除了人体自身的前后区别之外，没有生命特征的建筑物也有前后的区分，因为这些物体要么具有固定的前/后不对称性，要么被概念化为具有前/后不对称性。

根据 Levinson 提出的三种空间参照框架①，"前/后"应属于内在参照框架，即以物体为中心，物体有内在的方位性，比如"汽车的前面"肯定指"车头"而不是"车尾"，"房子的前面"肯定是"前门"所朝向的方向，而不是"后门"所朝向的方向。还有一些词语，虽然"前""后"不是和同一语素组配，但也是表示空间的对立方向关系，比如"前线"和"后方"等。

（二）非空间义的组配

1. "前/后+×"表示空间上的序列关系

处于现实空间里的事物不是杂乱无章的，而是有序的，可以按说话人的视角分出前和后两个对立的部分。这一类中，"前"可以表示"次序靠近前方或前端的（跟'后'相对）"，"后"可以表示"次序靠近末尾的（跟'前、先'相对）"。见表 6-4：

表 6-4　"前/后"表示次序义

前 + ×	后 + ×
前排	后排
前三名	后三名
前缀	后缀

"前排"指空间关系里靠近"舞台②"中心的部分，"后排"指空间关系里远离"舞台"中心的部分。"前三名"和"后三名"分别指占据成绩序列中靠前和靠后的位置。"前缀"和"后缀"指水平线上按人类认知习惯靠左和靠

---

① Levinson 在前人的基础上提出了三种空间参照框架，分别是内在参照框架（intrinsic frame of reference）、相对参照框架（relative frame of reference）和绝对参照框架（absolute frame of reference）。（转引自轩治峰. 空间认知理论与"上"字的空间语义认知及英译 [J]. 外国语文，2009（4）：15 - 20.）

② 这里"舞台"是个隐喻概念，"前排""后排"常指在教室、电影院、露天广场及训练排列时的相对空间位置关系，而教室里的讲台、电影院里的屏幕、露天广场的舞台、训练时的教官都被认知成"舞台"角色。

右的部分。

2. "前/后 + ×"表示时间上的序列关系

时间是空间的隐喻。时间的流逝是线性的，是单方向的，只可以从过去到现在到将来，不可以从将来到现在到过去。根据时间的线性流逝可以分出比较早的时间和比较晚的时间，比较早的时间是靠"前"的，比较晚的时间是靠"后"的。这一类中"前"可以表示"过去的；较早的（指时间，跟'后'相对）"，"后"可以表示"未来的；较晚的（指时间，跟'前、先'相对）"。见表6-5：

表6-5　"前/后"表示时间义

前 + ×	后 + ×
前天	后天
前辈	后辈
前几年	后几年
前无古人	后无来者

即使是非空间义，"前/后"空间上的对立关系在时间上也得到了体现，组配后的表达式在形式和语义上都没有空位。对于汉语学习者而言，没有空位的例子无论是理解还是输出，都是相对容易的。

3. "前/后"与其他语素组配后的空位现象

当"前"表示"从前、过去（与'现在'相对）"的意义时，"后"没有与之相对应的义项。见表6-6：

表6-6　"前"表示"从前、过去"

前 + ×	后 + ×
前总统	—
前总理	—
前首相	—
前政务院	—
前政府	—
前公司	—
前局长	—

（续上表）

前 + ×	后 + ×
前女友	—
前夫	—

与"前夫"对应的不是"*后夫"而是"现任丈夫"，所以在这里表示时间的"前"不是和"后"而是和"现在"形成对立的语义关系。我们一般将时间轴分为三个部分，即过去、现在、将来。对立关系并不仅仅表现为两两对立，三个元素也可以互相构成对立关系。而表 6 - 6 中之所以"后 + ×"出现形式上的空位是与表达的实际需求有关，比如我们向别人介绍"这是我的丈夫"就意味着"这任丈夫是现在时"，现在和将来的概念都不需要表达。同理，"政务院下了一个文件"中的"政务院"也是现在时，现在和将来的概念不需要表达。

有意思的是，在汉语中，"前"还可以表示"未来"，而"后"表示过去。见表 6 - 7：

表 6 - 7　"前"表示"未来"，"后"表示"过去"

前 + ×	后 + ×
前程	—
前景	—
前途	—
—	（瞻前）顾后
—	（抛在）脑后

刘甜（2009）指出，"前/后"可以分别表示过去和未来。"前"指将来而"后"指过去，体现的是时间隐喻的方向性，如"前途无量""人要向前看，不要向后看"。"前"指过去而"后"指将来体现的是时间隐喻的序列性，如"前天/后天""前人/后人"。无论是空间的方向性还是时间的序列性，"前"与"后"在组配中都表现了对立的语义关系。"上/下"和"前/后"能表示"时间"义和"次序"义是空间域在时间域和排列域投射的结果。

二、方位后置词"前"与"后"

方位后置词"前""后"和其他语素/词组配，其形式可以描写为"×+空间词"。空间词在组配前是一组意义相对的词语（如"前"与"后"相对），组配后所形成的表达式在形式和意义上也是一一对应的（如"村前"与"村后"相对）。名语素/词和"前"高频共现的知识图谱展示如图6-1：

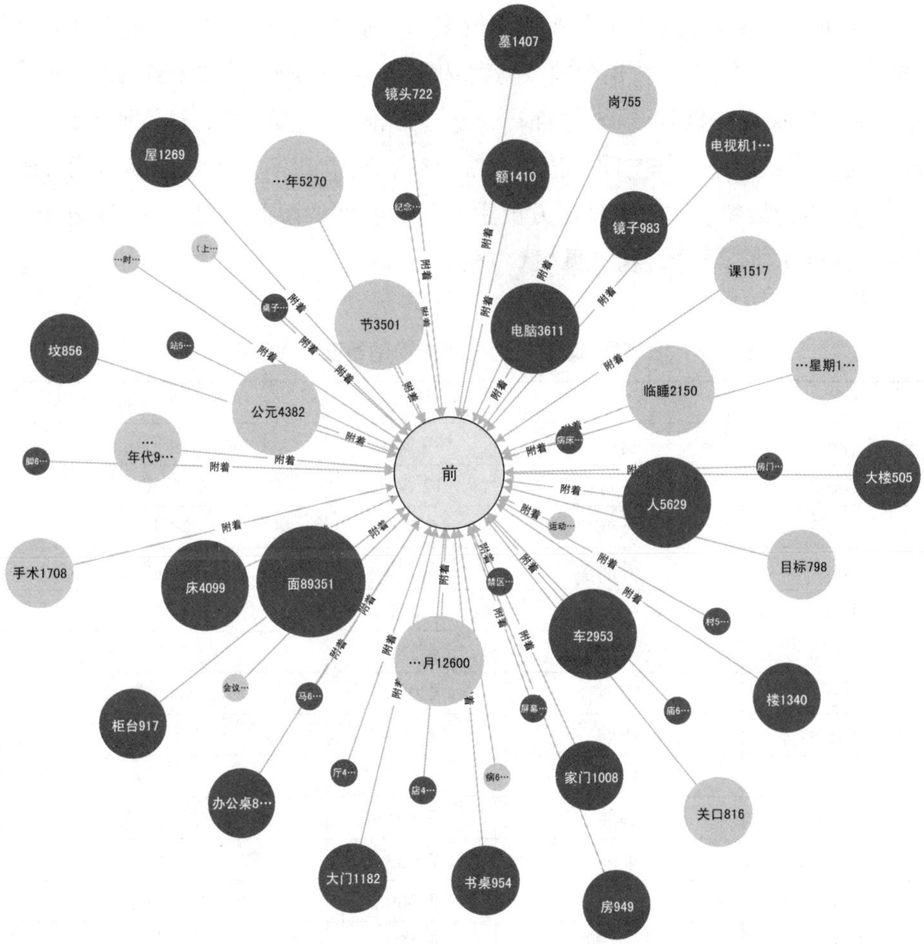

图6-1　名语素/词和"前"高频共现的知识图谱

从图6-1可以看出，围绕实体1"前"，这些高频共现名词作为实体2与实体1之间的关系是附着关系。其中，当实体2是浅灰色时，表示实体2与实体 1 组配后的语义是非空间义，如"公元前""节前""临睡前""手术前"等。当实体 2 是深灰色时，表示实体 2 与实体 1 组配后的语义是空间义，如"面前""床前""人前""电脑前"等。

从图 6 – 1 圆圈的大小可知，"面前"组配频率最高（最大圆圈），"……月前""人前""……年前""公元前""床前""电脑前"等组配频率相对较高（次大圆圈），"镜子前""柜台前""坟前""镜头前"等组配频率相对较低（次小圆圈），而"屏幕前""厅前""店前""房门前"等组配频率相对最低（最小圆圈）。

从图 6 – 1 中节点 2 的颜色分布可以看出，"名词"与"前"的高频组配多表空间义（深灰色圆圈的分布比例较多），例如"床前""电脑前""面前""办公桌前""书桌前""柜台前"等都表空间义，但前 5 个高频组配中却有三个表非空间义，分别是"……月前""……年前""公元前"，这说明方位后置词"前"在组配中的非空间义值得系统研究。基于 BCC 语料库中名语素/词与"前"的组配语料，本节梳理出方位后置词"前"的组配情况，分别排列出组配频次最高的前 20 个结构，见表 6 – 8：

表 6 – 8　名语素/词（×）与"前"的组配频次及语义类别

	× + 前	频次	语义类别
Top 1	面前	89 351	空间义
Top 2	……月前	12 600	非空间义
Top 3	人前	5 629	空间义
Top 4	事前	5 342	非空间义
Top 5	……年前	5 270	非空间义
Top 6	公元前	4 382	非空间义
Top 7	床前	4 099	空间义
Top 8	药前	3 893	非空间义
Top 9	电脑前	3 611	空间义
Top 10	节前	3 501	非空间义
Top 11	车前	2 953	空间义
Top 12	手术前	2 669	非空间义
Top 13	临睡前	2 150	非空间义
Top 14	课前	1 517	非空间义
Top 15	电视机前	1 494	空间义

（续上表）

	×＋前	频次	语义类别
Top 16	额前	1 410	空间义
Top 17	墓前	1 407	空间义
Top 18	楼前	1 340	空间义
Top 19	……星期前	1 293	非空间义
Top 20	屋前	1 269	空间义

从表 6-8 可以看出，方位后置词"前"和名语素/词前 20 个高频组配中，表空间义的组配占多数，其中，"面前""人前""床前""电脑前""车前"等都表示空间义，而"公元前""节前""手术前""临睡前"等都属于非空间义的用法，"前"指的是时间轴上某一参照点以前的时间，这一参照点可以是一个时间点，也可以是一个事件，如"睡觉""手术"等。例如：

（18）车毁了，人一点事没有。车前 20 米就是悬崖。

（19）我总是呆坐在电脑前，对着屏幕发呆。

（20）全世界都在加班当中，只为了明天不失礼于人前。

（21）十年前，他们是亲密的恋人。

（22）可见在公元前 10 世纪，国人对桃的生活史已有科学的认识。

（23）今年的春运有 40 天，节前 15 天，节后 25 天。

（24）每晚睡前，听你说晚安，是属于我的，最持久的幸福。

（25）所有患者在手术前、手术后都要定期观察血小板计数。

要注意的是，方位后置词"前"的空间义，即表示最基本的空间相对位置（即 A 位于 B 的前面）时，A 和 B 常常处于一种镜像对齐（mirror-image alignment）的状态（Tyler & Evans，2003）。如例（19）"呆坐在电脑前"，指的是"人"的前面和"电脑"的前面是面对面的状态，"人前"也是如此。这就像在我们的日常生活中，当我们与第二个人（或其他有生命的实体，如宠物猫或狗）互动时，我们主要是以镜像的方式进行。毕竟，当别人背对着我们时，我们通常不会对他们说话。

接下来，对比一下名语素/词和"后"高频共现的知识图谱，如图 6-2：

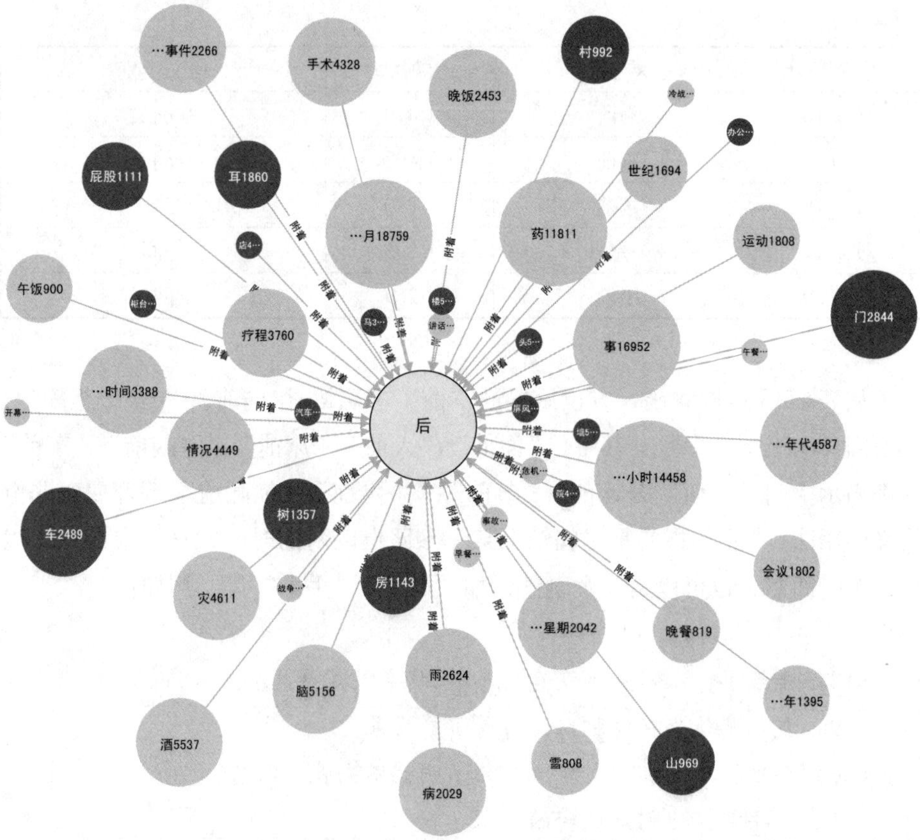

图 6-2　名语素/词和"后"高频共现的知识图谱

从图 6-2 可以看出，围绕实体 1"后"，这些高频共现名词作为实体 2 与实体 1 之间的关系是附着关系。其中，当实体 2 是浅灰色时，表示实体 2 与实体 1 组配后的语义是非空间义，如"事后""……小时后""药后、疗程后"等。当实体 2 是深灰色时，表示实体 2 与实体 1 组配后的语义是空间义，如"门后""车后""山后""耳后"等。

从图 6-2 圆圈的大小可知，"……月后""事后""……小时后""药后"组配频率最高（最大圆圈），"酒后""脑后""灾后""……年代后""情况后"等组配频率相对较高（次大圆圈），"运动后""会议后""……年后""树后""房后"等组配频率相对较低（次小圆圈），而"店后""柜台后""办公桌后""午餐后"等组配频率相对最低（最小圆圈）。

从图 6-2 中节点 2 的颜色分布可以看出，"名词"与"后"的高频组配多表非空间义（浅灰色圆圈占明显优势），例如"事后""……小时后""药后""疗程后""手术后""情况后""酒后""病后"等都表非空间义，而且前 5 个高频组配都表非空间义，分别是"……月后""事后""……小时后"
"药后""酒后"，这说明方位后置词"后"在组配中的非空间义值得系统研
究。基于 BCC 语料库中名语素/词与"后"的组配语料，梳理出方位后置词
"后"的组配情况，分别排列出组配频次最高的前 20 个组配结构，见表 6-9：

表 6-9　名语素/词（×）与"后"的组配频次及语义类别

	× + 后	频次	语义类别
Top 1	……月后	18 759	非空间义
Top 2	事后	16 952	非空间义
Top 3	……小时后	14 458	非空间义
Top 4	药后	11 811	非空间义
Top 5	酒后	5 537	非空间义
Top 6	脑后	5 156	非空间义
Top 7	灾后	4 611	非空间义
Top 8	……年代后	4 587	非空间义
Top 9	情况后	4 449	非空间义
Top 10	手术后	4 328	非空间义
Top 11	疗程后	3 760	非空间义
Top 12	……时间后	3 388	非空间义
Top 13	门后	2 844	空间义
Top 14	雨后	2 624	非空间义
Top 15	车后	2 489	空间义
Top 16	晚饭后	2 453	非空间义
Top 17	……事件后	2 266	非空间义
Top 18	……星期后	2 042	非空间义
Top 19	病后	2 029	非空间义
Top 20	耳后	1 860	空间义

从表 6-9 可以发现很有趣的现象，即方位后置词"后"和名语素/词前
10 个高频组配中，所有构式均为非空间义的用法，"后"指的是时间轴上某一
参照点以后的时间，这一参照点可以是一个时间段（如"几个月后""几小时
后""90 年代后"等），也可以是一个事件（如"事后""药后""酒后""手
术后"等）。由此可见，名词和方位后置词"前""后"的组配情况并不简单，

本节仍然按空间义和非空间义进行区分，然后分别进行系统性描写。

（一）空间义

当"前"与"后"充当方位后置词时，"前"表示焦点的位置在参照物的前面，"后"表示焦点的位置在参照物的后面，组配后的表达式在形式上对称，在语义上对立。见表6-10：

表6-10　名词与"前/后"组配后表空间义的情况

名词 + 前	名词 + 后
村前	村后
屋前	屋后
门前	门后
车前	车后
人前	人后

在上述组配中，名词还是充当界标（LM）的角色，以名词所指称的实体为基准表达"前"和"后"的空间关系。其中，LM 是定向的，因为它要么具有固有的前/后不对称性，要么被概念化为具有前/后不对称性。

（二）非空间义

当"前""后"充当方位后置词与名词组配时，指的是时间轴上某一参照点以前或以后的时间，这一参照点可以是一个时间点、时间段，也可以是一个事件，凸显的是时间上的序列关系，其于 BCC 语料库的搜索，下文列出了名语素/词与"前/后"的组配频次，见表6-11：

表6-11　名语素/词（×）与"前/后"组配后表非空间义的情况

× + 前	频次	× + 后	频次
……月前	12 600	……月后	18 759
事前	5 342	事后	16 952
……小时前	2 429	……小时后	14 458
药前	3 893	药后	11 811
酒前	71	酒后	5 537

（续上表）

×＋前	频次	×＋后	频次
灾前	274	灾后	4 611
……年代前	924	……年代后	4 587
情况前	73	情况后	4 449
手术前	2 669	手术后	4 328

从表6－11可以观察出一个很有意思的语言现象，即非空间义用法中，"名语素/词＋后"的组配频次远高于"名语素/词＋前"的频次。"几个月后""事后""几个小时后"的频次更高，表示人们更倾向于描述事情发生后的情况。"药后"出现的频次远高于"药前"，说明人们更关注药物的治疗效果和副作用。"酒后""灾后"的频次更高，表示人们更关注饮酒、灾难的影响和后果。"……年代后""情况后""手术后"出现的频次更高，说明人们更关注某时期结束后的变化、情况的变化和结果以及手术的效果和后果。这与人类社会生活的逻辑场景是完全一致的。

三、小结

方位区别词"前""后"和其他语素/词组配，其形式可以描写为"空间词＋×"，如"前总统""前路""前人""后市""后山""后阶段"等。通过对组配结构的频次比较可知，方位区别词"前"和名语素/词组配前20个高频结构中，非空间义比例较大，且语义以表序列义为主，如"前总统""前女友""前政府"等，与之形成对应关系的并不是"后×"结构，而是"现总统""现女友""现政府"。而方位区别词"后"和名语素/词组配中，空间义占绝大多数，如"后山""后花园""后面""后部"等，"后×"的非空间义，主要是表示时间轴上相对靠后的位置，兼表序列义，例如"后市""后阶段""后人""后车"等，"前×"与"后×"的非空间义并不形成完全对称的关系。方位区别词"前/后"和其他语素/词组配的语义情况描述如下，如图6－3：

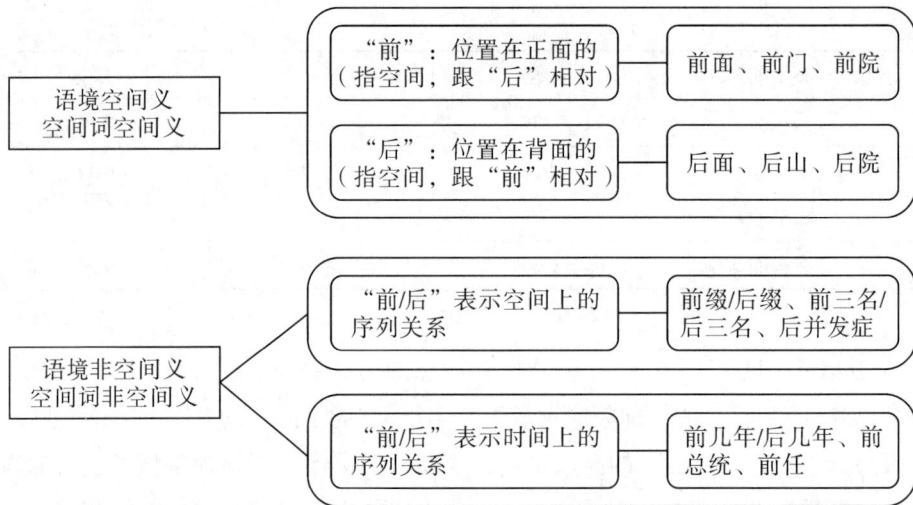

图 6 - 3　方位区别词"前/后"和其他语素/词组配的语义情况

　　方位后置词"前""后"和其他语素/词组配，其形式可以描写为"×＋空间词"，如"面前""几个月前""床前""春节前""几个月后""三小时后""药后""酒后""门后"等。通过对组配结构的频次比较可知，方位后置词"前"和名语素/词组配的前 20 个高频结构中，表空间义的组配占多数，如"面前""人前""床前""电脑前""车前"等都表示空间义，"前"的空间义为"在某物的前面"，非空间义则指的是时间轴上某一参照点以前的时间，这一参照点可以是一个时间点，也可以是一个事件，如"五点前""春节前""手术前""临睡前"等，如"睡觉""手术"等。而方位后置词"后"的前 20 个高频结构中，表非空间义的组配占多数，如"三个月后""药后""酒后""灾后""手术后""雨后""晚饭后"等，"后"指的是时间轴上某一参照点以后的时间，是非空间义。"名词＋后"的组配频次远高于"名词＋前"的频次是因为人类更关注某一事件发生后的情况，这与人类社会生活的逻辑场景一致。方位后置词"前/后"和其他语素/词组配的语义情况描述如下，如图 6 - 4：

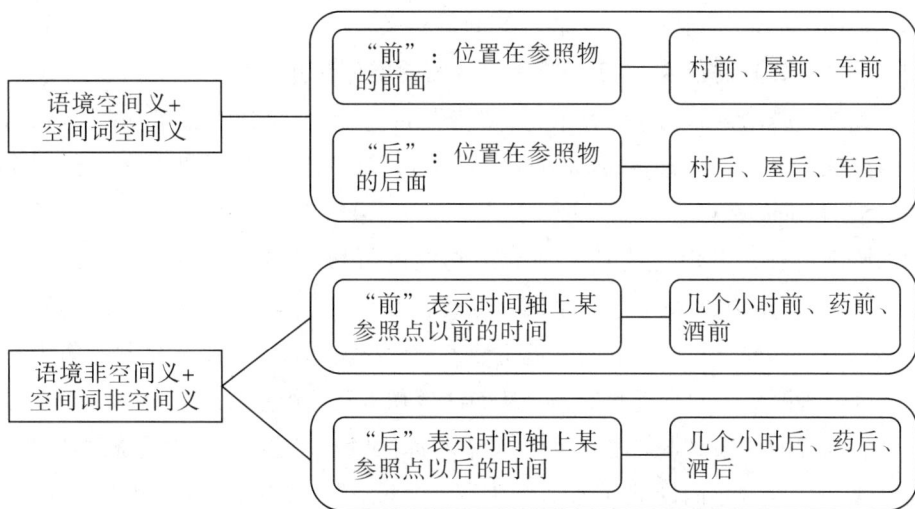

图6-4　方位后置词"前/后"和其他语素/词组配的语义情况

第二节　位移动词 "来" 与 "去"

　　"来"和"去"是汉语中的常用动词，一直受到学界的广泛关注，其研究成果也非常丰富。研究发现，影响"来"和"去"选择的最主要的因素是空间位移与说话人的关系，这一结论对于我们深入了解"来"和"去"的句法、语义特点有着重要的启示和作用。

　　作谓语的"来"和"去"是位移动词，物理空间的位移义是其原型语义。"来"表示趋近说话人，"去"表示远离说话人。位移是最普遍的现象之一，事物所处的空间位置相对发生改变都属于位移。但除了空间义的用法，"来"和"去"非空间义的用法也十分常见。《现代汉语词典》（第7版）描写了"来"共16个义项，与吕叔湘（1980）归纳的"来"主要用作动词、趋向动词、助词、名词、词缀相一致。"去"的用法不如"来"那么丰富，主要用作动词和趋向动词。

　　赵元任（1979）认为普通话中的"来"充当可能补语时，其位移义已无法凸显，例如"这事儿我做不来。""江西菜我吃不来。"等。刘月华（1998）指出，当"来"与动词"醒"组配时，"来"表示醒的状态（例如"醒来"）。袁毓林等（2009）对"来"的句法特征进行了描述，主要讨论的是"来"与"去"的词类归属问题。牛彬（2019）认为普通话中的"来"可以与感官动词

"看""想""说"组配，并不表示空间位移义，而是表"估测"的非空间义，例如"<u>看来</u>你真的很爱他/现在<u>想来</u>，他的话不是没有道理。"

此外，跨语言的比较研究指出，"来"常与积极意义联系，"去"常和消极意义联系（Clark，1974；Gandour，1978），汉语的"来"和"去"分别对应英语的 come 和 go。陈佳（2015）基于 BNC 语料库分析了与 go 组配的形容词的语义特征，发现这些具有强组配功能的形容词都具有消极意义，例如 mad、wrong、bust、crazy 等。牛彬（2019）认为，这与"来"和"去"的原型义相关。这种空间位置上的靠近说话人和远离说话人，在隐喻机制的作用下发展为心理距离上的靠近和远离，从而产生积极和消极意义。因此，汉语学习者所要掌握的"来"与"去"的语义语用远比想象的复杂，尤其是包含"来"与"去"的复合趋向动词（如"上来"/"下来"、"上去"/"下去"等），该部分内容将分散在垂直轴、水平轴和内外轴中详述，在此不设专节详述。

第三节 "过来"和"过去"

《现代汉语词典》（第七版）认为"过来"可以作动词和趋向动词，作动词时，"过来"表示从另一个地点向说话人（或叙述的对象）所在地来，例如："快<u>过来</u>，班主任<u>过来</u>了。"作趋向动词时，有四种用法，分别是：①用在动词后，表示来到自己所在的地方，例如："他赶紧向妈妈<u>跑过来</u>。""他想从马路对面<u>冲过来</u>。"②用在动词后，表示正面对着说话人，例如："<u>转过脸来</u>""<u>转过身来</u>"。③用在动词后，表示回到原来的、正常的状态，例如："<u>醒过来</u>""<u>恢复过来</u>"。④用在动词后，表示时间、能力、数量充分（多跟"得"或"不"连用），例如："这活我<u>干得过来</u>/<u>忙不过来</u>"。

"过去"与"过来"一致，既可以作动词也可以作趋向动词。作动词时，"过去"表示离开或经过说话人（或叙述的对象）所在地向另一个地点去，例如："刚<u>过去</u>一个人。""门口<u>过去</u>一辆车。"作趋向动词时，有五种用法，分别是：①用在动词后，表示离开或经过自己所在的地方，例如："<u>踢过去</u>""<u>拿过去</u>""<u>跑过去</u>"。②用在动词后，表示反面对着说话人，例如："<u>翻过去</u>"。③用在动词后，表示失去原来的、正常的状态，例如："<u>晕过去</u>""<u>昏过去</u>"。④用在动词后，表示通过，例如："<u>骗不过去</u>""<u>混不过去</u>"。⑤用在形容词后，表示超过（多跟"得"或"不"连用），例如："鸡蛋还能<u>硬得过石头去</u>？""天气再热，<u>也热不过乡亲们的心去</u>"。

从汉语学习者的视角来看，"过来"和"过去"作动词充当句子谓语的用法不是习得的难点，物理世界的空间位移容易理解，学习者只要知道"过来"和"过去"主要是"来"和"去"的对立就能正确产出此类表达。本节主要围绕"过来"和"过去"充当趋向补语的用法展开分析，比如"醒过来""恢复过来""忙得过来""昏过去""翻过去"中"过来/过去"的非空间义的用法，是教学的难点。《桥梁：实用汉语中级教程》和《现代汉语八百词》对"过来"非空间义用法的解释是"回到原来的、正常的或较好的状态"，对"过去"的解释是"失去正常状态"，汉语学习者看到这样的解释就会产出下列的偏误句：

（26）她一直不开心，今天*笑过来了。
（27）她妈妈一直工作，终于*病过去了。①

汉语学习者会出现这样的偏误，是根据教材和工具书中的解释类推的结果。按照解释，"过来"表示"回到原来的、正常的或较好的状态"，那么从"不开心"到"开心"（笑）完全符合这个状态变化的逻辑。而按照"过去"的解释，从工作时的健康状态到"病"的状态，符合"过去"表示"失去正常状态"的解释。因此，本体研究的成果面向汉语教学时会遇到很多挑战。

一、"过来"的非空间义

为了展示趋向动词"过来"和其他词语高频组配的整体情况，我们仍采用嵌套三元组的方式来构建知识图谱，首先对"×过来"的语料进行收集和清理，再结合"×过来"作为一个整体与名词组配的信息，尽量全面地提供"×过来"的语境背景，复合趋向动词"过来"和其他词语高频共现的知识图谱展示如图6-5：

---

① 这两例引自朱京津. 趋向补语"过来""过去"的二语习得释义策略［J］. 汉语学习，2017（2）：106-112.

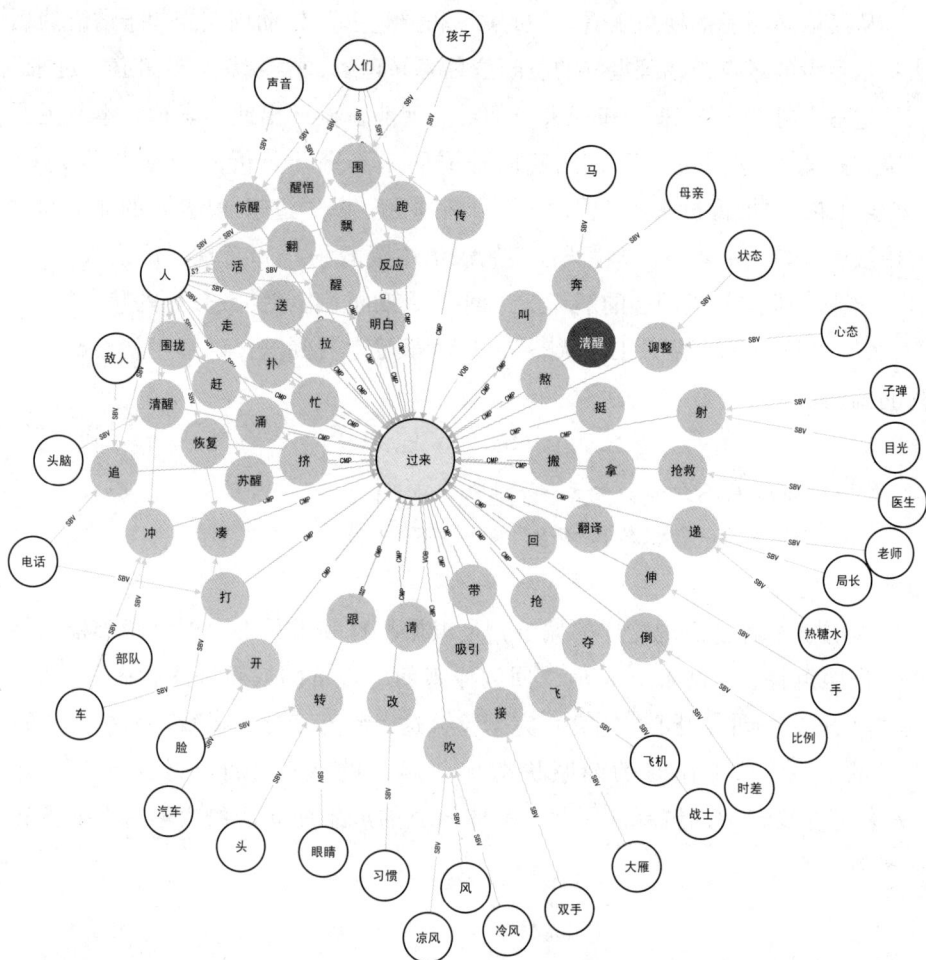

图 6-5 复合趋向动词"过来"和其他词语高频共现的知识图谱

从图 6-5 可以看出，实体 1"过来"与高频共现动词（浅灰色）和形容词（深灰色）实体 2 之间的关系是动补关系（图中用英文字母 CMP 表示）。在嵌套三元组构建的知识图谱中，颜色与词性对应。其中，浅灰色圆圈表示动词（如"抓""靠""端""追""醒"等），深灰色圆圈表示形容词（如"清醒"），白色圆圈表示普通名词。

知识图谱可以提供很多丰富的组配信息，以图 6-5 中的"射过来"为例，趋向动词"过来"是实体 1，动词"射"是实体 2，实体 1 和实体 2 之间的关系是动补关系（图中用英文字母 CMP 表示），但"射"又可以和新的实体"目光""子弹"（白色圆圈）构成一个新三元组，新三元组的结构关系是主谓结构（图中用英文字母 SBV 表示），即"目光射过来""子弹射过来"是高频组配。同理，看到动补结构"接过来"，可以知道"双手接过来"是高频组配；看到动补结构"开过来"，可以知道"车/汽车开过来"是高频组配；看到动补结构"惊醒过来"，可以知道"人/人们惊醒过来"是高频组配；看到动补结构"倒过来"，可以知道"时差倒过来""比例倒过来"是高频组配；看到动补结构"调整过来"，可以知道"状态调整过来""心态调整过来"是高频组配。

同时，看到名词"声音"，可以知道"声音飘过来""声音传过来"是高频组配。看到名词"脸"，可以知道"脸凑过来""脸转过来"是高频组配。同时，可以看到动补结构"冲过来、走过来、醒过来、围拢过来、扑过来、赶过来、反应过来、围过来、恢复过来"等都享有同一个高频共现名词，即"人"。

虽然嵌套三元组的知识图谱能提供非常丰富的词语共现信息和语境信息，但"动词+过来"的语义类别特征并没有呈现，因此接下来的分析我们将立足 BCC 语料库，对"动词+过来"的组配结构进行穷尽式的搜索（共 68 828 条，其中 2 382 个动词参与了组配），分别排列出了组配频次最高的前 20 个组配结构并进行了具体的语义分析，见表 6 - 12：

表 6 - 12　"动词+过来"结构的组配频次及语义类别

	动词+过来	频次	语义类别
Top 1	反应过来	4 051	非空间义
Top 2	跑过来	3 154	空间义
Top 3	转过来	2 905	空间义
Top 4	打①过来	2 323	兼有
Top 5	冲过来	1 870	空间义
Top 6	活过来	1 852	非空间义
Top 7	明白过来	1 678	非空间义
Top 8	恢复过来	1 429	非空间义
Top 9	扑过来	1 369	空间义
Top 10	苏醒过来	1 303	非空间义
Top 11	递过来	1 113	空间义

---

① "打过来"（2 323），合并了"打过来"（1 266）和"打电话过来"（1 057）。

（续上表）

	动词 + 过来	频次	语义类别
Top 12	伸过来	969	空间义
Top 13	飞过来	931	空间义
Top 14	惊醒过来	861	非空间义
Top 15	抢过来	846	空间义
Top 16	开过来	821	空间义
Top 17	醒悟过来	736	非空间义
Top 18	倒过来	714	空间义
Top 19	拉过来	712	空间义
Top 20	发过来	651	非空间义

从表 6 - 12 可以看出，与其他趋向动词作补语相比，"动词 + 过来"的非空间义并不算丰富，在前 20 个高频组配中，只有 8 个组配是非空间义的用法，分别是"反应过来""活过来""明白过来""恢复过来""苏醒过来""惊醒过来""醒悟过来""发过来"。其他的组配都是空间义的用法，表示位移主体从另一个地方向说话人移动而来。"过"表示"经过某一处所"，语义重点在位移的过程，具体位移的方向义需要与趋向动词"来"和"去"共同承担。

此外，表 6 - 12 中"动词 + 过来"的非空间义，都是表示状态的转化，即动词与"过来"组配后其语义从空间域投射到状态域，表示从一个状态向另一个状态改变的过程及结果。一般是指由没有知觉到有知觉、从没有意识到有意识、从错误到正确、从模糊到清楚、从糟糕的状态到正常的状态等，是从消极的不乐观的状态向积极的乐观的状态的改变，这一方向性是不可逆的。能与之组配的动词包括以下几类：

（1）"过来"和"度过"类的动词组配，如"活""熬""混""挨""闯""坚持""磨""挺""挣扎""逃"等。例如：

（28）安娜前后被监禁过三次，都坚强地熬过来了。

（29）腿练肿了，手磨破皮了，他硬是咬着牙坚持挺过来了。

（30）他算是闯过来了，第二次的婚姻十分美满。

上述三个例句中的"过来"并不表示经历了困难或挑战，并成功度过、克服或战胜它们，这是整个"动词 + 过来"的语义。此处"过来"表示的非空间义是指从 A 状态转换到 B 状态，这是基于空间位移关系中从某处向说话人移动的原型图景，而且是从糟糕的状态到正常的状态、良好的状态。这类动词也可以和"过去"组配，语义稍有差别。例（28）中的"熬过来"强调的是安娜在过去的监禁经历中所表现出来的坚强，如果用"熬过去"则强调那些监禁的经历终于过去了。例（29）中的"挺过来"强调了面对困难时的顽强和坚持不懈，如果用"挺过去"则强调状态的改变。例（30）中的"闯过来"突出了他第一次婚姻的不尽如人意，第二次婚姻的幸福是经历了一些困难和挑战后才取得的美满结局，用"闯过去"更强调结果。

（2）"过来"和"苏醒"类动词组配。如"活""醒""苏醒""清醒""缓""恢复""回（神）""唤""救""抢救"等。例如：

（31）等剧务大声叫他时才醒过来，稀里糊涂地拍完了戏。

（32）当我从痴呆中渐渐缓过来，我开始放声大哭。

（33）他自杀过，但没有死，被人救过来了。

这三个例句中的"过来"也并不表示从某种不好的状态或情况中恢复过来，重新进入正常状态，这也是整个"动词＋过来"的语义。值得注意的是，这一类的"过来"无法换成"过去"，因为此类组配中的动词本身具有从昏迷、无意识的状态到清醒、有意识的状态，或从生病状态到健康状态的含义，它们只能与"过来"配适，无法和"过去"配适，因为越来越远离说话人的人或事是处于越来越无法掌控的、不清晰的状态的。

（3）"过来"和"醒悟"类动词组配，如"明白""悔悟""惊悟""醒悟""意识""反应"等。例如：

（34）我愣了一下，不过马上就明白过来了。

（35）女孩被这突如其来的变故吓傻了，半天都没反应过来。

（36）经他一说，众人顿时醒悟过来。

（37）待我意识过来，她已经说完了。

上述例句中的"过来"也指状态的改变，通常意味着意识或认知的转变。"明白过来"表示从不理解到理解的转变；"反应过来"表示从惊讶、震惊或懵懂的状态中恢复到正常的状态；"醒悟过来"指从不理解、不明白某件事到了解、明白某件事的转变；而"意识过来"表示从没有意识到某件事到意识到某件事的转变。此类动词也不能和"过去"组配。

（4）"过来"和"改变"类动词组配，如"变""改变""改""改造""改正""矫正""纠正""扭""正"等。例如：

（38）这种做法是不足取的，应该坚决改变过来。

（39）把错了位的东西纠正过来，关系理顺了，大家才会有干劲，才谈得上加强管理。

（40）把一段时间里不讲礼貌的社会风气改造过来。

（41）"内八字"终于被她矫正过来了。

以上四例中，"过来"仍指状态或情况的转变。"改变过来"一定是从不太好的状态改变为现在更好的状态；"纠正过来"表示从错误的状态转变为正确的状态；"改造过来"表示从不良的社会风气转变为良好的社会风气；"矫正过来"表示从错误的姿态或行为转变为正确的姿态或行为。此类动词也无法和"过去"组配。

总的来说，"过来"的空间义和非空间义并不复杂，"过来"的空间义表示从某处向说话人移动，既可以作谓语，如"快过来"，又可以作补语，如"快跑过来"。作谓语时，"过来"既表示位移动作，又表示位移方向；作补语时，"过来"表示位移路径和方向。语例证明，"过来"的非空间义是语境非空间义影响的结果，在非空间义的语境中，"过来"指状态或情况的转变方向，只不过位移主体是抽象名词（意识、知觉、状态等），如"醒过来""纠正过来""救过来"等。

此外，动词与"过来"组配，表示能不能完成，侧重表示是否具有完成一定数量的工作的能力、条件，常跟能力、时间、数量有关，一般与"得""不"一起用。常搭配的动词有"照顾""忙""干""招呼""做"等。例如：

（42）这么多事，你忙得过来吗？

（43）虽然活多，但人也多，干得过来。

（44）来了那么多客人，我都招呼不过来了。

（45）这么多手术，专家怎么做得过来。

（46）环岛一两千里的沙滩，政府管得过来吗？

（47）一只手数不数得过来？

（48）这笔账谁都算得过来。

（49）县里工作千头万绪，你怎么对付得过来？

　　虽然以上例句中的"过来"不可省略，但"有能力实现"的语义是整个结构（动词＋得＋趋向动词）的语义，因为换了趋向动词后，整个结构的语义没有变化，例如"吃得下去""爬得上去"也是指有能力实现。上述例句中"过来"的语义，仍然属于"状态或情况的转变方向"的非空间义。

二、"过去"的非空间义

　　为了展示趋向动词"过去"和其他词语高频组配的整体情况，我们仍采用嵌套三元组的方式来构建知识图谱，首先对"×过去"的语料进行收集和清理，再结合"×过去"作为一个整体与名词组配的信息，尽量全面地提供"×过去"的语境背景，复合趋向动词"过去"和其他词语高频共现的知识图谱展示如图6-6：

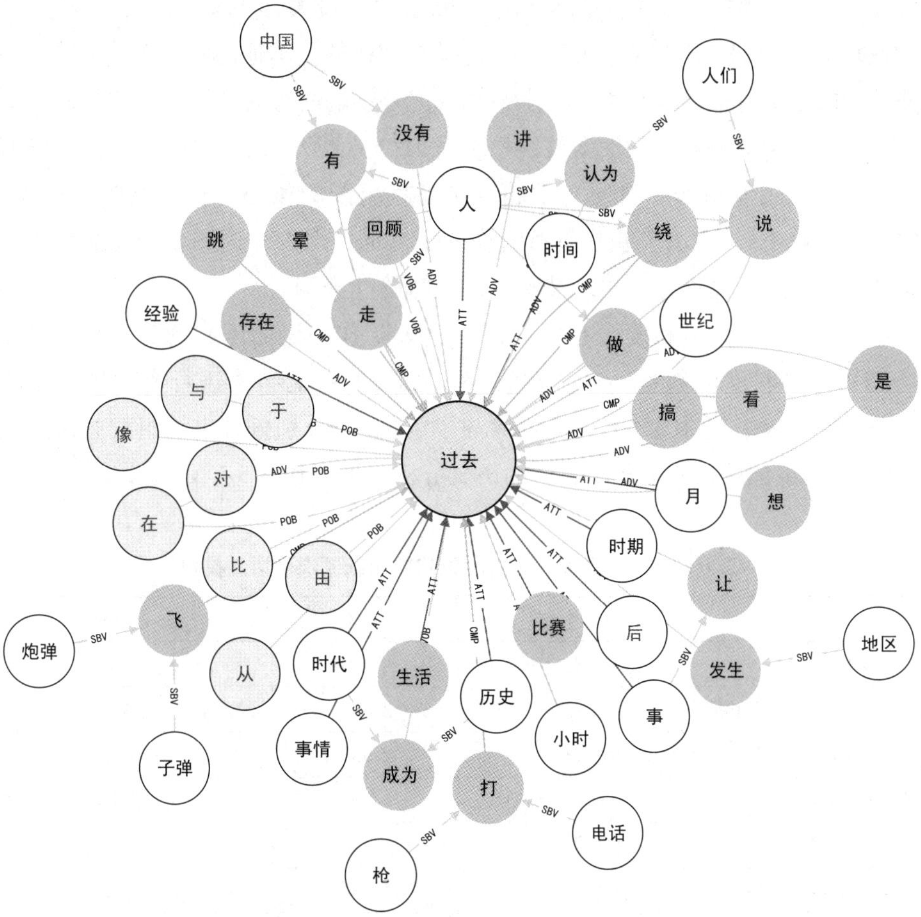

图6-6　复合趋向动词"过去"和其他词语高频共现的知识图谱

从图6-6可以看出，相比其他复合趋向动词的知识图谱，"过去"的知识图谱要简单很多。实体1"过去"，与高频共现动词（浅灰色）实体2之间的关系是动补关系（图中用英文字母CMP表示）。在嵌套三元组构建的知识图谱中，颜色与词性对应。其中，浅灰色圆圈表示动词（如"走""看""打""绕"等），波浪线底纹圆圈表示介词（如"与""于""对""比""从""在"等），白色圆圈表示普通名词。

相比起来，"过去"的知识图谱所提供的信息要简单得多，以图6-6中的"飞过去"为例，趋向动词"过去"是实体1，动词"飞"是实体2，实体1和实体2之间的关系是动补关系（图中用英文字母CMP表示），但"飞"又可以和新的实体"炮弹""子弹"（白色圆圈）构成一个新三元组，新三元组的结构关系是主谓结构（图中用英文字母SBV表示），即"炮弹飞过去""子弹飞过去"是高频组配。同理，看到动补结构"打过去"，可以知道"枪打过去""电话打过去"是高频组配。除了"走过去""跳过去""晕过去""看过去""打过去""飞过去"这几组动补结构外，其他的实体2并不符合动补结构的语义特征。但垂直轴、水平轴、内外轴的所有动补结构用的是同类型的语料，使用的是同样的图谱编制呈现，"过去"所呈现的图谱和其他图谱有明显区别，其他图谱一看便知动趋结构是其组配的核心结构，但在"过去"的知识图谱中，"过去"更多地被看作一个名词，因为介词和名词才能构成介宾结构，所以图谱中才会出现波浪线底纹圆圈（介词）。

为了更系统地分析复合趋向动词"过去"作补语的语义情况，我们将立足于BCC语料库的数据，对"动词×过去"的组配结构进行穷尽性的搜索（共100 906条，其中3 415个动词参与了组配），分别排列出了组配频次最高的前20个组配结构并进行了具体的语义分析，见表6-13：

表6-13　"动词+过去"结构的组配频次及语义类别

	动词+过去	频次	语义类别
Top 1	走过去	10 810	空间义
Top 2	跑过去	2 637	空间义
Top 3	冲过去	2 555	空间义
Top 4	晕过去	1 806	非空间义
Top 5	扑过去	1 800	空间义
Top 6	看过去	1 734	空间义

（续上表）

	动词＋过去	频次	语义类别
Top 7	死过去①	1 552	非空间义
Top 8	昏过去	1 471	非空间义
Top 9	睡过去	1 309	非空间义
Top 10	打过去	1 211	空间义
Top 11	转过去	1 036	空间义
Top 12	望过去	1 033	空间义
Top 13	飞过去	863	空间义
Top 14	赶过去	830	空间义
Top 15	熬过去	805	非空间义
Top 16	送过去	770	空间义
Top 17	递过去	760	空间义
Top 18	奔过去	736	空间义
Top 19	凑过去	696	非空间义
Top 20	跳过去	542	空间义

从表6－13可以看出，在前20个高频组配中，仅有6个属于非空间义用法，分别是"晕过去""死过去""昏过去""睡过去""熬过去""凑过去"。其他组配都是空间义用法，表示位移主体离开或经过自己所在的地方，例如："走过去""跑过去""冲过去"。

表6－13中"动词＋过去"的非空间义，也可以表示状态的转换，其转换的方向与"动词＋过来"相反，一般指从有意识到失去意识，从有知觉到失去知觉，能与之组配的动词包括以下几类：

（1）"过去"与"忍受"类的动词组配，如"忍""熬""挨""挺"等。例如：

（50）再大的困难，只要咬咬牙，忍耐一下就挺过去了。

（51）那个冬天真是冷极了，我现在总算是挨过去了。

（52）多少苦日子都熬过去了，如今是咱们的天下，活都活不够啊。

---

① 此处（1 552）合并了"死过去"（918）与"昏死过去"（634），主要是指"昏死过去""睡死过去"这类。

前文在分析"动词+过来"时有指出,这类动词既可以和"过来"组配,也可以和"过去"组配,此处"过去"表示的非空间义是指从 A 状态转换到 B 状态,也是基于空间位移关系中位移主体向说话人远离的原型图式,当动词和"过去"组配时,更强调困难、苦难终于过去,与"过来"组配则强调面临困难、苦难时的坚强与不易。

(2)"过去"与"对付"类动词组配,如"挡""对付""抵赖""躲""瞒""骗""搪塞""拖""混""忽略""闯"等。例如:

(53)每当这时,她会撒个小谎对付过去,妈妈总是信任她的。

(54)这个可恶的李保管分明是在报复,本来睁一眼闭一眼就瞒过去了,这家伙偏要揪住不放,结果毁了自己的大好前程。

(55)她竭力避开正面回答,企图混过去①,没想到秦妈妈抓住不放,而且逼着她回答。

(56)他是有心忽略过去的。

例(53)的"对付过去"意思是通过撒谎或欺骗等方式来应对或处理前文提及的某个情境或事件,例(54)的"瞒过去"指隐瞒或掩盖某种真相,例(55)的"混过去"指采取敷衍或避免的方式来规避某个情境或事件,例(56)的"忽略过去"指故意不去处理或忽视某个焦点,其中,"过去"意味着将位移主体推向某种方向或促使其达成某种目标。

这类动词偏好和"过去"组配,与"过来"组配受限。语料库中的组配数据显示,"对付过去"(103 例),"对付过来"(4 例);"瞒过去"(48 例),"瞒过来"(0 例);"混过去"(332 例),"混过来"(66 例);"忽略过去"(88 例),"忽略过来"(0 例)。其中动词"瞒""忽略"只和"过去"组配,不和"过来"组配,这是因为,"过去"作动词还表示"经过""通过",常常指通过难关、通过关卡、通过检查等,因此"瞒""忽略"无法和"过来"组配,"过来"即意味着谈论的对象和事件又要回到难关、检查等焦点上来,动词和趋向动词之间的语义无法配适。

(3)"过去"与"流逝"义动词组配,如"溜""流逝""耽误""混"等,表示时间、光阴的流逝,一去不返,向说话者远离。例如:

---

① 此例中的"混"指糊弄。

（57）每天对于我都十分重要，我不会让它白白<u>流逝过去</u>。

（58）从公元一九一八到一九八六，将近一百年的时间已经从中国人的眼皮子底下<u>溜过去</u>了。

（59）"一年之计在于春，一日之计在于晨"，如果在这时<u>耽误过去</u>一分钟，那么会顶平常一天甚至更多的时间。

（60）反正这点时间，坐着也<u>坐过去</u>了。

（61）听他唱一段两段，逗个趣，乐一乐，一天半天很容易就<u>混过去</u>①了。

（62）你先别急，等我这一阵子<u>忙过去</u>，再来帮你。

例（57）~（62），都表示时间的流逝，也意味着时间从现在走到了过去，因此，此类中的动词，都不能和"过来"组配，虽然语言中有"忙不过来"的用法，但无法表达时间的流逝或时间的到来，而是指无法完成或处理所有的工作和任务。

（4）"过去"与"昏迷"类动词组配，如"晕""昏迷""死"等少数几个动词，表示失去正常状态，多用于不好的意思。例如：

（63）顿时眼前一黑，我<u>昏了过去</u>。

（64）为什么我吃了辣的就像喝了酒一样<u>醉过去</u>？

（65）这本《物理学入门讲座》太难了，看了几行以后就昏沉沉<u>睡过去</u>了。

（66）打麻药是件恐怖的事情，我不敢想象麻醉药过了会不会<u>死过去</u>。

这一类是"动词 + 过去"非空间义的高频用法，在前 20 个高频组配中 90% 的非空间义属于此类。如果将有意识的、正确的、健康的状态和无意识的、错误的、不健康的状态分为两类，"过来"和"过去"还是有明显的位移方向性。

此外，动词与"过去"组配表示一种比较关系，表示"胜过""超过"之义，与之组配的词语是表示较量、比较意义的动词以及少数形容词（如"赛""赶""厉害""大"），例如：

---

① 此例中的"混"指虚度光阴。

（67）在路上被我们赶过去，在休息的地方又追上来。

（68）胳膊还拧得过大腿去？

（69）他再厉害，也厉害不过你姐姐去。

三、小结

从上文的分析可以看出，与垂直轴的趋向动词相比，"过来""过去"的非空间义并不算丰富。在"动词+过来"和"动词+过去"前20个高频组配中，从没有意识到有意识的"过来"，和从有意识到失去意识的"过去"是最高频的用法，例如，"反应过来""活过来""明白过来""恢复过来""苏醒过来""惊醒过来""醒悟过来"和"晕过去""死过去""昏过去""睡过去"等。

能和"过来"组配的动词，主要有以下几类，分别是："度过"类动词，如"活""熬""混""挨""闯""对付""坚持""磨""挺""挣扎""逃"等；"苏醒"类动词，如"活""醒""苏醒""清醒""缓""恢复""回（神）""唤""救""抢救"等；"醒悟"类动词，如"明白""悔悟""惊悟""醒悟""意识""反应"等；"改变"类动词，如"变""改变""改""改造""改正""矫正""纠正""扭""正"等。其中，"苏醒"类动词和"过来"是高频组配，应该是语法教学的重点。"动词+过来"的非空间义用法，都是表示状态的转化，表示从一个状态向另一个状态改变的过程及结果。一般是指由没有知觉到有知觉、从没有意识到有意识、从错误到正确、从模糊到清楚、从糟糕的状态到正常的状态等，是从消极的不乐观的状态向积极的乐观的状态的改变，这一方向性是不可逆的。有些动词只能与"过来"组配，无法和"过去"组配，因为越来越远离说话人的人或事是处于越来越无法掌控的、不清晰的状态，如"*缓过去""*醒过去""*救过去"等。

总的来说，"过来"的非空间义主要是受语境非空间义影响的结果。虽然语境是非空间义，和"过来"组配的词语也是非空间义，但"过来"仍可以清楚感知到位移的路径和方向，只不过在整个位移图式中，位移主体是抽象的，位移起点和位移终点都是抽象的。例如"我马上明白过来了。"位移主体是"意识"，位移起点是"迷糊的懵懂的意识状态"，位移终点是"清晰明白的意识状态"，而"过来"其实凸显的仍然是原型图式中的位移方向。

能和"过去"组配的动词，主要有以下几类，分别是："忍受"类动词，如"忍""熬""挨""挺"等；"对付"类动词，如"挡""对付""抵赖"
"躲""瞒""骗""搪塞""拖""混""忽略""闯"等；"流逝"义动词，
如"溜""流逝""耽误""混"等；"昏迷"类动词，如"晕""昏迷""死"
等少数几个动词。其中，"昏迷"类动词和"过去"是高频组配，应该是语法
教学的重点。"动词＋过去"的非空间义，也可以表示状态的转换，其转换的
方向与"动词＋过来"相反，一般指从有意识到失去意识，从有知觉到失去
知觉。"对付"类动词偏好和"过去"组配，不和"过来"组配，这是因为
"过去"作动词还表示"经过""通过"的语义，常常指通过难关、通过关卡、
通过检查等，因此"*瞒过来""*忽略过来"不合语法，这是因为动词和趋
向动词之间的语义无法配适。

　　"过去"的非空间义主要指从有意识到无意识状态变化的方向，所以有
"昏过去""睡过去""晕过去""死过去"等表达，但并不是所有的动词都可
以和"过去"组配，如"*病过去"则不合语法，这是因为"生病"大部分
的时候，病人仍然是有意识的，如果病到昏迷，则可以用"昏迷过去"，那么
这个观点就可以解释在本节开头外国学生的偏误原因。因此，组配动词和趋向
动词之间语义的配适性是教学上应该关注的重点。

　　值得注意的是，"忍受"类动词（如"熬""挺""挨""闯"等）既可
以与"过来"组配，也可以与"过去"组配，表示从一个状态向另一个状态
改变的过程及结果。虽然"动词＋过来"和"动词＋过去"的语言形式并存，
但并不代表这两组表达是可以随意替换的。张幼冬（2010）指出此类"动
词＋过来"和"动词＋过去"虽然结构相同，但"过来"的语义指向人，而
"过去"的语义指向事件。如"他总算熬过来了。"描述主体"他"从糟糕的
状态转化到了正常的状态，说话者的视角处于日常生活的常态，是正常状态，
"他"向正常状态的回归与"来"（向说话者靠近）的位移方向一致。而在
"艰难岁月总算熬过去了。"中，"过去"的语义指向事件"艰难岁月"，这一
事件逐渐远离说话人，即生活的非常态逐渐远离，与"去"（远离说话者）的
位移方向一致。其实，"敷衍"类动词（指"应付""对付""蒙混""躲"
"混"等）也是如此，"动词＋过来"的位移方向指向主体，"动词＋过去"
的位移方向指向事件。当然，与"忍受"类动词和"敷衍"类动词组配时，
"动词＋过来"和"动词＋过去"的使用频率并不是对称的，"动词＋过去"
的使用频率要明显高于"动词＋过来"，有少数的"动词＋过去"没有相对应
的"动词＋过来"。此外，"动词＋过来"和"动词＋过去"中"过来"和
"过去"除了语义指向的对立外，还体现在叙述时间的对立上，当叙述的事件

处于已然时间，"动词＋过来"和"动词＋过去"都成立，当叙述的事件处于未然时间，只能用"过去"而不能用"过来"。

现将复合趋向动词"过来""过去"和其他词语组配的语义情况描述如图6-7：

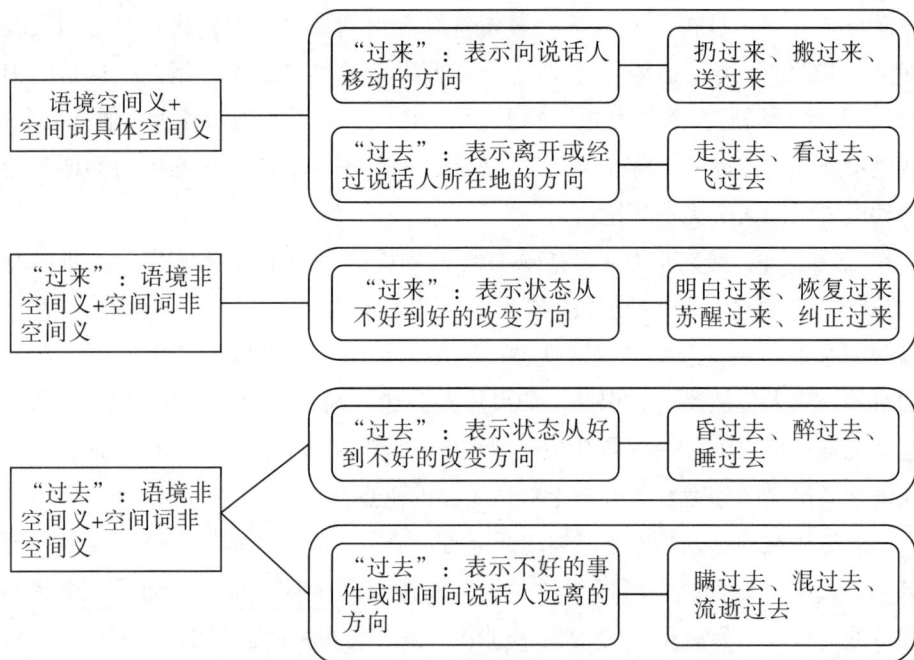

图 6-7　复合趋向动词"过来/过去"和其他词语组配的语义情况

第七章　内外轴的空间词

内与外是人类每天都能感受到的空间对立关系，例如，当我们醒来时，我们发现自己被墙、地板和天花板包围着——我们被限制在一个房间里。我们打开厨房的橱柜，打开一个大容器。我们拿出一盒麦片，把里面的东西（TR）从盒子里倒进另一个碗里。当我们吃麦片时，我们把碗里的食物转移到我们的身体里——身体本身就是容器（Tyler & Evans，2003）。显然，人类对容器和容器的基本理解很早就建立起来了。在心理学实验中，不到六个月的婴儿在看到没有底部的容器盛东西时会表现出惊讶，这表明这些婴儿已经形成了一种限制和支撑的理论（Lloyd，Sinha & Freeman，1981）。

空间概念的隐喻延伸是概念隐喻研究中最受研究者关心的议题，其中，空间词（spatial particles）通常是研究空间概念的语言学家们最常开始研究的语言形式。汉语里三组最基本的空间方位词"上/下""前/后""内/外"，它们在空间上具有几何对称性，但在自然语言使用中，并不一定呈现概念对称性（conceptual symmetry）的特点。

Tyler 和 Evans（2003）认为语言反应的是人类的概念系统，而不是真实的客观世界。概念结构在很大程度上是由人类如何感知、体验周围的空间物理世界并在与之互动的过程中构建的。简言之，经验被具象化。因此，趋向动词的多义现象来源于我们的具体经验以及对物理世界的概念化。人自身就被认知成一个容器，由于需要进食与排泄，"进"与"出"就成为人类感知世界的一对基本的空间关系词（Mahpeykar & Tyler，2014）。本章主要围绕内外轴展开分析，主要包括作方位词的"里/内"和"外"、作动词的"进"和"出"、简单趋向动词"进"与"出"，以及复合趋向动词"进来、出来、进去、出去、回来、回去"。

一般来说，当我们谈到"里/内"和"外"，我们就会联想到和空间词组配的名词是一个三维的立体的物体，比如盒子或房间。但语言学证据表明，虽然参照物的几何形状起到了一定的作用，但 LM 的概念化并不是由其几何形状决定的。Tyler 和 Evans（2003）举了三个例子：

（1）Turn right at George Street and go three blocks. （在乔治街右转，走三个街区。）

（2）There is a lot of traffic on this street. （这条街上车很多。）

（3）There are several potholes in the street in front of my house. （我家门前的街道上有几个坑。）

这三个例子中的参照物都是同一个实体——"街道"（street），但是，在每个空间场景中，讲述者都以不同的方式与 LM 互动和概念化。在例（1）中，"街道"被理解为空间上的一个点，这个点是"往右拐"这一行为的参照坐标。在例（2）中，"街道"被理解为一个二维的平面，on this street 被理解为"在这条街道上"，参照"上"的语义特点，"街道"不仅和车有接触关系，而且"街道"还为车的行驶提供力的支撑。在例（3）中，"街道"被理解为一个三维的物体，在这个物体里面，存在几个坑洼。如果说例（2）侧重强调"街道"的二维性（表面），例（3）则凸显了"街道"的内部构造。因此，同一个实体"街道"，在不同的语境背景中，可以被理解为一维、二维、三维三种不同的形状特点。内外轴中的这种包容的概念，是人类与物质世界相互交互的结果，并不简单地由物质本身的结构特点所决定。

第一节　方位名词　"里""中""内""外"

方位名词"内/外"的原型空间场景很好理解，在"内/外"与名词构成的空间关系中，TR 位于 LM 中，LM 一般具备三个显著的结构元素，分别是内部、外部和边界。内外轴的"内/外"与垂直轴和水平轴的空间词一样，体现了人类与自然互动最基本的空间关系，因为人体天然地被感受为一个容器，人的脏腑与骨骼，人通过口腔进食的食物和水，都被容纳在身体这一容器中，而人体的排泄物、泪水、汗水又都通过这个容器被排出。

包容本身是一种很复杂的关系，容器具有两面性的特点，一方面，容器可以为容器内的物体提供力的支撑，但同时，因为容器是有边界的，因此容器也会对物体有限制作用，例如花瓶里的花，可以保持直立的状态，是因为瓶子的边缘既有支撑又有限制，因此约束与支撑，这一对对立的概念并存于内外轴的空间词语义中。边界的概念非常重要，因为它在一定程度上区分了内部和外部。

Tyler 和 Evans（2003）指出英语的 in 至少有 27 种不同的语义，他在研究中特别强调了 LM 限制性的语义特点。他认为 on、at 和 in 都可以表示"状态"义，但每个空间词所表示的状态属性中存在着系统的、微妙的差异，因为这些非空间义都是基于各自的空间义原型图式的语义。比如 in，其语义就包含了限制性，所以英文中的 in love（恋爱中）和 in trouble（处于困境）都暗含限制的语义，in love 指恋爱的人沉浸在爱情中无法自拔，而 in trouble 通常也指不容易摆脱的状态。而 on the take（受贿）和 on the pill（服用避孕药）往往被理解为一种选择而不是束缚。Tyler 和 Evans（2003）指出这与 on 的原型空间场景一致，因为 on 不涉及位移的边界或约束。而 at 的语义则更强调对立意义，如 He rushed at me.（他向我冲过来）。因此，所有包含 on、at 和 in 短语的非空间义，都会体现 on、at 和 in 的细微语义差别，而这些细微差别就是来自空间词各自的原型空间场景。

Grady（1997）、Lakoff 和 Johnson（1999）认为，主要隐喻是基于共同的经验相关性，包括特定的界标（LM）和射体（TR）所经历的状态，或 TR 碰巧正在经历的特定情况。例如，婴儿（TR）坐在父母的腿上，被父母的怀抱（LM）包围，通常会体验到一种安全感和爱的感觉。当晚上一个人待在黑暗的房间里时，一些年幼的孩子会有一种恐惧和被孤立的感觉。通过在特定地点反复体验特定的情绪状态，位置与情绪和身体状态之间的关系就会建立起来。这种关联产生了概念联想，这样我们就可以概念化和词汇化该位置上的状态。

"外"与"内/里"表示空间场景的主要区别是 TR 的位置，在"内/里"的空间场景中，TR 位于 LM 的内部，而在"外"的空间场景中，TR 位于 LM 的外部，但观察者的视角仍然在内部，比如"坐在桌前看向窗外"，观察者位于房间内部。由于 LM 的边界性，进入内部总是不那么容易实现，因此，从身处内部区域的体验者的角度来看，"外"带有排除性的语义特征，例如，汉语里有"有些话不便当着外人说"，说话者自动划分出了内与外两个社会群体。本节将以内外轴的空间词为研究对象，从空间义和非空间义的角度展开细致的描写与分析。

一、方位区别词

方位区别词主要以"内（里）—外"组为讨论对象。

　　"外"既可以和"内"构成一对极性词组，也可以和"里"构成一对极性词组。对于这种"一"对"多"的情况，我们的处理方法是以"一"为基准，即以"外"的义项为基准来比对"内"和"里"。基于 BCC 语料库，本节梳理出方位区别词"内/外"的组配情况，分别排列出组配频次最高的前 20 个组配结构，见表 7-1 和表 7-2：

表 7-1　"外"与名语素/词（×）的组配频次及语义类别

	外 + ×	频次	语义类别
Top 1	外墙	7 531	空间义
Top 2	外膜	1 682	空间义
Top 3	外环	1 396	非空间义
Top 4	外皮	1 080	空间义
Top 5	外事	370	非空间义
Top 6	外静脉	360	空间义
Top 7	外区	360	非空间义
Top 8	外城	350	非空间义
Top 9	外卖	340	空间义
Top 10	外脑	331	非空间义
Top 11	外层	272	空间义
Top 12	外眼	264	空间义
Top 13	外星球	237	空间义
Top 14	外面	229	空间义
Top 15	外室	194	非空间义
Top 16	外班	168	非空间义
Top 17	外血管	162	空间义
Top 18	外国	159	非空间义
Top 19	外热	155	空间义
Top 20	外厅	154	空间义

　　从表 7-1 中可以看出，"外"与名语素/词组配后，空间义的用法即表示某参照物的外面，如"外墙""外膜""外层""外热"等，非空间义的用法是指和自己相对，非己为"外"，例如"外事""外区""外室""外班"等。再来看方位区别词"内"的组配情况，见表 7-2：

表7-2 "内"与名语素/词（×）的组配频次及语义类别

	内 + ×	频次	语义类别
Top 1	内膜	12 728	空间义
Top 2	内动脉	1 816	空间义
Top 3	内血肿	1 484	空间义
Top 4	内压力	1 382	空间义
Top 5	内肿瘤	1 345	空间义
Top 6	内室	1 295	空间义
Top 7	内支架	1 284	空间义
Top 8	内网	1 017	非空间义
Top 9	内劲	988	空间义
Top 10	内环	958	非空间义
Top 11	内经脉	905	空间义
Top 12	内胆	814	空间义
Top 13	内血管	798	空间义
Top 14	内瘘	649	空间义
Top 15	内部	626	空间义
Top 16	内高压	533	空间义
Top 17	内收肌	517	空间义
Top 18	内家	440	非空间义
Top 19	内气	431	空间义
Top 20	内院	363	空间义

从表7-2可以看出，"内"与名语素/词组配后的结构大部分表示的也是空间义，"内网""内环"的非空间义也是受到了组配名词抽象语义的影响，与表7-1中"外"的组配结构一致。"内家"已凝固成专有词汇，主要指刚隐于内的武术风格，或以内功为主的武术家，或"以静制动"的拳术。

因此，表空间义时，"外"的义项是"外边（跟'内'相对）"，"内"的义项是"里头（跟'外'相对）"，×是名语素。见表7-3：

表7-3　"内/外"与名语素（×）的组配

外＋×	内＋×
外部	内部
外面	内面
外衣	内衣
外伤	内伤
外科	内科

此组方位区别词"内/外"在前，分别和同一语素组配，组配后的词语在形式上对称，在语义上对立。此类中"内＋×"与"外＋×"互相依存，不可分割，共同构成一个义域的集合。比如"外衣"和"内衣"共同构成"衣服"这一子集，"外伤"和"内伤"共同构成"伤"这一子集。这一结构中的其他成员还有"内裤/外裤""内景/外景""内科/外科""内需/外需""内资/外资"等。

"外"除了和"内"构成反义关系外，还可以和"里（裏）"构成反义关系，"里（裏）"的义项是"里边（跟'外'相对）"，与名语素组配后表达式在形式上对称，在语义上对立。见表7-4：

表7-4　"里/外"与名语素（×）的组配

外＋×	里＋×
外边	里边
外屋	里屋
外圈	里圈

二、方位后置词

方位后置词"内/外"可以与名语素/词组配，"内/外"表示空间上的参照关系。为了展示名词和方位后置词"内""外""里""中"的组配情况，我们用知识图谱来构建方位词与名词之间的关系，在对包含方位后置词"内""外""里""中"的语料进行收集和清理后，将方位后置词与其共现的名词进行提取和匹配，名词和方位后置词"内""外"高频共论的知识图谱展示分别如图7-1和图7-2：

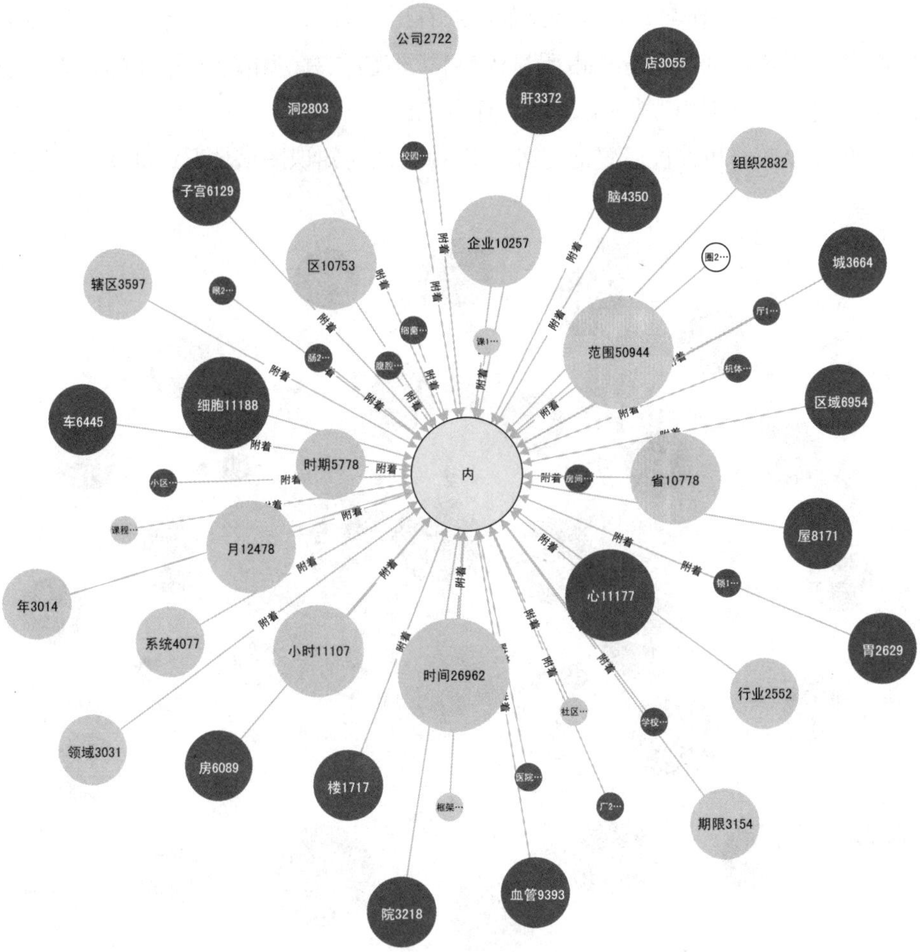

图7-1 名词和方位后置词"内"高频共现的知识图谱

从图7-1可以看出，实体1"内"与高频共现名词实体2之间的关系是附着关系。其中，当实体2是浅灰色时，表示实体2与实体1组配后的语义是非空间义，如"范围内""时间内""小时内""期限内"等。当实体2是深灰色时，表示实体2与实体1组配后的语义是空间义，如"细胞内""血管内""店内""车内"等。

从图7-1圆圈的大小可知，"范围内""时间内"组配频率最高（最大圆圈），"月内""细胞内""小时内""企业内"等组配频率相对较高（次大圆圈），"屋内""车内""子宫内""时期内"等组配频率相对较低（次小圆圈），而"肠内""校园内""医院内""学校内""锁内"等组配频率相对最低（最小圆圈）。

从图 7-1 中节点 2 的颜色分布可以看出，名词与"内"的高频组配多表空间义（深灰色圆圈的分布占明显优势），但前三高频组配中却又都是表非空间义，例如"范围内""时间内""月内"。

再来看名词和方位后置词"外"高频共现的知识图谱情况，如图 7-2：

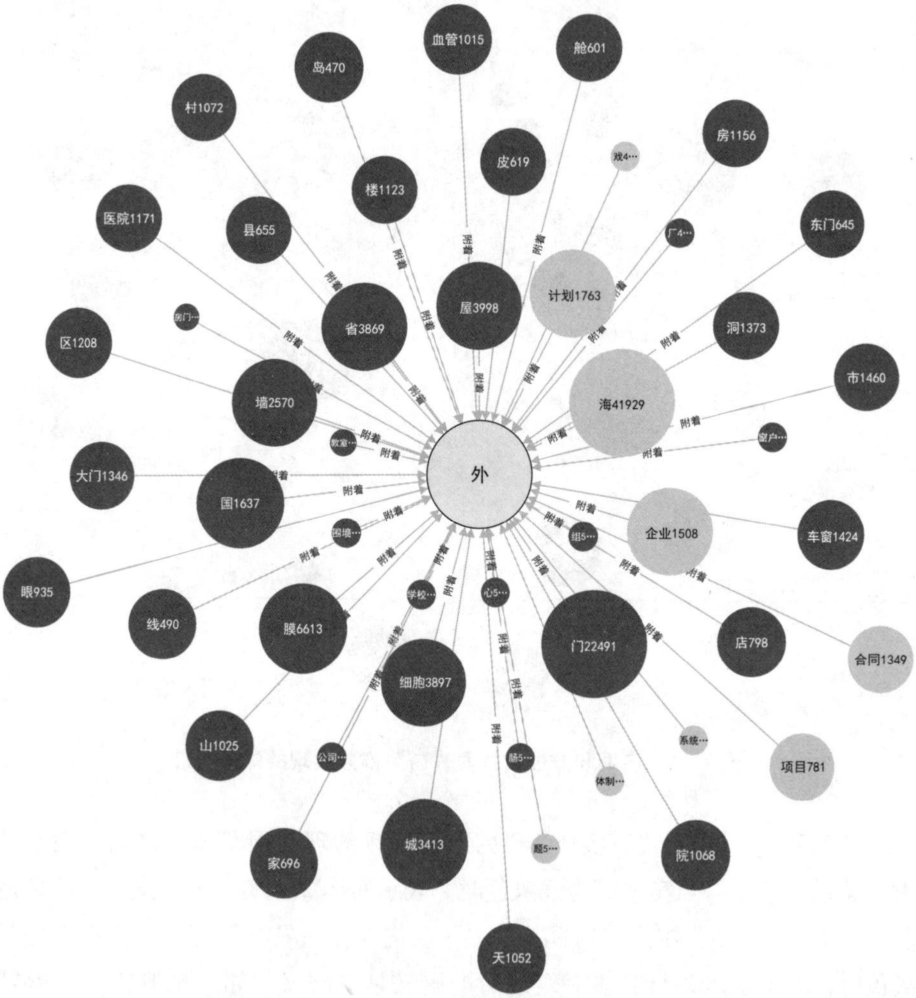

图 7-2 名词和方位后置词"外"高频共现的知识图谱

从图 7-2 可以看出，实体 1"外"与高频共现名词实体 2 之间的关系是附着关系。其中，当实体 2 是浅灰色时，表示实体 2 与实体 1 组配后的语义是非空间义，如"海外""企业外""计划外""合同外""项目外"等。当实体 2 是深灰色时，表示实体 2 与实体 1 组配后的语义是空间义，如"门外""墙外""省外""膜外"等。

从图7-2圆圈的大小可知,"海外""门外"组配频次最高(最大圆圈),"膜外""屋外""细胞外""省外"等组配频次相对较高(次大圆圈),"车窗外""大门外""医院外""合同外"等组配频次相对较低(次小圆圈),而"房门外""肠外""学校外""公司外"等组配频次相对最低(最小圆圈)。

从图7-2中节点2的颜色分布可以看出,名词与"外"的高频组配中空间义分布较广(深灰色圆圈的分布占明显优势),前五高频组配中有4个都是空间义,例如"门外""膜外""屋外""细胞外"。通过图7-1和图7-2的比较可知,相对于"内",方位后置词"外"与名词组配后的语义更多表示空间义的用法。

为了进一步了解方位后置词"内/外"在组配中的语义情况,本研究基于BCC语料库,梳理出方位后置词"内/外"和名语素/词组配频次最高的前20个组配结构,见表7-5和表7-6:

表7-5　名语素/词(×)与"内"的组配频次及语义类别

	×＋内	频次	语义类别
Top 1	范围内	50 944	非空间义
Top 2	时间内	26 962	非空间义
Top 3	月内	12 478	非空间义
Top 4	细胞内	11 188	空间义
Top 5	心内	11 177	空间义
Top 6	小时内	11 107	非空间义
Top 7	省内	10 778	空间义
Top 8	区内	10 753	空间义
Top 9	企业内	10 257	非空间义
Top 10	血管内	9 393	空间义
Top 11	屋内	8 171	空间义
Top 12	区域内	6 954	空间义
Top 13	车内	6 445	空间义
Top 14	子宫内	6 129	空间义
Top 15	房内	6 089	空间义
Top 16	时期内	5 778	非空间义
Top 17	脑内	4 350	空间义
Top 18	系统内	4 077	非空间义
Top 19	城内	3 664	空间义
Top 20	辖区内	3 597	空间义

从表7-5可以看出，在"×+内"的高频组配结构中，"细胞内""心内""血管内""子宫内""脑内"都与生物学相关，属于医学领域的专有用法，而"省内""区内""区域内""房内""辖区内"分别和地理位置相关。在非空间义用法中，"范围内"和"时间内"是最高频的用法，"时间内""月内""小时内"都属于时间范畴，"企业内"的用法则是将一个抽象的组织认知成一个容器。再来看方位后置词"外"的组配情况，见表7-6：

表7-6　名语素/词（×）与"外"的组配频次及语义类别

	×+外	频次	语义类别
Top 1	海外	41 929	非空间义
Top 2	门外	22 491	空间义
Top 3	膜外	6 613	空间义
Top 4	屋外	3 998	空间义
Top 5	细胞外	3 897	空间义
Top 6	省外	3 869	空间义
Top 7	城外	3 413	空间义
Top 8	墙外	2 570	空间义
Top 9	计划外	1 763	非空间义
Top 10	国外	1 637	空间义
Top 11	企业外	1 508	非空间义
Top 12	车外	1 502	空间义
Top 13	市外	1 460	空间义
Top 14	车窗外	1 424	空间义
Top 15	洞外	1 373	空间义
Top 16	合同外	1 349	非空间义
Top 17	大门外	1 346	空间义
Top 18	区外	1 208	空间义
Top 19	医院外	1 171	空间义
Top 20	房外	1 156	空间义

从表7-6可以看出，在前20个高频组配中，"海外"的频次最高，这表明"海外"在语言中的使用非常普遍，这是全球化和跨国交流日益增强的体现。"门外""屋外""城外""墙外"的"外"表示"外边"，"门""屋"

"墙"是参照界限,"细胞外""膜外"都与生物学相关,属于医学领域的专有用法。在非空间义用法中,"计划外""合同外"值得关注,将抽象名词"计划""合同"理解成一个封闭的容器,"计划外""合同外"表示某事物不在计划或合同的内容范围内。

从图7-1和图7-2,表7-5和表7-6的组配频次对比可以看出,名语素/词与"内/外"组配结构的语义在空间义和非空间义的分布上有着不同的特点。名语素/词与"外"组配后更倾向表示空间义,而名语素/词与"内"组配后前三高频组配都是非空间义的用法,而其中,范围与时间是最高频的两个范畴。接下来,本节将从空间义和非空间义的角度对方位后置词"内/外"的语义展开描写。

(一)表空间义的"内"与"外"

方位名词"内/外"作后置词,可以出现在名词后面,与名词组配成"名词+内/外"结构,组配后形式上对称,语义上对立。见表7-7:

表7-7 名词与"内/外"的组配

名词+内	名词+外
门内	门外
室内	室外
国内	国外
车内	车外

这类组配中名词是空间关系中的参照物,扮演"界限"的语义角色,对空间进行了划分。"门内/外"是以"门"为界限划分成了两个空间,"国内/国外"是以边境为界限划分出了两个空间。"门""室"虽然是边界概念,但是部分代替整体,在人头脑中所唤起的是一个容器图式,是一个整体概念,和"国"所唤起的图式是一致的。只要某一事物能在人脑中唤起"容器"这一图式,则此类词语都可以进入这一结构中来,比如"瓶内/瓶外""盒内/盒外"等。总的来说,这一类不是汉语教学的难点,汉语学习者在语言的输入和输出上都没有明显偏误。

（二）表非空间义的"内（里）"与"外"

1. 由空间域投射到范围域

"内"与"外"本来是指一个实体的内外对应关系，比如"教室内"和"教室外"，"教室"作为一个容器实体，边界是存在的，是可见可感的。在认知机制的作用下，我们把一些精神的、言语的东西和活动的过程也看作了一个实体，虽然这些实体的边界在客观世界中无法用视觉听觉去感知，但是在语言的世界里，我们把它看作一个容器，也具有边界性。"内（里）/外"也由标识空间关系转为标识范围关系。见表 7-8：

表7-8　表示范围的"内（里）/外"与名词（×）的组配

×＋外	×＋内	×＋里
课外	课内	课里
信外	信内	信里
话外（之音）	话内	话里（有话）
—	年内	?①

这一组"×内（里）/外"对于汉语学习者来说是较容易习得的，空位的情况也容易解释，因为汉语表达中不需要"*年外"这个概念。从逻辑上讲，语言系统内的这种空位也是允许出现的。虽然"×＋外"都有对应的"×＋内"和"×＋里"的语言形式，但名词和"内""里"的组配偏好是不同的。基于语料库的数据，"课内"共 1 597 例，"课里"共 109 例；"信内"共 401 例，"信里"共 2 101 例；"话内"共 71 例，"话里"共 3 215 例可知，"课内""信里"和"话里"是更高频、更常用的表达。

为了展示名词和方位后置词"里"的组配情况，我们用知识图谱来构建方位词与名词之间的关系，将方位后置词与其共现的名词进行提取和匹配，名词和方位后置词"里"高频共现的知识图谱展示如图 7-3：

---

① "×年里"无法单独使用，常和数词一起共现，比如"这一年里""过去几年里""未来的 10 年里"等。

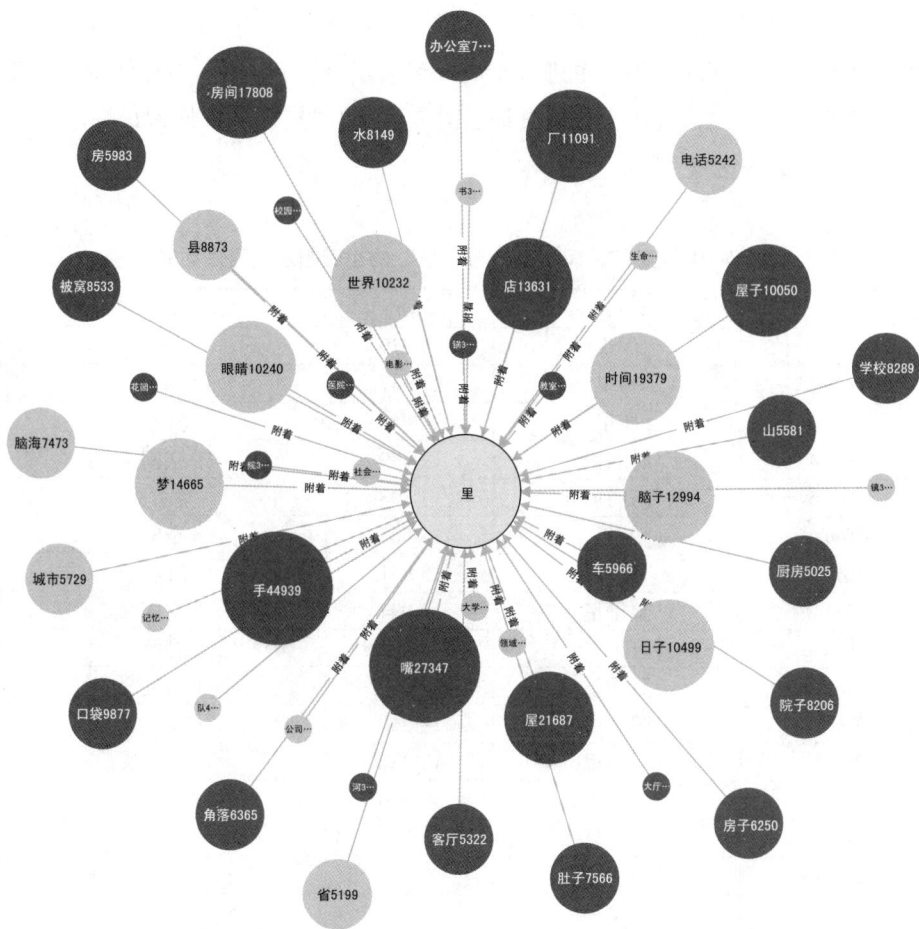

图 7 - 3　名词和方位后置词"里"高频共现的知识图谱

从图 7 - 3 可以看出，实体 1 "里"与高频共现名词实体 2 之间的关系是附着关系。其中，当实体 2 是浅灰色时，表示实体 2 与实体 1 组配后的语义是非空间义，如"世界里""眼睛里""日子里""时间里"等。当实体 2 是深灰色时，表示实体 2 与实体 1 组配后的语义是空间义，如"房间里""嘴里""手里""车里"等。

从图 7 - 3 圆圈的大小可知，"手里""嘴里"组配频次最高（最大圆圈），"屋里""时间里""房间里""梦里"等组配频次相对较高（次大圆圈），"被窝里""学校里""院子里""脑海里"等组配频次相对较低（次小圆圈），而"书里""电影里""社会里""生命里"等组配频次相对最低（最小圆圈）。

从图 7 - 3 中节点 2 的颜色分布可以看出，"名词"与"里"的高频组配中，空间义占比更多（浅灰色圆圈的分布占明显优势），而且，前 5 高频组配中有 4 个表空间义,例如"手里""嘴里""屋里""房间里",只有"时间里"单纯表非空间义。为了更进一步研究名语素/词与"里"组配情况,基于BCC 语料库,我们梳理出方位后置词名语素/词和"里"组配频次最高的前 20个组配结构,见表 7 - 9:

表 7 - 9　名语素/词（×）与"里"的组配频次及语义类别

	×＋里	频次	语义类别
Top 1	手里	44 939	兼有
Top 2	嘴里	27 347	空间义
Top 3	屋里	21 687	空间义
Top 4	时间里	19 379	非空间义
Top 5	房间里	17 808	空间义
Top 6	梦里	14 665	非空间义
Top 7	店里	13 631	空间义
Top 8	脑子里	12 994	非空间义
Top 9	厂里	11 091	空间义
Top 10	日子里	10 499	非空间义
Top 11	眼睛里	10 240	非空间义
Top 12	世界里	10 232	非空间义
Top 13	屋子里	10 050	空间义
Top 14	口袋里	9 877	空间义
Top 15	县里	8 873	非空间义
Top 16	被窝里	8 533	空间义
Top 17	学校里	8 289	空间义
Top 18	院子里	8 206	空间义
Top 19	水里	8 149	空间义
Top 20	肚子里	7 566	空间义

从表 7 - 9 可以看出,在名语素/词与"里"组配的前 20 个高频组配中,空间义的用法更多,其中"手里""嘴里""肚子里"是以人体器官为界限范围,"屋里""房间里""店里""厂里""屋子里""口袋里"以物体为界限范围,"里"表示在某个空间内的位置。而"时间里""梦里""脑子里""日子里""眼睛里""世界里"均为非空间义的用法,抽象名词被认知成一个容器,"里"表示在某个抽象空间内的位置。

我们从表 7 - 5 和表 7 - 9 的对比可以看出:其一,"内"和"里"虽然都与"外"相对,但"内"和"里"有各自的表义偏好。从表 7 - 5 可以看出,"内"最高频的用法是表示在某个范围内,第二高频的用法是表示在某个事件范围内，如"……时间内""……月内""……小时内""……时期内"等。"内"通常用来表示某物的内部，如"细胞内""心内""血管内"都与生物学相关，属于医学领域的专有用法，因此，"内"的用法更凸显与"外"的对立。其二，"×＋里"结构的整体使用频次要高于"×＋内"。相对来说，"×＋里"结构更常用于表示空间位置或关系，而"×＋内"组合则更常用于表示范围和时间关系。这就可以解释上文分析的名词和"内""里"的组配偏好不同，"课内"的组配频率远高于"课里"是因为人类把课堂认知成一个容器，强调课堂内外的对立关系。

在英语里，in 也常用来表示非空间物理的包容，例如：

（4）I read it in the newspaper. （我在报纸里看到的。）
（5）Anne Frank lived in perilous times. （安妮·弗兰克生活在一个危险的时代。）
（6）Will is in love. （威尔恋爱了。）

在上述例子中，in 分别表达了一个信息与一个文本的关系，一个人与一个时间限定的事件序列的关系，一个人与一个特定的情绪状态的关系。Tyler 和 Evans（2003）指出，当一个实体与另一个实体处于特定的空间配置关系时，LM 既对 TR 有包容作用，同时也让自身受到限制。例如当移动咖啡杯时，咖啡也会随之移动。因此在一个特定的位置经历特定的状态，可以说状态和位置同时发生或相互关联。

不仅仅是英语和汉语，世界上很多语言中的空间词经常被用来描述非空间的关系和状态。事实上，空间词为人类对世界的物理体验、思维和语言之间的复杂互动提供了最清晰、有趣的证据。Tyler 和 Evans（2003）认为，这些语言元素不仅编码了物理空间的关系结构，而且还将丰富的空间理解嵌入语言和语法的结构中，这种用法的普遍性证明了人类倾向于借助对空间配置的直观经验来理解和构建更为复杂的概念。

2. 由空间域投射到时间域

汉语里，有些时间名词可以和方位词组配，有些则不可以，但大多数汉语教材并未明确指出时间名词进入此类构式的限制条件，汉语学习者根据已学的或已出现的语言现象进行积极类推，往往会出现过度类推的现象，如"*2012年里我来了中国""你打算*在将来里干什么？"等错误的句子。本小节将集中讨论时间名词和空间词的组配情况，请看表 7－10：

表7-10 "里/内/外"与时间名词的组配

时间名词+里	频次	时间名词+内	频次	时间名词+外	频次
……年里	18 144	……年内	37 502	*……年外	0
……小时里	1 088	……小时内	11 530	……小时外	187
……星期里	555	……星期内	1 023	*星期外	0
……天里	5 105	……天内	14 591	*×天外	0
春天里	`806	*春天内	0	*春天外	0
正月里	367	?正月内	1	*正月外	0
?将来里	6	*将来内	0	*将来外	0

通过表7-10发现,并不是所有的时间名词都可以和"里/内"和"外"组配,有意思的是,可以和"里"组配的未必一定能和"内"组配,可以和"内"组配的大部分也可以和"里"组配,而且和"里/内"组配的时间名词并未形成和"外"组配的语义对立关系,有些语言形式出现空位。在语法教学中要注意:①"现在""将来""过去""刚才""如今""以往""最近""近来""原先""后来"等时间名词不与方位词"里/内"或"外"组配,汉语没有"*将来里你打算干什么?""*现在里你忙不忙?"这样的句子。②表示时段的时间名词,如"几个小时""三天""一个星期""两年"等可以和方位词组配,但这些时段名词与"内"的组配频率高于"里",说明在汉语交际中,倾向将时段名词认知成一个容器,且有明显的内外对立性。③陈满华(1995)认为表示时点的时间名词一般不和方位词"里"组配,如"1993年""星期二""昨天""三点"等,但表示季节、月份的词语有时可以和"里"组配,如"秋天里""正月里"等,这是因为时间点名词只能被认知成一个点,不能像时间段一样被认知成容器,因此无法和内外轴的空间词组配。

从表7-10我们还可以发现,方位词在与时间名词组配前,"里/内"与"外"在语义上是对立关系,但当方位词与时间名词组配后,表示与"时间名词+里/内"相反的时间关系并不是"时间名词+外",而是"时间名词+以前/以后/以上",如"三年以前""三年以后""三年以上"等。

(三)"名词+里"与"名词+中"的语义辨析

表空间义的"内/外"对汉语学习者来说,并不难理解,也就是说,"内"与"外"的对立关系不构成学习的干扰,而"内"与"里"、"里"与"中"的辨析才是教学的重难点。

陈满华(1995)发现,有些名词可以接方位词"里""中",有些名词可接可不接,有些名词必须接,这对于汉语学习者来说是个难点。"里"和

"中"在汉语里都是表示与"外"相对的概念，有时他们是可以互换的，比如"心里有爱"和"心中有爱"，有时却又不能随意互换，比如"城里人"这一表达可以接受，而"*城中人"却不被接受。

《现代汉语词典》（第7版）对"外"的解释为：方位词。外边（跟"内、里"相对）。对"内"的解释为：方位词。里头（跟"外"相对）。对"里"的解释为：方位词。里边（跟"外"相对）。对"中"的解释为：①方位词。跟四周的距离相等；"中心"。②方位词。范围内；内部，如"家中""水中""山中""心中""队伍中"。

通过对比发现，"名词+里"和"名词+中"在心理词库中都能以短语的形式存在。见表7-11：

表7-11 名词和"里""中"的组配

名词+里	频次	名词+中	频次
厨房里	5 022	厨房中	370
杯子里	1 273	杯子中	82
城市里	5 278	城市中	7 528
包里	4 313	包中	766

但进入句子后却呈现出不对称的现象，请看下面五组例子：

（7）a. 他在厨房里洗鱼。

b.？他在厨房中洗鱼。

（8）a. 杯子里没水。

b.？杯子中没水。

（9）a. 城市里的流浪狗应该有个家。

b. 城市中的流浪狗应该有个家。

（10）a. 他从包里掏出来一些糖果。

b. 他从包中掏出来一些糖果。

（11）a. 他在教室里呢。

b.？他在教室中呢。

例（7）~（11）说明，名词加"里"和"中"虽然在心理词库中可以成立且语义几乎等值，但在动态的组配过程中两者并不可以互换，因此，需要把"名词+里"和"名词+中"放在具体语境中考察。

此外，吕叔湘（1984）指出，当单音节机构名词与"里"组配时既可以表示该机构所在的地点，又可表示该机构本身，有时还可偏指该机构的人。例如：

（12）a. 家里没人。（指处所）

     b. 我五爷爷属蛇，家里都叫他老蛇。（指家里人）

（13）a. 车间里见不到一个人。（指处所）

     b. 现在，车间里给老人改了名，叫"山井西边"（指车间里的人）

以上讨论主要是围绕"名词＋里"和"名词＋中"的空间义用法，而"名词＋里"和"名词＋中"也都有非空间义的用法。我们于前文呈现了方位后置词"里"的组配图谱，接下来比较一下方位后置词"中"的组配图谱，如图7-4：

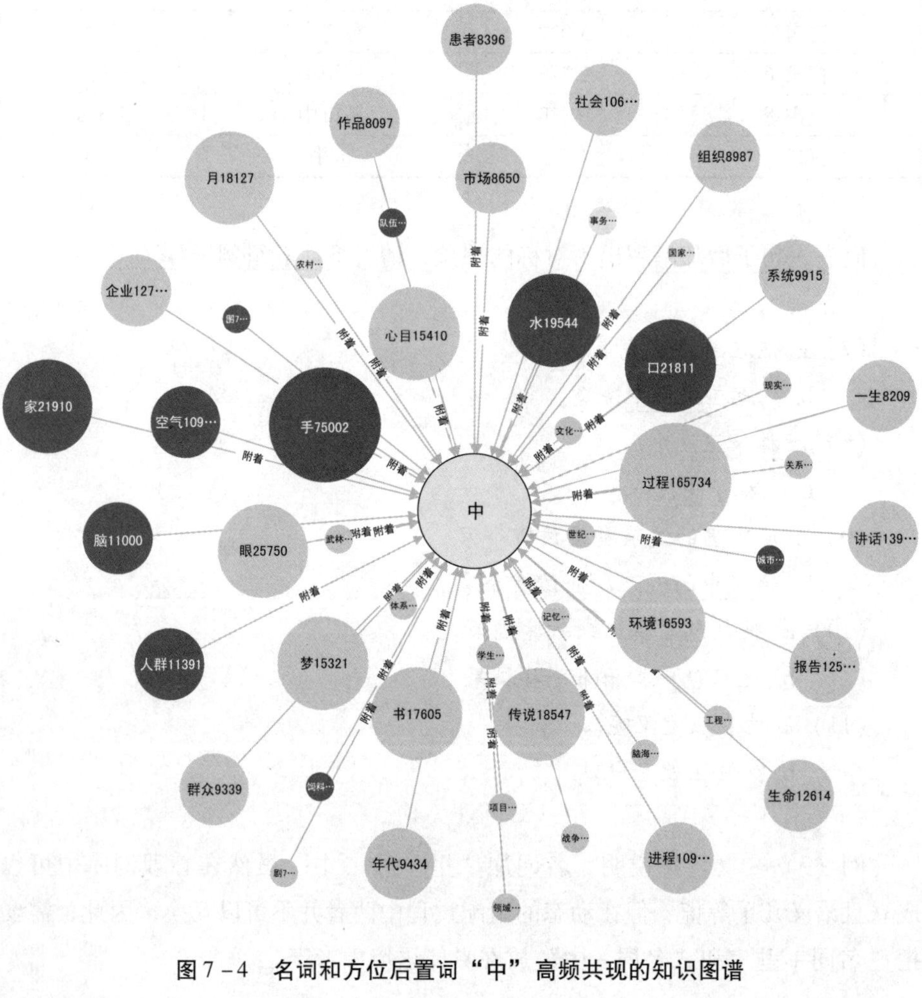

图7-4　名词和方位后置词"中"高频共现的知识图谱

从图 7-4 可以看出,实体 1"中"与高频共现名词实体 2 之间的关系是附着关系。其中,当实体 2 是浅灰色时,表示实体 2 与实体 1 组配后的语义为非空间义或兼有空间义和非空间义,如"过程中""梦中""环境中""书中"等。当实体 2 是深灰色时,表示实体 2 与实体 1 组配后的语义为空间义或兼有空间义和非空间义,如"手中""水中""口中""人群中"等。

从图 7-4 圆圈的大小可知,"过程中""手中"组配频次最高(最大圆圈),"眼中""家中""口中""水中"等组配频次相对较高(次大圆圈),"进程中""系统中""社会中""年代中"等组配频次相对较低(次小圆圈),而"项目中""体系中""脑海中"等组配频率相对最低(最小圆圈)。

从图 7-4 中节点 2 的颜色分布可以看出,"名词"与"中"的高频组配多表非空间义(浅灰色圆圈的分布占明显优势),例如"过程中""书中""环境中""心目中""梦中""生命中"都表非空间义。这说明方位后置词"中"在组配中的非空间义值得系统研究。接下来根据 BCC 语料库排列出组配频次最高的前 20 个组配结构,见表 7-12:

表 7-12 名语素/词(×)与"中"组配的频次及语义类别

	×＋中	频次	语义类别
Top 1	过程中	165 734	非空间义
Top 2	手中	75 002	兼有
Top 3	眼中	25 750	兼有
Top 4	家中	21 910	兼有
Top 5	口中	21 811	兼有
Top 6	水中	19 544	空间义
Top 7	传说中	18 547	非空间义
Top 8	月中	18 127	非空间义
Top 9	书中	17 605	非空间义
Top 10	环境中	16 593	非空间义
Top 11	心目中	15 410	非空间义
Top 12	梦中	15 321	非空间义
Top 13	讲话中	13 996	非空间义
Top 14	企业中	12 798	非空间义
Top 15	生命中	12 614	非空间义
Top 16	报告中	12 504	非空间义

（续上表）

	×＋中	频次	语义类别
Top 17	人群中	11 391	空间义
Top 18	脑中	11 000	兼有
Top 19	空气中	10 993	空间义
Top 20	进程中	10 904	非空间义

通过表 7－12 与表 7－9 的对比可知，"×＋中"的非空间义用法高于"×＋里"。"名词＋中"结构的前三个高频结构"过程中""手中""眼中"都涉及抽象的非空间义概念。"过程中"可以表示某个事件或活动发生的过程，如"抢救过程中""教研过程中""讨论过程中"等；"手中"兼有空间义和非空间义用法，非空间义指的是表示某个人手上掌握或控制的权利，如"他手中握大权""他的命运掌握在你的手中"；"眼中"则表示某个人的观点或看法，如"在他眼中，这个问题很简单"。

再来看表 7－9 中前三个最高频的结构"手里""嘴里""屋里"，"手里"兼有空间义和非空间义，例如："手里拿着三个大苹果。"（空间义）和"掌控权在他手里。"（非空间义）；"嘴里"和"屋里"都与空间位置有关。总的来说，"里"更侧重表示空间位置与关系，而"中"更多地表示状态、过程、环境、情感等非空间概念。

三、小结

通过方位区别词"内/外"和名语素/词组配的频次及语义情况可以发现，"外"与名语素/词组配后，空间义的用法即表示某参照物的外面，如"外墙""外膜""外区""外层""外热"等，非空间义的用法是指和自己相对，非己为"外"，例如"外事""外人""外室""外班"等。因此，跟"外国""外省""外地""外埠"等系列词语对应的是"本国""本省""本地""本埠"。对待这些词语，不能借助"内"与"外"的空间对立关系来解释，而要借助"自己"和"非己"这一组语义对立的义项来帮助学习者理解和表达。

通过表 7－1 和表 7－2 的比较可知，方位区别词"外"和名语素/词组配后非空间义的用法多于方位区别词"内"，即"外×"的虚化程度更高。方位区别词"内"与名语素/词组配后的结构大多是空间义的用法，如"内膜""内动脉""内压力""内室""内劲"等，其组配结构非空间义的用法也大多是受到了组配名词抽象语义的影响，如"内网""内环""内家"等，这属于语境非空间义，空间词表抽象空间义的类型。

方位区别词"内/外"在前，分别和同一语素组配，组配后的词语在形式上对称，在语义上对立。这些表示具体空间义的"内＋×"与"外＋×"互相依存，不可分割，共同构成一个义域的集合。比如"外衣"和"内衣"共同构成"衣服"这一子集，"外伤"和"内伤"共同构成"伤"这一子集。这一结构中的其他成员还有"内裤/外裤""内景/外景""内科/外科""内需/外需""内资/外资"等。根据以上分析，我们总结出方位区别词"内/外"和其他语素/词组配的语义情况，如图7-5：

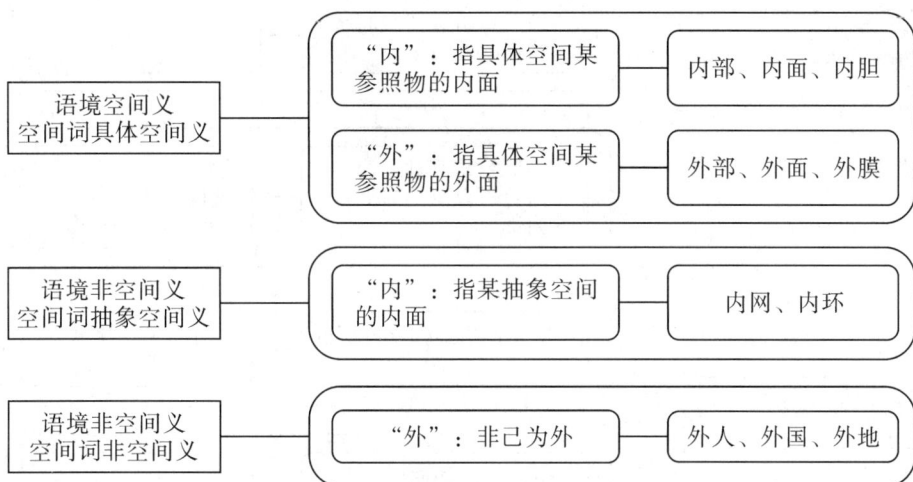

图7-5 方位区别词"内/外"和其他语素/词组配的语义情况

再来看内外轴方位后置词的组配情况。

从图7-1和图7-2，表7-5和表7-6的组配频次对比可以看出，名语素/词与"内/外"组配结构的语义在空间义和非空间义的分布上有着不同的特点。名语素/词与"外"组配后更倾向表示空间义，而名语素/词与"内"组配后前三高频组配都是非空间义的用法，而其中，范围与时间是最高频的两个范畴。

在内外轴方位后置的习得中，"内"与"外"与名语素/词的组配不是习得的难点，因为"外"除了和"内"构成反义关系外，还可以和"里（丌）""中"构成反义关系，相似空间词"内""里""中"的语用竞争才是困扰学习者的难点。通过前文的梳理发现，虽然"×＋外"都有对应的"×＋内"

"×+里"和"×+中"的语言形式，但名词和"内""里""中"的组配偏好是不同的，比如，"课内""信里"和"话里"是更高频、更常用的表达。总的来说，"里"更侧重表示空间位置与关系，而"中"更多地表示状态、过程、环境、情感等非空间概念。根据对方位后置词"里""中""内""外"和其他语素/词的组配情况的分析，总结出空间词在组配中的语义情况，如图7-6：

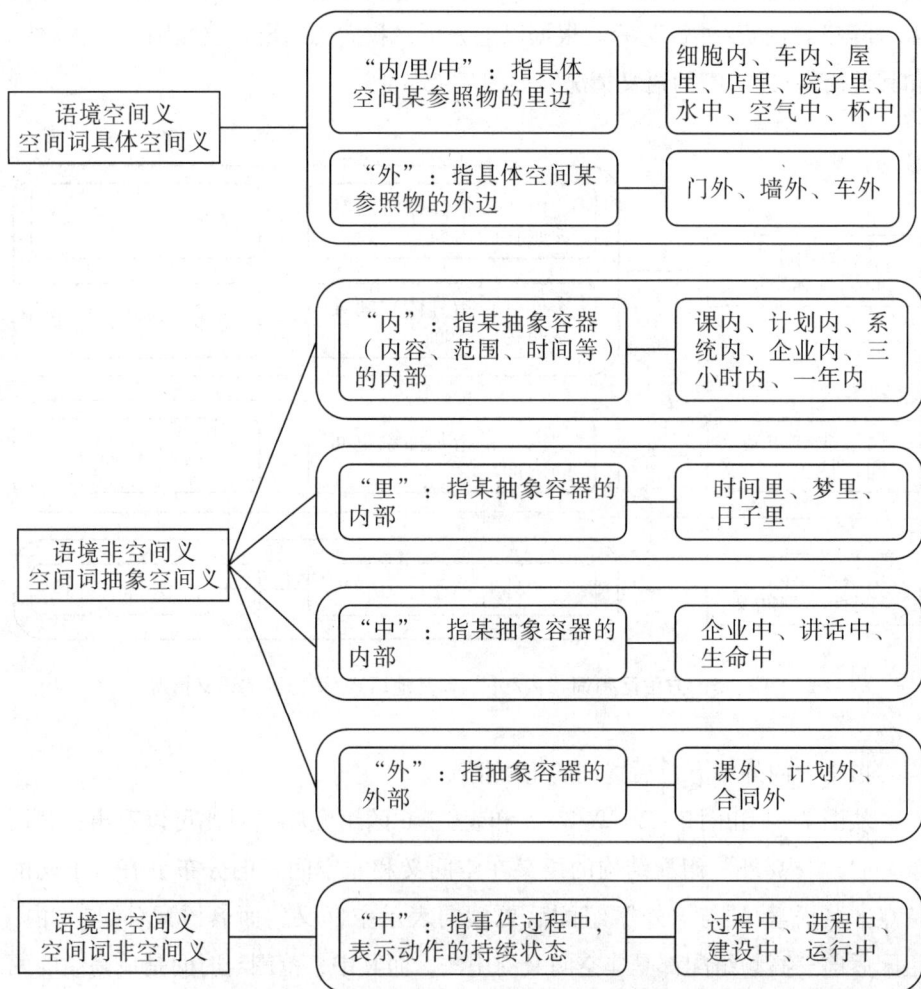

图7-6 方位后置词"里""中""内""外"和其他语素/词组配的语义情况

第二节 位移动词 "进" 与 "出"

前一节分析了方位名词"里（内）""外"的组配情况。"里（内）"和"外"是一种静态的存在，是运动后的结果，这个结果是由空间位移动词"进"和"出"来完成的。"进"表示由空间外向空间内位移，而"出"则表示由空间内向空间外位移。

虽然"上/下"和"进/出"位移的方向不同，但它们却有一个共同的语义特征，即位移活动都涉及起点和终点。这一语义特征使得它们充当述语时，后边一般得带上表示起点或终点的处所词，充当宾语（居红，1992）。例如：

（14）她进了<u>屋</u>就没再出来。

（15）风浪大的时候不要出<u>海</u>。

（16）出了<u>家门</u>就不想回家。

位移动词"进/出"和名词组配后出现语义不对称现象。"进 + 名词"中的名词只能指向位移的终点，而"出 + 名词"中的名词既可以指向位移的起点，也可以指向位移的终点。例如：

（17）进了<u>军营</u>才知道，头发是不能超过一寸的。（指向终点）

（18）出了<u>国</u>才明白留在国内好。（指向起点）

（19）我要<u>出庭</u>①作证。（指向终点）

"出"与地点宾语组配具有双重语义指向的情况，见表 7 - 13：

表 7 - 13 "出"与地点宾语组配的语义双指现象

"出"带起点指向的宾语	"出"带终点指向的宾语
出狱	出海
出家	出场
出院	出世

---

① "出庭"已虚化为一个短语词。

（续上表）

"出"带起点指向的宾语	"出"带终点指向的宾语
出门	出洋

与此一致的是，位移动词"上"与"下"和地点宾语组配时也存在同样的语义不对称现象。"上 + 名词"中的名词也只能指向位移的终点，如"上车"，而"下 + 名词"中的名词既可以指向位移的起点，如"下车"，也可以指向位移的终点，如"下乡"，见表 7 - 14：

表 7 - 14　"下"与地点宾语组配的语义双指现象

"下"带起点指向的宾语	"下"带终点指向的宾语
下岗	下海
下班	下狱
下车	下乡
下飞机	下馆子
下船	下船
下场	下场

依逻辑推理，"上"和"下"应该都是既可以凸显起点也可以凸显终点，因为"上/下"都表示从某处位移到另一处，"上 + 名词"和"下 + 名词"除了位移方向不一致之外，其他所有的元素都是一致的。为何"下"和"出"都具有语义双指性，而"上"和"进"后的宾语却只能指向位移的终点，具体解释参见刘甜（2017），在此不再赘述。

第三节　简单趋向动词 "进" 与 "出"

在空间词作补语的习得上，汉语学习者所面临的困难远远超过了学术界的想象。有研究指出，外国学生汉语趋向补语的使用量是严重不足的，不到汉语母语者使用频率的一半（肖奚强、周文华，2009）。此外，我们还发现很多汉语母语者不怎么使用的格式，却被外国学生使用得较多，比如"动词 + 地点宾语 + 来/去"等格式，例如"他下了火车就进火车站去""他回国来了"等。若表达相同的语义，汉语母语者会说"他下了火车就进了火车站""他回国了"或者"他回来了"，这类偏误是由课文中所列出的语法规则不够细致所致，过分强调地点宾语要置于"来/去"前，让外国学生产生了"来/去"是表达中必要元素的错觉。

本研究对 BCC 语料库中充当简单趋向补语"进"与"出"与动词的组配结构进行了穷尽式的搜索（共 540 601 条语料，其中 7 705 个动词参与了组配），分别排列出了组配频次最高的前 20 个组配结构，见表 7 – 15：

表 7 – 15　动词与简单趋向动词"进"的组配频次及语义类别

	动词 + 进	频次	语义类别
Top 1	放进	10 710	空间义
Top 2	冲进	9 621	空间义
Top 3	住进	7 040	空间义
Top 4	送进	6 831	空间义
Top 5	塞进	5 874	空间义
Top 6	打进	5 690	兼有
Top 7	踏进	5 579	空间义
Top 8	带进	4 866	空间义
Top 9	跑进	4 806	空间义
Top 10	搬进	4 469	空间义
Top 11	掉进	4 453	空间义
Top 12	跨进	4 041	空间义
Top 13	伸进	3 759	空间义
Top 14	插进	3 561	兼有
Top 15	扔进	3 386	空间义
Top 16	装进	3 172	空间义
Top 17	挤进	3 023	空间义
Top 18	躲进	2 532	空间义
Top 19	写进	2 438	非空间义
Top 20	拉进	2 342	空间义

从表 7 – 15 可知，简单趋向补语"进"在空间义和非空间义的分布上和"上"，有很明显的区别。在"动词 + 进"组配中，前 20 个高频组配几乎都可以表示空间义，而在"动词 + 上"组配中，非空间义是简单趋向补语"上"的主要用法（如"穿上""遇上""闭上""带上"等）。而"进"充当趋向补语指将某个人或物体移动到另一个物体或场所内部，动词表示位移的具体形式，而"进"指示位移的方向。如"放进"表示将某个物体放入另一个物体或场所内，"住进"表示进入某个住所并居住其中，"跨进"表示越过门槛进

入某个场所,等等。这些"动词+进"组配涉及人或物体的运动方向都是从外部向内部移动。"写进"的"进"其实也表示相同的位移方向义,"写进"通常指将某些内容、信息、想法等记录在某种载体(如纸张、电脑)上,如"我想把你的故事<u>写进</u>我的小说里""这些实验数据都要<u>写进</u>实验报告里"等,因此,"写进"的非空间义是受到了语境非空间义的影响,只是由于组配的动词"写"不属于物理空间的具体位移,而且原结构的"小说""实验报告"也被认知成了有边界的容器。

接下来对 BCC 语料库中充当简单趋向补语"出"与动词的组配结构进行穷尽式的搜索(共 1 614 608 条语料,其中 9 226 个动词参与了组配),分别排列出了组配频次最高的前 20 个组配结构,见表 7-16:

表 7-16 动词与简单趋向动词"出"的组配频次及语义类别

	动词+出	频次	语义类别
Top 1	作出	140 939	非空间义
Top 2	做出	77 264	兼有
Top 3	表现出	32 947	非空间义
Top 4	说出	29 968	非空间义
Top 5	想出	22 011	非空间义
Top 6	写出	19 036	非空间义
Top 7	掏出	17 854	空间义
Top 8	显示出	16 395	非空间义
Top 9	冒出	16 380	兼有
Top 10	打出	15 676	非空间义
Top 11	呈现出	14 843	非空间义
Top 12	吐出	13 720	空间义
Top 13	跑出	12 652	非空间义
Top 14	开出	12 163	兼有
Top 15	反映出	12 013	非空间义
Top 16	创造出	10 449	非空间义
Top 17	体现出	9 416	非空间义
Top 18	逃出	8 485	空间义
Top 19	检出	8 463	非空间义
Top 20	道出	8 442	非空间义

从表 7-15 和表 7-16 的对比可以看出,"动词+进"前 20 个高频组配几乎都能表空间义,而"动词+出"前 20 个高频组配中大部分都能表非空间义,这是非常值得研究的语言现象,这说明"进"与动词组配主要指示物体

位移的方向和位置变化，而"出"则更常用于表示思想、行为、话语、意义、感受、感情等抽象内容从内到外的输出。而且动词与"出"组配的整体频率更高，总组配频次几乎是动词与"进"组配的三倍。

在动词与"出"组配的结构中，"出"通常表示某种行为或状态的表现或表达，如"作出""表现出""说出""想出""写出"等，这些动词通常与思考、表达、创造等活动相关，"动词＋出"表示把思想、创意、观点、想法等从内部中释放出来、表达出来，"出"指示行为、思想、观点等从隐性到显性的方向，而这些通常产生于人脑的内部，不通过语言、表情和动作无法让其他人知道。例如：

(20) 明知对方是口紧的人，才会把压抑在心中的愿望<u>说出</u>。

(21) 人大代表<u>提出</u>的一条条建议，反映<u>出</u>两会与人民群众的密切关系。

(22) 为福建的经济和各项社会视野发展<u>作出</u>新的贡献。

(23) 还没等他<u>想出</u>"万全之策"，最令他担心的事已经发生了。

(24) 公司通过业务外包将在美国<u>创造出</u>31.7万份新的工作机会。

(25) 他瞬间惨白的双颊，明显地<u>表现出</u>他吃醋了。

(26) 前开襟设计和宽腰带<u>显示出</u>OL的干练气质。

人类作为社交动物，交流是日常生活的重要组成部分，因此，"出"的非空间义可以帮助人们将观点和想法表达出来，从而促进人际交流和理解，如例（20）和例（21）。其次，人类拥有丰富的心理活动和创造力，因此，"出"的非空间义也能表达想象、创造和思考等方面，如例（22）、例（23）、例（24）。另外，"出"还含有"显露""表现"义，因此"表现出""显示出"也是非常高频的用法。

在"动词＋出"的组配中还有一些结构兼有空间义和非空间义，例如：

(27) 三个蛋、10克低筋面粉、10克淀粉可以<u>做出</u>6～7cm的蛋糕。（空间义）

(28) 斯内德是我们的瑰宝，他<u>做出</u>120%的贡献。（非空间义）

(29) 今早发现我脸上<u>冒出</u>了10粒痘痘。（空间义）

(30) 十一前夕，杭州及周边一下子<u>冒出</u>5家新景点。（非空间义）

(31) 花儿珍惜每一寸土壤，每一束阳光，坚持不懈地<u>开出</u>美丽的花朵。（空间义）

(32) 美国政府<u>开出</u>100万美元悬赏缉拿他。（非空间义）

"动词＋出"在上述例句中既可以表示空间义也可以表示非空间义，主要是受到了语境的影响，例如"做出蛋糕"和"做出贡献"里空间义和非空间义的对立主要是由于名词语义的不同，"蛋糕"是物理世界里客观可感的物体，而"贡献"则是抽象名词，即这种对立是由"动词＋出"后组配的宾语语义性质不同而引起的。其他例子中的"冒出痘痘"和"冒出景点""开出花朵"和"开出赏金"都是同样的道理，因此，我们也可以把此类"出"的语义分为"语境空间义＋空间词具体空间义"和"语境非空间义＋空间词抽象空间义"，也就是说不管在什么样的语境中，空间词"出"和"进"都是表达空间位移的方向，只是区分了具体空间的语境和抽象空间的语境。

第四节　复合趋向动词　"进来""进去" "出来""出去""回来""回去"

本节以内外轴的复合趋向动词"进来""进去""出来""出去""回来""回去"为主要研究对象，复合趋向动词主要的语法功能是作补语，但也可单独充当句子的谓语，比如：

（33）下面的兄弟快上来！

（34）他刚刚进去。

（35）我没看见他出来。

（36）我不想回去。

这一类的情况很简单，汉语学习者在习得过程中也没有问题，所以在全文中没有单独列出进行分析。和垂直轴复合趋向动词一致，非空间义的用法才是汉语教学的重点和难点。对外汉语教材的编写，均是以国家对外汉语教学领导小组办公室编写的《高等学校外国留学生汉语言专业教学大纲》（以下简称《大纲》）为指导，《大纲》中对内外轴复合趋向动词语法项目的教学安排如下：

①复合趋向补语的引申意义（一年级）。

"出来"的非空间义：表示辨认、识别。

如："在他的练习里，我看出来两个错别字。"

②复合趋向补语的引申意义（二年级）。

"出来"的非空间义：

其一，可以表示事物或结果的出现或产生，如："他<u>想出来</u>一个好办法。"

其二，用在某些形容词后，表示超过。如："大雨过后，这里的水位比平时<u>高出来</u>很多。"

以上是《大纲》规定的一年级和二年级的汉语学习者应掌握的复合趋向动词空间义和非空间义的项目点。本书接下来以杨寄洲主编的《汉语教程》为例，分析一下《大纲》中的项目点在教材中是如何体现的。此套教材对趋向补语语法点做了如下安排：

复合趋向补语的引申意义：

动词 + 出来［一年级第二册（下）第57课］

表示从无到有，从隐蔽到显露。有"听出来""看出来""喝出来""洗出来""画出来""写出来"等，如："我看出来了，这是王老师写的字。"

比较《大纲》和《汉语教程》的内容安排，可以说教材的编写基本符合大纲要求，但也有一些不同。《汉语教程》并没有将大纲列出的趋向补语的意义完全呈现出来，有些义项做了拆分，有些义项做了合并，解释也比较简洁。比如"出来"表示超过，"过来"表示对数量、范围大的事情能否有能力完成。有些用法虽然没有介绍，但在练习及 HSK 辅导材料中都有出现，学生不知道该怎么处理。因此，本节试图将复合趋向动词"进来""出来""进去""出去""回来""回去"的语义语用情况做一个全景式的描写和梳理，以期指导汉语教学。

一、空间义的组配

内外轴的复合趋向动词既可以与物体宾语组配（如"拿出来一本<u>书</u>"中的"书"），也可以与地点宾语组配（如"走出<u>教室</u>去"的"教室"），由于地点宾语的位置一直是对外汉语教学的重点，因此本节的讨论主要以复合趋向动词与地点宾语组配的分析为主。在《汉语初级教程》《标准汉语教程》《汉语教程》《实用现代汉语语法》《外国人实用汉语语法》等教材中，都有对复合趋向动词"进来""进去""出来""出去""回来""回去"作补语与地点宾语组配用法的详细设计。当复合趋向动词是"进来""进去""出来""出去"时，地点宾语的出现是否具有强制性是研究的焦点？先看一组例子：

A 组：

（37）我看见她<u>走进图书馆去</u>了。

(38) 她们一起走出教室去了。

B 组:

(39) 我看见她走进了图书馆。
(40) 她们一起走出了教室。

C 组:

(41) 我看见她走进去了。
(42) 她们一起走出去了。

通过比较发现，大多人的语感倾向用 B、C 类，也就是说，在和"进来/去""出来/去"组配时，地点宾语的出现并不具有强制性。我们再来看一下语料库中 A 组的数据："动词 + 进 + 名词 + 去"式，共有 1 064 条语料，例如"阳光躲进乌云去""不要把豆豆放进微波炉去""拿着那包盐冲进厨房去""我担心我们都要被送进医院去"等。"动词 + 出 + 名词 + 去"式，共有 730 条语料，例如"逃出办公室去了""拿着手机跑出咖啡厅去拍照""懒得出被窝去""溜出学校去"等。

再来看 B 组的数据："动词 + 进 + 名词"式，共有 74 376 条语料，例如"把幸福和快乐的种子装进瓶里""她一次次迅速地把东西拉进电梯""将男子送进医院后""如果掉进池塘，说不定屁股口袋会装进一条鱼"等。"动词 + 出 + 名词"式，共有193 079 条语料，但通过对语料的分析可知，"动词 + 出 + 名词"中的名词多由物体宾语充当，例如"下雪后踩出第一个脚印""请大家献出爱心""瞬间摆出姿势，让你给他拍照""对 2012 的形势做出预估"，名词由地点宾语充当的语例较少，例如"暗恋虽然很甜蜜但总得浮出水面""一打方向盘撞出护栏外去了""30 分钟后他才被担架抬出法院送往医院救治"等。"进来""进去""出来""出去"与物体宾语组配的情况，我们会在下一节具体分析。

最后来看 C 组的数据："动词 + 进去"式，共有 28 367 条语料，例如"把你的脚放进去""实习护士扎了几针都没扎进去""挖个坑把自己埋进去""下次把你包进去，吃传说中的人肉饺子"等。"动词 + 出去"式，共有 65 028 条语料，例如"一脚踢出去""不能随随便便跑出去""快把这只死猫扔出去"

"把他们一起<u>移出去</u>"等。

从上述 ABC 三组的语料数据可知,"动词 + 进 + 名词"(走进图书馆)式和"动词 + 出 + 名词"(走出教室)式是语用频率最高的结构,其次是"动词 + 进去"(走进去)和"动词 + 出去"(走出去),语用频率最低是 A 组,即"动词 + 进 + 名词 + 去"(走进图书馆去)和"动词 + 出 + 名词 + 去"(走出图书馆去)式。但值得注意的是,A 式却恰恰是汉语学习者使用最多的结构,因为不少汉语教材里都有强调,当复合趋向动词与地点宾语组配时,地点宾语要放在"来/去"之前,不可放在"来/去"之后,例如"*走进去图书馆"是错误的语序。这样的解释可以避免学习者语序上的偏误,但会给教师和学习者一个误导,即"进来/去""出来/去"和地点宾语组配时,地点宾语的出现具有强制性,这是需要在教学上引起重视的。

此外,虽然 A 式的"动词 + 进 + 名词 + 去"和"动词 + 出 + 名词 + 去"结构共有近 1 800 条语例,但要注意,这些语例中其实包括两个不同语义的"去",例如:

(43) 我和麦克<u>走进</u>一个小饭馆<u>去</u>吃午饭。
(44) 把猪心切薄片<u>放进</u>锅<u>去</u>焯水,洗干净。
(45) 我俩特别大无畏地<u>冲进</u>休息室<u>去</u>救火。
(46) 蜘蛛猴刚好可以把手<u>伸进</u>瓶子<u>去</u>拿那粒花生。

上述例子中的"去"和"进来/去""出来/去"的"去"并不具有同一性,这里的"去"连接两个动作,表示两个动作相继发生,后面动作是前面动作的"目的"。

二、非空间义的组配

(一)"动词 + 进来"与"动词 + 进去"

为了展示动词和趋向动词"进来"高频组配的整体情况,我们仍采用了嵌套三元组的方式来构建知识图谱,首先对"动词 + 进来"的语料进行收集和清理,再结合"动词 + 进来"作为一个整体与名词组配的信息,尽量全面地提供"动词 + 进来"的语境背景,复合趋向动词"进来"和其他词语高频共现的知识图谱展示如图 7 - 7:

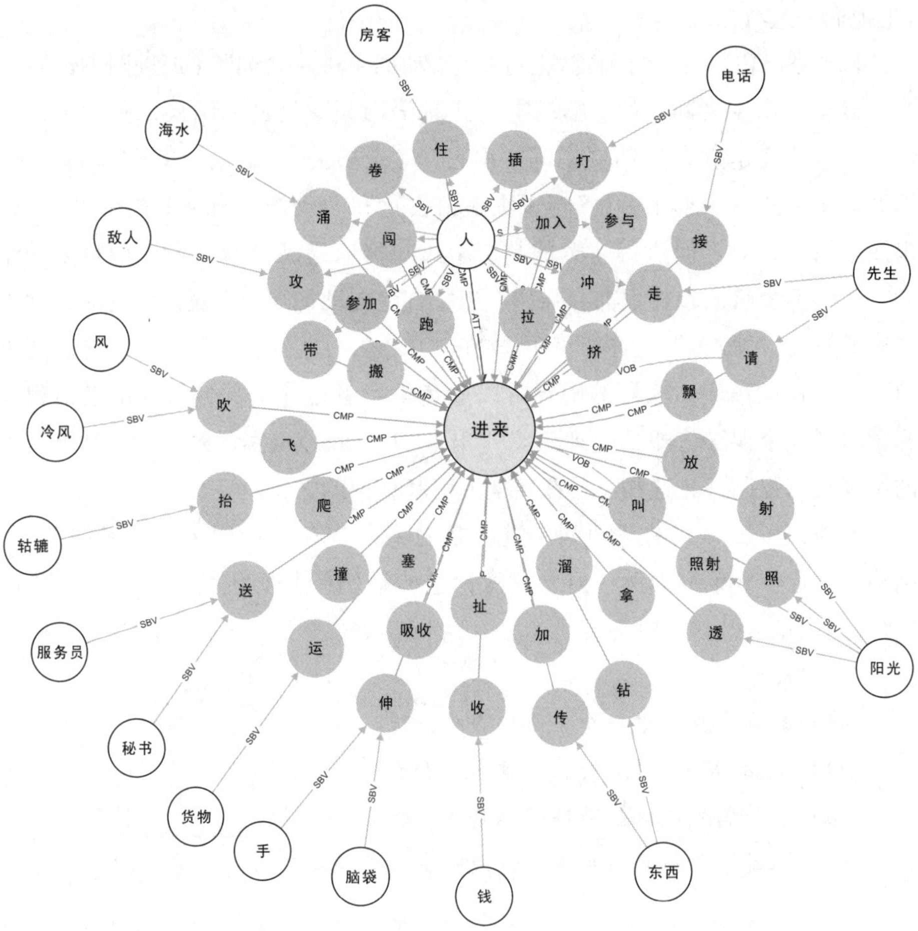

图 7-7　趋向动词"进来"和其他词语高频共现的知识图谱

从图 7-7 可以看出，实体 1 "进来"与高频共现动词（浅灰色）实体 2 之间的关系是动补关系（图中用英文字母 CMP 表示）。在嵌套三元组构建的知识图谱中，颜色与词性对应。其中，浅灰色圆圈表示动词（如"挤""冲""闯""塞""吸收"等），白色圆圈表示普通名词。

知识图谱可以提供很多丰富的组配信息，以图 7-7 中的"涌进来"为例，趋向动词"进来"是实体 1，动词"涌"是实体 2，实体 1 和实体 2 之间的关系是动补关系（图中用英文字母 CMP 表示），但"涌"又可以和新的实体"海水、人"（白色圆圈）构成一个新三元组，新三元组的结构关系是主谓结构（图中用英文字母 SBV 表示），即"海水涌进来""人涌进来"是高频组配。同理，看到动补结构"攻进来"，可以知道"敌人攻进来""人攻进来"是高频组配；看到动补结构"收进来"，可以知道"钱收进来"是高频组配；看到动补结构"运进来"，可以知道"货物运进来"是高频组配；看到动补结构"吹进来"，可以知道"风吹进来"和"冷风吹进来"是高频组配；看到动补结构"伸进来"，可以知道"脑袋伸进来"和"手伸进来"是高频组配。

同时，看到名词"阳光"，可以知道"阳光照射进来""阳光照进来""阳光透进来""阳光射进来"是高频组配；看到名词"电话"，可以知道"电话打进来""电话接进来"是高频组配；看到名词"敌人"可以看到"敌人攻进来"是高频组配。同时，可以看到动补结构"冲进来""涌进来""参加进来""跑进来""拉进来""住进来""带进来""攻进来"都享有同一个高频共现名词，即"人"。

虽然嵌套三元组的知识图谱能提供非常丰富的词语共现信息和语境信息，但"动词+进来"的语义类别特征无法呈现，因此接下来我们将立足 BCC 语料库，对"动词+进来"的组配结构进行穷尽式的搜索（共 25 073 条，其中 1 158个动词参与了组配），分别排列出了组配频次最高的前 20 个组配结构并进行了具体的语义分析，见表 7 - 17：

表 7 - 17　"动词+进来"结构的组配频次及语义类别

	动词+进来	频次	语义类别
Top 1	闯进来	1 322	空间义
Top 2	射/照进来①	1 271	空间义
Top 3	冲进来	1 142	空间义
Top 4	跑进来	883	空间义
Top 5	搬进来	648	空间义
Top 6	插进来	644	兼有
Top 7	带进来	546	兼有
Top 8	参与进来	489	兼有
Top 9	打进来	453	兼有
Top 10	住进来	452	空间义
Top 11	吹进来	405	空间义
Top 12	透进来	361	空间义
Top 13	加入进来	311	兼有
Top 14	送进来	305	兼有

——————————

① 合并了"射进来"（529）、"照射进来"（224）和"照进来"（518）

（续上表）

	动词＋进来	频次	语义类别
Top 15	挤进来	302	兼有
Top 16	涌进来	251	兼有
Top 17	拉进来	219	兼有
Top 18	飞进来	216	空间义
Top 19	溜进来	216	空间义
Top 20	传进来	215	兼有

从表 7 - 17 可以看出，"动词＋进来"表空间义的比例更大，这说明内外轴复合趋向动词作补语在语义上的虚化程度远不如垂直轴的复合趋向动词。

结合语料库中的具体语例可以发现，"闯进来""射/照进来""冲进来""跑进来""搬进来""住进来""吹进来""透进来""飞进来""溜进来"等都属于物理空间的位移，"动词＋进来"结构用于描述物体或人从外部空间进入内部空间，由于动词具有不同的语义特征，因此出现在"动词＋进来"结构前的名词，即位移主体，也都有各自的组配偏好。例如"射/照进来""透进来"的位移主体多指阳光、光线，而"闯进来""冲进来""跑进来""住进来""溜进来"等结构的位移主体多指人。

在"动词＋进来"前 20 个高频组配中，虽然很多结构表示空间义，但是如果与之组配的名词及语境是非空间义，则这些结构中的"进来"就属于"语境非空间义，趋向动词表抽象空间义"的用法。例如：

（47）a. 他很少直接把茶具带进来。（空间义）

b. 看来，我真不能把感情带进来。（语境非空间义，趋向动词表抽象空间义）

（48）a. 要让全体学生作为主体参与进来。（非空间义）

b. 话刚说完，那位绅士便参与进来。（兼有空间义和非空间义）

（49）a. 张秘书，把上个礼拜的业务会议记录送进来。（空间义）

b. 阳光最具有穿透力，不管天有多暗，心情有多糟，它总可以把温暖送进来。（语境非空间义，趋向动词表抽象空间义）

（50）a. 这时，挤进来一个高大汉子，大声说……（空间义）

b. 萨马兰奇认为，奥运会现在"已经没有余地接纳新的体育项目挤

进来"。（语境非空间义，趋向动词表抽象空间义）

　　（51）a. 恢复营业的第一天就涌进来40位客人。（空间义）

　　　　　b. 有了赚钱效应，大量资金就会源源不断地涌进来。（语境非空间义，趋向动词表抽象空间义）

　　（52）a. 过了半晌，他就听到一种陌生的声音从那通风的铁管中传进来。（空间义）

　　　　　b. 这里毕竟只是一座小岛，本土的信息很难传进来。（语境非空间义，趋向动词表抽象空间义）

　　例（47）～（52）都是兼有空间义和非空间义的语例，通过分析可以发现，"动词＋进来"是表空间义还是非空间义与位移主体的语义特点及语境义是否为非空间义相关。根据位移主体和语境的特点可以将上述例子分为三类：

　　表示空间义的，位移主体和语境都涉及物理空间中的位置、方向、移动等概念、"进来"指示位移的方向，从外向内，表示位移主体从某个空间位置进来到另一个空间位置，例如："车插进来""茶具带进来""枪弹打进来""会议记录送进来""声音传进来""阳光照进来"等。

　　表示非空间义的，位移主体和语境涉及时间、关系、信息、思想、感受等抽象概念，但"进来"仍指示位移的方向，从外向内。例如"电话打进来"，电话并不是从某个具体的位置进入，而是作为一个抽象的概念，从外界进入人的意识或注意力范围中；"一件事插进来"也不是从一个空间进入另一个空间，而是事件进入工作计划的范围中；"新的体育项目挤进来"是指新项目从计划外挤到计划内来。

　　兼有空间义和非空间义的，是指"动词＋进来"同时包含物理空间概念和抽象概念，例如"绅士参与进来"既体现了绅士在物理空间的位移，也体现了绅士加入了讨论的范围，从讨论的外部进入讨论活动中。

　　总的来说，"动词＋进来"组配结构中，"进来"其实只单纯表位移的方向，区别在于位移主体是在物理空间还是在抽象空间，根据位移主体在不同的空间，"动词＋进来"表现为空间义或非空间义。那么，当"动词＋进来"表示非空间义时，"进来"属于"语境非空间义，空间词表抽象空间义"的情况。

　　接下来考察一下复合趋向动词"进去"的整体组配情况，复合趋向动词"进去"和其他词语高频共现的知识图谱展示如图7-8：

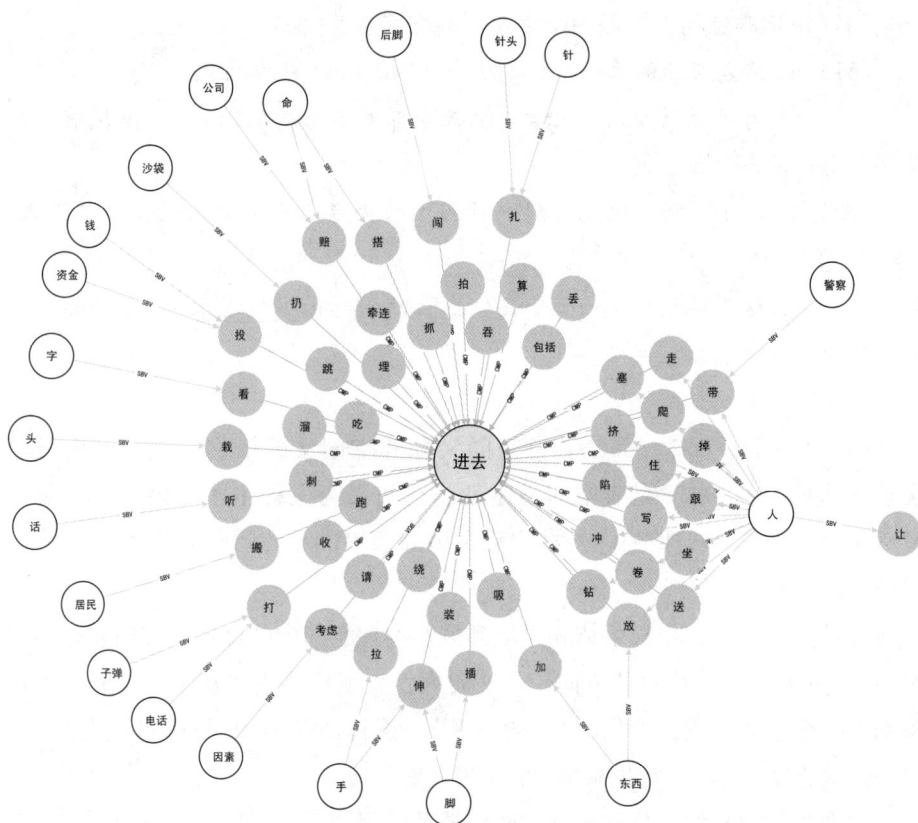

图 7-8　复合趋向动词"进去"和其他词语高频共现的知识图谱

从图 7-8 可以看出,实体 1"进去"与高频共现动词(浅灰色)实体 2 之间的关系是动补关系(图中用英文字母 CMP 表示)。在嵌套三元组构建的知识图谱中,颜色与词性对应。其中,浅灰色圆圈表示动词(如"挤""冲""刺""吞"等),白色圆圈表示普通名词。

知识图谱可以提供很多丰富的组配信息,以图 7-8 中的"投进去"为例,趋向动词"进去"是实体 1,动词"投"是实体 2,实体 1 和实体 2 之间的关系是动补关系(图中用英文字母 CMP 表示),但"投"又可以和新的实体"资金""钱"(白色圆圈)构成一个新三元组,新三元组的结构关系是主谓结构(图中用英文字母 SBV 表示),即"资金投进去""钱投进去"是高频组配。同理,看到动补结构"打进去",可以知道"电话打进去""子弹打进去"是高频组配;看到动补结构"扎进去",可以知道"针头扎进去""针扎进去"是高频组配;看到动补结构"考虑进去",可以知道"因素考虑进去"是高频组配;看到动补结构"看进去",可以知道"字看进去"是高频组配；看到动补结构"赔进去"，可以知道"公司赔进去"
"命赔进去"是高频组配。

同时，看到名词"脚"，可以知道"脚伸进去""脚插进去"是高频组配；
看到名词"命"，可以知道"命搭进去""命赔进去"是高频组配；看到名词
"头"，可以知道"头栽进去"是高频组配。同时，可以看到动补结构"挤进
去""冲进去""跟进去""塞进去""陷进去""钻进去""坐进去""卷进
去""送进去""带进去""爬进去""住进去"等都享有同一个高频共现名
词，即"人"。

为了解"动词+进去"在组配中更丰富的语义特征，接下来我们将立足
BCC 语料库，对"动词+进去"的组配结构进行穷尽式的搜索（共 28 367 条，
其中 1 346 个动词参与了组配），分别排列出了组配频次最高的前 20 个组配结
构并进行了具体的语义分析，见表 7 - 18：

表 7 - 18　"动词+进去"结构的组配频次及语义类别

	动词 + 进去	频次	语义类别
Top 1	放进去	1 488	兼有
Top 2	听进去	1 137	非空间义
Top 3	冲进去	1 006	空间义
Top 4	陷进去	846	兼有
Top 5	塞进去	586	空间义
Top 6	伸进去	467	空间义
Top 7	搬进去	446	空间义
Top 8	加进去	425	兼有
Top 9	住进去	421	空间义
Top 10	考虑进去	416	非空间义
Top 11	挤进去	415	兼有
Top 12	装进去	350	兼有
Top 13	掉进去	344	兼有
Top 14	吸进去	343	兼有
Top 15	吃进去	342	兼有
Top 16	看进去	333	非空间义
Top 17	打进去	332	兼有

（续上表）

	动词 + 进去	频次	语义类别
Top 18	送进去	292	兼有
Top 19	跑进去	281	空间义
Top 20	算进去	276	非空间义

从表7-18可以看出，在前20个高频组配中，"动词 + 进去"空间义的用法高于非空间义，其中有10个组配兼有空间义和非空间义，分别是"放进去""陷进去""加进去""挤进去""装进去""掉进去""吸进去""吃进去""打进去""送进去"。例如：

（53）强烈要求下一步就把这一情节<u>放进去</u>。（非空间义）

（54）依赖是一个很可怕的词，它可以叫人毫无防备地<u>陷进去</u>。（非空间义）

（55）够了！别把他的私生活<u>加进去</u>。（非空间义）

（56）内部的企业虽然不多，市场竞争却异常激烈，而且外部的一般企业也不容易<u>挤进去</u>。（非空间义）

（57）在一些同志的认识里，似乎现代企业制度是一只筐，可以把所有企业都<u>装进去</u>。（非空间义）

（58）发现郑州建材市场里的"陷阱"还真不少，消费者一不小心就会<u>掉进去</u>。（非空间义）

与"动词 + 进来"的情况一致，虽然"动词 + 进去"表非空间义，但"进去"其实只单纯表位移的方向。当"动词 + 进去"表示非空间义时，"进去"属于"语境非空间义，空间词表抽象空间义"的情况。

除去兼有的情况，"动词 + 进去"还有4个高频结构表非空间义，分别是"听进去""考虑进去""看进去""算进去"，例如：

（59）兴奋了一上午了，我一节课也没<u>听进去</u>。（非空间义）

（60）建议年轻人在选择房源时还应将小孩未来的教育问题<u>考虑进去</u>。（非空间义）

（61）他的作品有些很寂寞，得安静下来才能<u>看进去</u>。（非空间义）

（62）我是看在你这么爽快的份儿上，才没有把这十年的通货膨胀<u>算进去</u>。（非空间义）

"进去"与人类感官活动有关的动词（如"听""看""念""读""说"等）组配，由空间域投射到容器域，表示知识、观点等抽象的物质名词能否进入心中或脑中。例如：

（63）我跟她解释了半天，她怎么也<u>听不进去</u>。（非空间义）

（64）这本书，我看了半天也没<u>看进去</u>。（非空间义）

（65）人要有自知之明，<u>读不进去</u>，就不要浪费钞票。（非空间义）

（66）孩子大一了，她说不想念书，<u>念不进去</u>。（非空间义）

（67）与困难群众说话，说不下去；与青年学生说话，<u>说不进去</u>；与老同志说话，给顶了回去。（非空间义）

在以上例子中，"进去"的位移终点大脑或心里被认知成一个封闭的容器，通过人的感官，如眼睛、耳朵、嘴巴等器官与外界交互作用、输送或接收信息。但有意思的是，与"进去"有空间对立关系的"进来"却没有相应的投射域的用法。通过上文的分析，可以把复合趋向动词"进来""进去"和其他词语组配的语义情况描述如图7-9：

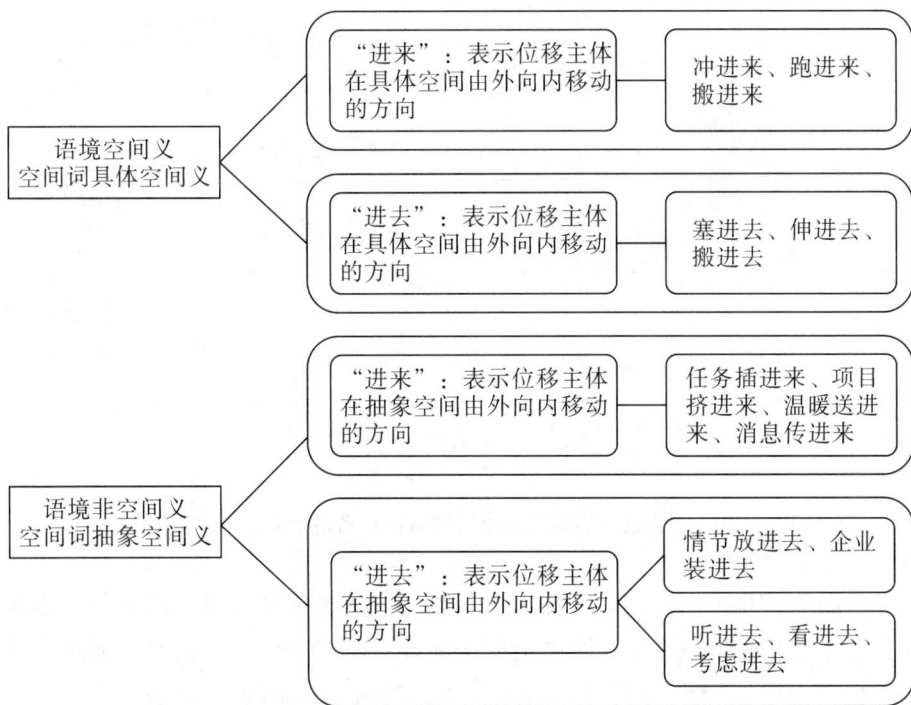

图7-9 复合趋向动词"进来""进去"和其他词语组配的语义情况

（二）"动词 + 出来"与"动词 + 出去"

为了展示动词和趋向动词"出来"高频组配的整体情况，我们仍采用了嵌套三元组的方式来构建知识图谱，首先对"动词 + 出来"的语料进行收集和清理，再结合"动词 + 出来"作为一个整体与名词组配的信息，尽量全面地提供"动词 + 出来"的语境背景，复合趋向动词"出来"和其他词语高频共现的知识图谱展示如图 7 - 10：

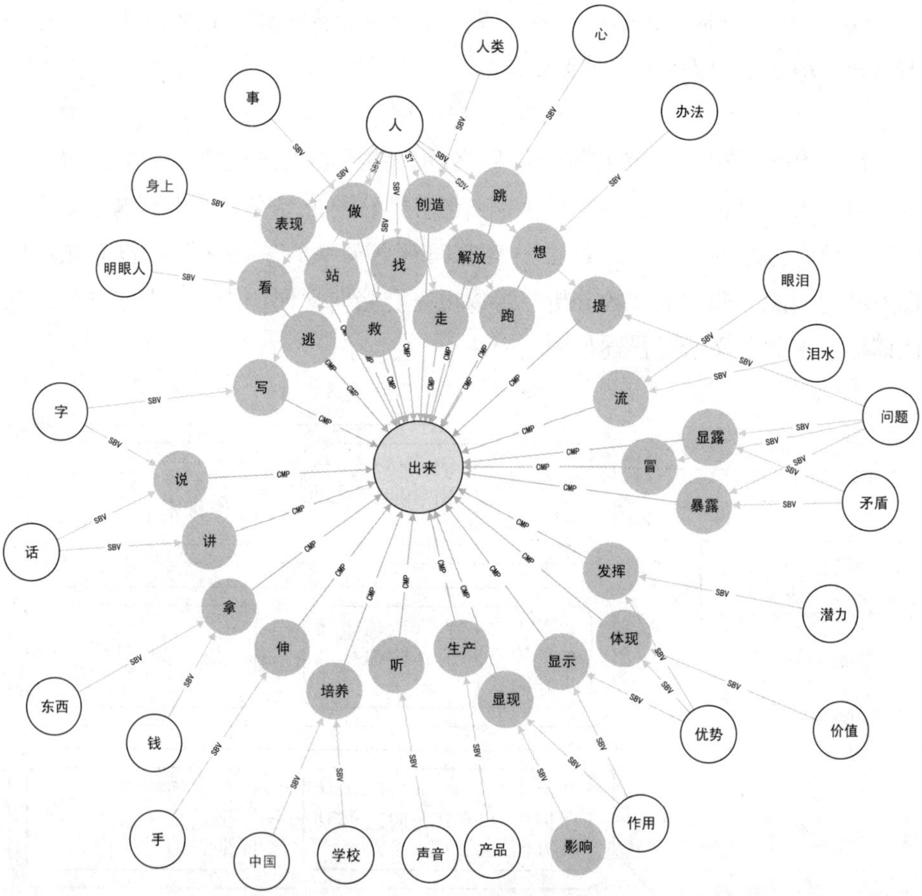

图 7 - 10　复合趋向动词"出来"和其他词语高频共现的知识图谱

从图 7 - 10 可以看出，实体 1 "出来"与高频共现动词（浅灰色）实体 2 之间的关系是动补关系（图中用英文字母 CMP 表示）。在嵌套三元组构建的知识图谱中，颜色与词性对应。其中，浅灰色圆圈表示动词（如"走""表现""跑""生产""显现"等），白色圆圈表示普通名词。

　　知识图谱可以提供很多丰富的组配信息，以图7－10中的"显现出来"为例，趋向动词"出来"是实体1，动词"显现"是实体2，实体1和实体2之间的关系是动补关系（图中用英文字母CMP表示），但"显现"又可以和新的实体"作用""影响"（白色圆圈）构成一个新三元组，新三元组的结构关系是主谓结构（图中用英文字母SBV表示），即"作用显现出来""影响显现出来"是高频组配。同理，看到动补结构"显示出来①"，可以知道"优势显示出来""作用显示出来"是高频组配；看到动补结构"体现出来"，可以知道"优势体现出来""价值体现出来"是高频组配；看到动补结构"发挥出来"，可以知道"潜力发挥出来"和"优势发挥出来"是高频组配；看到动补结构"生产出来"，可以知道"产品生产出来"是高频组配。

　　同时，看到名词"矛盾"，可以知道"矛盾暴露出来""矛盾显露出来"是高频组配；看到名词"问题"，可以知道"问题暴露出来""问题显露出来""问题冒出来""问题提出来"是高频组配；看到名词"话"，可以知道"话说出来""话讲出来"是高频组配；看到名词"优势"，可以知道"优势发挥出来""优势体现出来""优势显示出来"是高频组配。同时，可以看到动补结构"创造出来""想出来""看出来""跳出来""解放出来""站出来""逃出来""救出来"都享有同一个高频共现名词，即"人"。

　　为了了解"动词＋出来"在组配中更丰富的语义特征，接下来我们将立足BCC语料库，对"动词＋出来"的组配结构进行穷尽式的搜索（共248 337条，其中3 960个动词参与了组配），分别排列出了组配频次最高的前20个组配结构并进行了具体的语义分析，见表7－19：

---

　　① 根据图7－10中知识图谱的组配信息，可以很清楚地知道动补结构"显示出来"和"显现出来"分别偏好与什么样的名词组配。从图7－10可知，"显示出来"偏好和名词"优势""作用"组配，而"显现出来"偏好和名词"作用""影响"组配，因此，名词"作用"既和"显示"是高频组配，也和"显现"是高频组配。通过知识图谱，可以让汉语学习者快速理解近义词"显示"和"显现"可替换的条件及组配偏好。

表 7 - 19　"动词 + 出来"结构的组配频次及语义类别

	动词 + 出来	频次	语义类别
Top 1	说①出来	24 283	非空间义
Top 2	表现出来	5 834	非空间义
Top 3	跑出来	4 972	兼有
Top 4	冒出来	4 630	兼有
Top 5	写出来	4 010	非空间义
Top 6	做出来	3 938	非空间义
Top 7	吐出来	3 833	空间义
Top 8	站出来	3 557	兼有
Top 9	想出来	3 309	非空间义
Top 10	哭出来	3 254	非空间义
Top 11	翻出来	3 116	兼有
Top 12	解放出来	3 074	非空间义
Top 13	笑出来	2 813	非空间义
Top 14	体现出来	2 540	非空间义
Top 15	暴露出来	2 356	非空间义
Top 16	挖出来	2 319	兼有
Top 17	发挥出来	2 222	非空间义
Top 18	解脱出来	1 967	非空间义
Top 19	逃出来	1 905	兼有
Top 20	拍出来	1 899	非空间义

从表 7 - 19 可以看出，动词和"出来"的组配频次是和"进来"组配频次的近 10 倍，说明在汉语中，复合趋向动词"出来"是个高频补语。英语和汉语的情况类似，根据《牛津英语短语动词词典》（*Oxford Phrasal Verbs Dictionary for Learners of English*）（2013 年第 2 版），out 的使用次数仅次于 up，因此 out 及其动词短语的研究也一直是学者关注的重点。本节将立足语料对"出来""出去"的非空间义作全面的描写。

值得注意的是，"动词 + 出来"前 20 个高频组配中，几乎每一个都可以表示非空间义，例如：

① 合并了"说出来"（22 303）和"讲出来"（1 980）。

（68）那孩子一向很大胆，什么话都能<u>说出来</u>！

（69）你根本没有把我们霸气潇洒的样子<u>表现出来</u>。

（70）有的人总喜欢把自己的伤疤或可怜<u>写出来</u>。

（71）美味又健康的白粥，10分钟就能<u>做出来</u>。

（72）老杨真牛逼，这样的点子都能<u>想出来</u>。

（73）我第一次为了心疼一个人而<u>哭出来</u>。

（74）在远程教学实践中，这种网络教育的不足也<u>暴露出来</u>。

（75）相信以后会打得更好，把自己的实力完全<u>发挥出来</u>。

（76）临近假期结束，简单轻松的场景越来越少，和工作有关的念头逐渐<u>冒出来</u>。

　　"出来"与动词组配，表示从无到有，由隐到显的位移方向，组配的动词包括"制作类"动词（如"做""干""造""编""写""调"等）、"查找类"动词（如"调查""找""搜""翻"等）、"思考类"动词（如"想""琢磨""理""研究""猜"等）、"惹引类"动词［如"引""惹""闯（祸）""闹（事）"等］、"显露类"动词（如"露""显露""显示""亮""摆""秀"等）和"言语类"动词（如"说""念""背""公布""登""笑""哼"等）。

　　"制作类"动词和"出来"组配，表示将物品制作出来或将结果呈现出来。比如"做出来"表示完成某个物品的制作过程，例如"<u>做出来</u>一碗粥"；"编出来"表示完成某个计划或编写某种作品，如"他<u>编出来</u>一本关于人工智能的书"；"写出来"表示完成某篇文章或作品的写作，如"他将详细的方案<u>写出来</u>"。

　　"查找类"动词和"出来"组配，表示某种信息、事实或对象从隐到显。"调查出来"指通过调查得出某个结论和信息；"搜出来"指通过搜索或搜寻找到某个信息或物体；"翻出来"指通过搜索、整理或查阅找到某个信息或物体，如"她<u>翻出来</u>了一份很重要的合同"。

　　"思考类"动词和"出来"组配，表示思考、研究、探讨的结果由隐到显。"想出来"指通过思考得出答案或解决方案，例如"我<u>想出来</u>了一个好办法"；"研究出来"只通过系统性的研究得出结论或结果，如"我们已经<u>研究出来</u>了这个问题的解决方案"。这些动词通常是与思考、分析、研究等过程相关，都需要一定时间和精力去思考和推敲。

　　"惹引类"动词和"出来"组配，通常表示某种不良后果或负面影响由某个行为、事件或情况引起。"引出来"表示某种结论或情况被引出来、暴露出来，例如"他的话引出来了一些意想不到的问题"；"惹出来"表示某种行为或情况引起了问题，如"你这样乱说话会惹出来麻烦的"；"闯（祸）出来"表示某个人或团体由于某种行为或决策引起了不好的结果，如"那个学生的顽皮行为闯出祸来了，最后被学校处罚"。"显露类"动词和"出来"组配，通常用来描述某个事物或情况从隐藏、不明显或不为人知的状态转变为可见、明显或被注意到的状态。"露/显露出来"表示某物或某种情况从不明显变为明显，如"真相显露出来"；"显示出来"表示揭示或揭露之前被隐藏或保密的信息，如"证据显示出来"；"秀出来"表示故意将某物展示给他人看，如"她把新买的项链秀出来"。

"言语类"动词和"出来"组配，通常表示思想、内容、情感从头脑中用语言形式表达出来。"说出来"表示将想法、意见、话语等通过口头表达出来；"念出来"表示将书面文字用口头语言表达出来；"公布出来"表示将某个消息、信息或计划公开宣布出来，如"公司的新项目计划已经公布出来了，大家可以去看看"；"登出来"表示将某个信息、文章发布出来；"哼出来"指通过哼唱将声音发出来。

以上与"出来"组配的动词，刘月华（1998）将之分成了好几类，但这些类别都可以高度概括为由隐到显。包括在汉语教材中初级阶段最开始涉及的"动词＋出来"非空间义的用法也是如此。《初级汉语教程》（第二册下，第17课）中指出"出来"表示由不知道到知道、由不清楚到清楚、由无到有，如"听出来""看出来""喝出来""洗出来"等。例如：

（77）你听出来他的声音了吗？

（78）谁想出来了这么个好办法？

（79）你喝出来这是什么年份的酒了吗？

（80）用手机拍的照片能洗出来吗？

此外，刘月华（1998）还指出"出来"可以和某些表示使人或事物获得某种新品质、新性质的动作行为动词组配，如"教出来学生"，意思是使学生获得知识、品德；"衣服洗出来了"，意思是"衣服获得干净的性质"等。其实这类中"出来"的语义仍可以概括为由隐到显，"教出来学生"是指学生的某些优秀的能力和水平在老师的挖掘和引导下呈现出来，"衣服洗出来了"是指衣服本身干净的本质在洗涤的作用后呈现出来，因此通过对大量语料的分析，我们可以总结出"出来"在投射义的语义就是表示动作由隐到显的方向。
通过上文的分析，可以把复合趋向动词"出来"和其他词语组配的语义情况
描述如图 7 - 11：

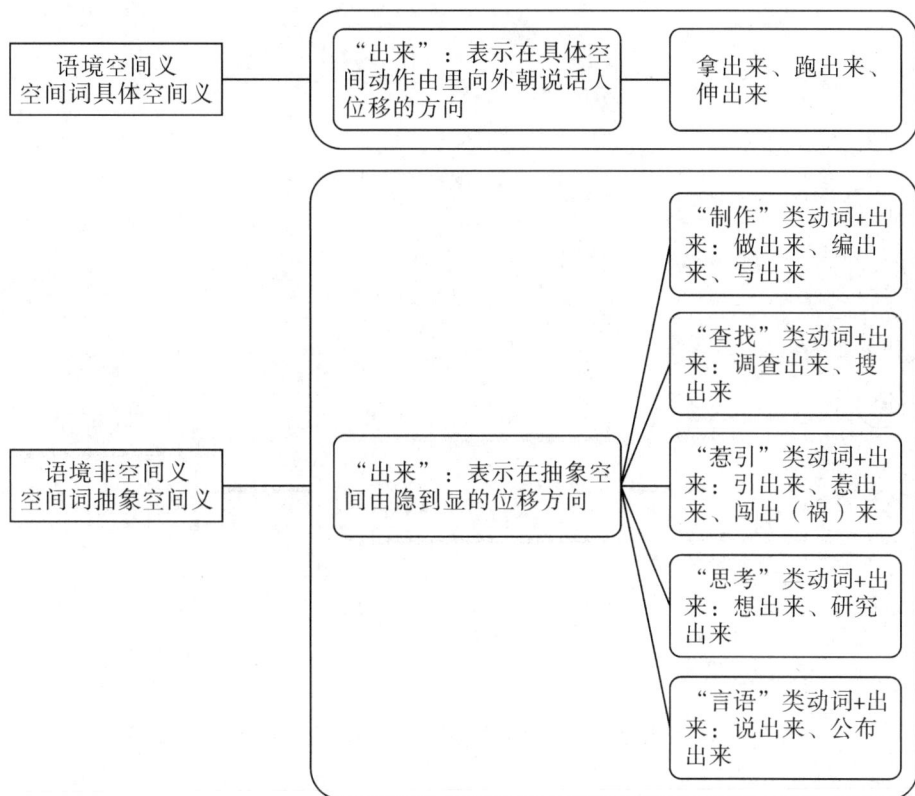

图 7 - 11 复合趋向动词"出来"和其他词语组配的语义情况

接下来考察一下复合趋向动词"出去"的整体组配情况，复合趋向动词
"出去"和其他词语高频共现的知识图谱展示如图 7 - 12：

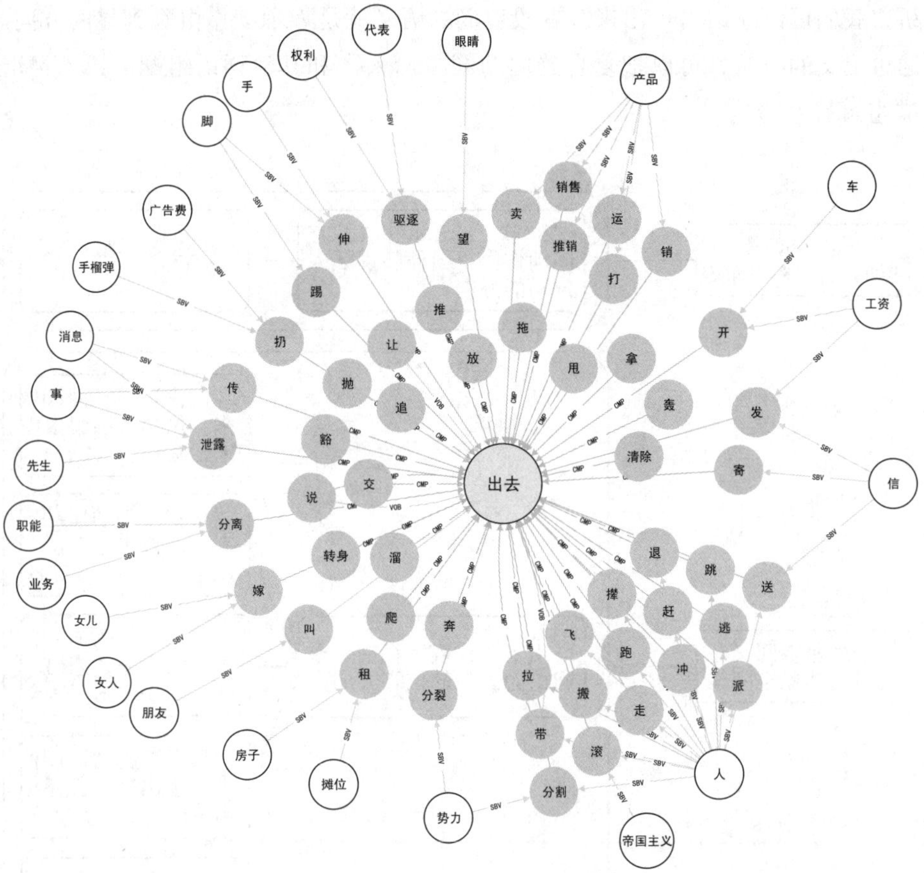

图 7 - 12　复合趋向动词"出去"和其他词语高频共现的知识图谱

从图 7 - 12 可以看出，实体 1 "出去"与高频共现动词（浅灰色）实体 2 之间的关系是动补关系（图中用英文字母 CMP 表示）。在嵌套三元组构建的知识图谱中，颜色与词性对应。其中，浅灰色圆圈表示动词（如"爬""跑""交""逃""推""追"等），白色圆圈表示普通名词。

知识图谱可以提供很多丰富的组配信息，以图 7 - 12 中的"分离出去"为例，趋向动词"出去"是实体 1，动词"分离"是实体 2，实体 1 和实体 2之间的关系是动补关系（图中用英文字母 CMP 表示），但"分离"又可以和新的实体"业务""职能"（白色圆圈）构成一个新三元组，新三元组的结构关系是主谓结构（图中用英文字母 SBV 表示），即"业务分离出去""职能分离出去"是高频组配。同理，看到动补结构"发出去"，可以知道"信发出去""工资发出去"是高频组配；看到动补结构"传出去"，可以知道"消息传出去""事传出去"是高频组配；看到动补结构"泄露出去"，可以知道

"消息泄露出去""事泄露出去"是高频组配；看到动补结构"租出去"，可以知道"摊位租出去""房子租出去"是高频组配。

同时，看到名词"势力"，可以知道"势力分裂出去""势力分割出去"是高频组配；看到名词"消息"，可以知道"消息传出去""消息泄露出去"是高频组配；看到名词"脚"，可以知道"脚伸出去""脚踢出去"是高频组配；看到名词"信"，可以知道"信寄出去""信送出去""信发出去"是高频组配；看到名词"产品"，可以知道"产品销/销售出去""产品推销出去""产品运出去""产品打出去""产品卖出去"等是高频组配。同时，可以看到动补结构"逃出去""飞出去""退出去""跑出去""走出去""冲出去""拉出去""赶出去""跳出去""搬出去""派出去""撵出去""分割出去"等都享有同一个高频共现名词，即"人"。

为了更深入地了解"动词＋出去"在组配中更丰富的语义特征，接下来我们将立足 BCC 语料库，对"动词＋出去"的组配结构进行穷尽式的搜索（共 65 028 条，其中 2 017 个动词参与了组配），分别排列出了组配频次最高的前 20 个组配结构并进行了具体的语义分析，见表 7 – 20：

表 7 – 20　"动词 + 出去"结构的组配频次及语义类别

	动词 + 出去	频次	语义类别
Top 1	跑出去	3 150	空间义
Top 2	嫁出去	2 340	非空间义
Top 3	滚出去	2 190	空间义
Top 4	飞出去	1 619	空间义
Top 5	说出去	1 618	非空间义
Top 6	送出去	1 609	空间义
Top 7	赶出去	1 456	空间义
Top 8	拉出去	1 169	空间义
Top 9	拖出去	1 144	空间义
Top 10	逃出去	1 142	空间义
Top 11	溜出去	861	空间义
Top 12	扔出去	846	空间义
Top 13	带出去	838	兼有
Top 14	望出去	756	空间义
Top 15	打出去	733	兼有

（续上表）

	动词＋出去	频次	语义类别
Top 16	寄出去	603	空间义
Top 17	追出去	579	空间义
Top 18	分裂出去	462	非空间义
Top 19	穿出去	442	空间义
Top 20	泼出去	392	空间义

从表 7-20 可以看出，动词和"出去"的组配多表示空间义，表非空间义的包括"嫁出去""说出去""分裂出去"和两个兼有的结构"带出去""打出去"，其非空间义远不如"动词＋出来"丰富，例如：

（81）同志们不要那么着急把自己嫁出去。

（82）他并没有把中国文化优秀的部分带出去。

（83）要把黄山的牌子打出去，这不仅是对黄山的要求，更是对全国旅游业的要求。

（84）政客企图通过暴力将巴斯克地区从西班牙分裂出去。

此外，"出去"与动词组配表非空间义的用法，有两种情况需要在语法教学中强调，其一是"动词＋出去"从空间域投射到关系域，表示领有关系的改变，常与之组配的动词有"寄""发""交""放""借""租""花""押（钱）""让""嫁"等。例如：

（85）寄出去的邮件可以要求中途退回吗？

（86）怎样才能尽快把房子租出去？

（87）不知道假钱能不能花出去？

（88）她们把自己嫁出去的理由是那样简单。

其二是"出去"与动词组配，从空间域投射到信息域，"出去"表示信息类事物由内向外扩散的方向，也是由隐到显的过程。与之组配的动词有"说""嚷""走漏""泄露""捅""公布""发布""张扬"等。例如：

（89）说出去的话就像泼出去的水。

（90）这个消息是他们故意走漏出去的。

（91）怎样把骗子的 QQ 号公布出去？

通过上文的分析，可以把复合趋向动词"出去"和其他词语组配的语义情况描述如图 7-13：

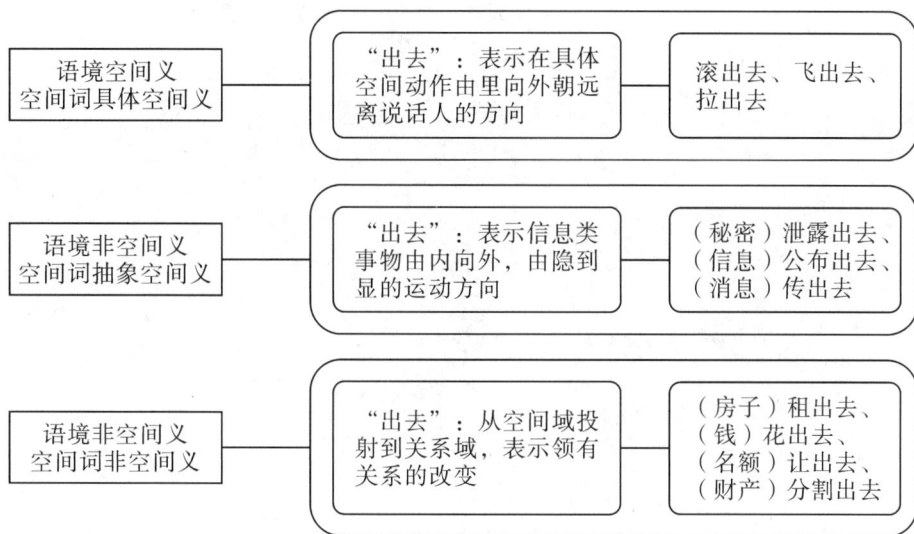

图 7-13　复合趋向动词"出去"和其他词语组配的语义情况

（三）"动词+回来"与"动词+回去"

为了展示动词和趋向动词"回来"高频组配的整体情况，我们仍采用嵌套三元组的方式来构建知识图谱，首先对"动词+回来"的语料进行收集和清理，再结合"动词+回来"作为一个整体与名词组配的信息，尽量全面地提供"×回来"的语境背景，复合趋向动词"回来"和其他词语高频共现的知识图谱展示如图 7-14：

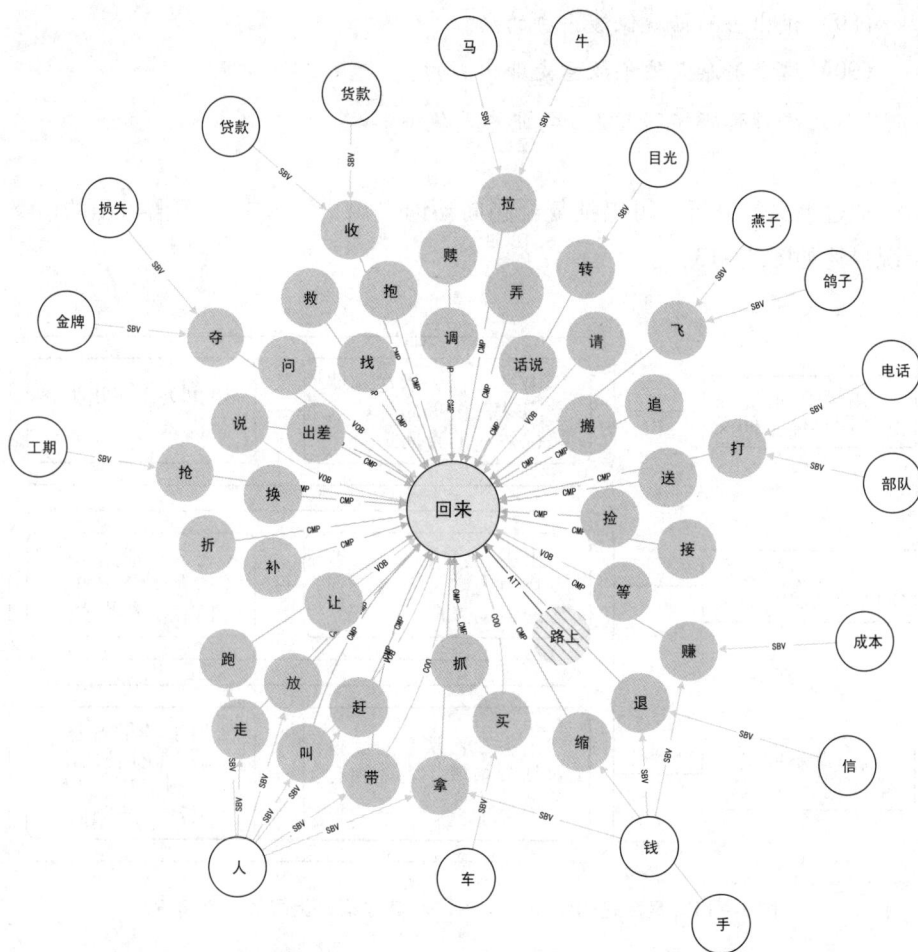

图 7-14　复合趋向动词"回来"和其他词语高频共现的知识图谱

　　从图 7-14 可以看出，实体 1"回来"与高频共现动词（浅灰色）实体 2 之间的关系是动补关系（图中用英文字母 CMP 表示）。在嵌套三元组构建的知识图谱中，颜色与词性对应。① 其中，浅灰色圆圈表示动词（如"抱""搬""补""送""找""换"等），白色圆圈表示普通名词。

　　知识图谱可以提供很多丰富的组配信息，以图 7-14 中的"收回来"为例，趋向动词"回来"是实体 1，动词"收"是实体 2，实体 1 和实体 2 之间的关系是动补关系（图中用英文字母 CMP 表示），但"收"又可以和新的实体"贷款、货款"（白色圆圈）构成一个新三元组，新三元组的结构关系是主

----

① 图 7-14 中斜纹底色圆圈里的"路上"一词，呈现了与趋向动词"回来"的高频组配，但两者的组配还需依托其他的语言单位才能独立表达完整的语义，因此不在本节的分析范围，在此补充说明。

谓结构（图中用英文字母 SBV 表示），即"贷款收回来""货款收回来"是高频组配。同理，看到动补结构"赚回来"，可以知道"成本赚回来""钱赚回来"是高频组配；看到动补结构"退回来"，可以知道"信退回来""钱退回来"是高频组配；看到动补结构"飞回来"，可以知道"燕子飞回来""鸽子飞回来"是高频组配；看到动补结构"拉回来"，可以知道"马拉回来""牛拉回来"是高频组配。

同时，看到名词"钱"，可以知道"钱赚回来""钱退回来""钱拿回来"是高频组配，看到名词"目光"，可以知道"目光转回来"是高频组配；看到名词"手"，可以知道"手缩回来"是高频组配。同时，可以看到动补结构"拿回来""走回来""叫回来""跑回来""放回来""赶回来""带回来"等都享有同一个高频共现名词，即"人"。

为了更深入了解"动词 + 回来"在组配中更丰富的语义特征，接下来我们将立足 BCC 语料库，对"动词 + 回来"的组配结构进行穷尽式的搜索（共70 647 条，其中2 622 个动词参与了组配），分别排列出了组配频次最高的前20 个组配结构并进行了具体的语义分析，见表 7 - 21：

表 7 - 21　"动词 + 回来"结构的组配频次及语义类别

	动词 + 回来	频次	语义类别
Top 1	说回来①	4 308	非空间义
Top 2	买回来	3 455	空间义
Top 3	找回来	2 860	兼有
Top 4	补回来	1 468	非空间义
Top 5	跑回来	1 363	空间义
Top 6	走回来	1 250	空间义
Top 7	捡回来	983	兼有
Top 8	拉回来	915	兼有
Top 9	送回来	821	空间义
Top 10	飞回来	779	空间义
Top 11	转回来	768	兼有
Top 12	抢回来	677	空间义
Top 13	换回来	612	兼有
Top 14	抓回来	569	空间义
Top 15	接回来	542	空间义

① 合并了"话说回来"（2 787）和"说回来"（1 521）的频次。

（续上表）

	动词 + 回来	频次	语义类别
Top 16	救回来	530	非空间义
Top 17	搬回来	452	空间义
Top 18	折回来	441	空间义
Top 19	打回来	402	非空间义
Top 20	赚回来	399	非空间义

从表 7-21 可以看出，在前 20 个高频组配中，"动词 + 回来"表空间义和非空间义的比例大致相当。表空间义的结构有："买回来①""跑回来""走回来""送回来""飞回来""抢回来""抓回来""接回来""搬回来""折回来"。这些短语中的"回来"都表示从一个空间回到原来的空间。

其中，"找回来""捡回来""拉回来""转回来""换回来"既可以表示空间义，又可以表示非空间义。"找回来"中的"回来"既可以指离开的人或物回到原本所在地的方向，也可以表示物品或人从"失去状态"到"原始拥有状态"的转变方向，并不表示物品回到原有的物理空间，而是原有的心理空间。"拉回来"既指从某个地方拉回到自己身边（如，把掉进水里的小狗拉回来了），又指从不好的状态拉回到好的状态。"转回来"既指转回到原来的方向（如，走错路了，又转回来了），又可以指回到原来的状态。例如：

（92）让我们能够快乐地生活在一起，把光阴拖欠我俩的美好都给找回来。

（93）快把你的日语捡回来。

（94）唯一不幸中的大幸，是我把你们的命从鬼门关拉回来。

（95）转转转，运气转回来。

（96）好了好了，把头像换回来。

有些"动词 + 回来"只能表示非空间义，包括"说回来""补回来""救回来""打回来""赚回来"。这些组配中的"回来"通常表示回到之前的话题、状态，或弥补之前的不足与损失，或指回到理想的状态中。例如"补回来"常指弥补睡眠不足的时间和精力；"转回来"可以指运气在过去曾经离开，现在又重新回来了。例如：

---

① "买回来"和其他"动词 + 回来"不太一样，"买回来"中的"回来"语义指向购买的物品，指物品位置的改变，回到的并不是物品的原始位置，而是购买者的心理位置。

　　（97）大好的早上因为头痛泡汤，我下午不睡觉也要<u>补回来</u>。

　　（98）样板房能给房者以启示、借鉴、参考。然而，话还得<u>说回来</u>。如果居民一味被样板房"诱导"，忽视自己所住房的房型情况，那也会物极必反。

　　（99）我最初见到他，是受人之托，将他从死亡边缘<u>救回来</u>。

　　（100）孩子对大人来说都是宝贝，不应该教育他们<u>打回来</u>。

　　（101）这最后的校园时光，怎么也得去几次，把学费<u>赚回来</u>。

　　从上述分析可以看出，"回来"表示回到原来的位置或状态，位置是物理空间上的位置，状态是心理、情感上的状态。大多数情况下，这些"原来的状态"都指好的、健康的、积极的状态，比如"把睡眠补回来"指的是回到睡眠的充足状态；"话说回来"中"回来"指的是让话题回到预期的、全面的状态；"把他救回来"中"回来"指的是从危险的状态回到安全的状态；"把钱赚回来"中"回来"指的是回到理想经济的状态；"（打架）打回来"指的是从弱势的状态回到平等的状态，这些都是人们渴望回到的积极状态。

　　人类在思考和表达时通常都会带有情感色彩，在使用"回来"这个词时，人们往往带有一种回到好的状态、恢复原来积极的状态的期望和向往。人类在面对一些不好的状态时，会希望能回到以前的好的状态，这是人们熟悉的、舒适的，让人感到安全和满足的状态。而对于一些好的状态，人们希望能够维持或者更进一步提升，因为这些是人们向往的，让人感到满足和幸福的状态。因此，当使用"回来"时，回到的状态往往只回到好的状态和期望的状态，这也是为什么大多数情况下，"回来"所表示的状态都是好的，积极的。通过上文的分析，可以把复合趋向动词"回来"和其他词语组配的语义情况描述如图 7 – 15：

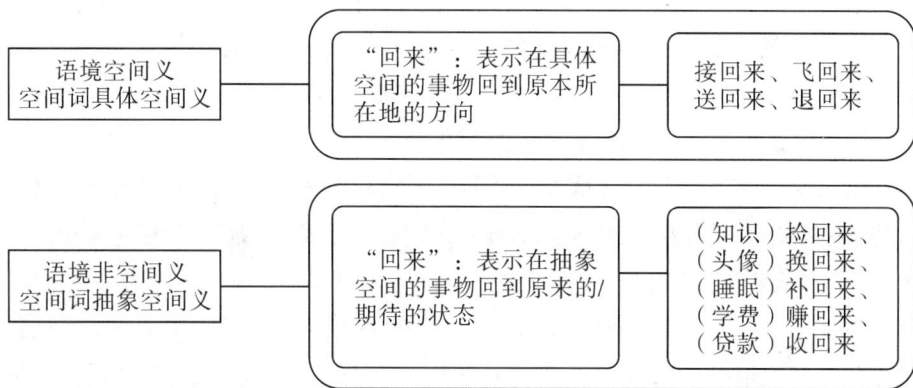

图 7 – 15　复合趋向动词"回来"和其他词语组配的语义情况

接下来考察一下复合趋向动词"回去"的整体组配情况，复合趋向动词"回去"和其他词语高频共现的知识图谱展示如图 7 – 16：

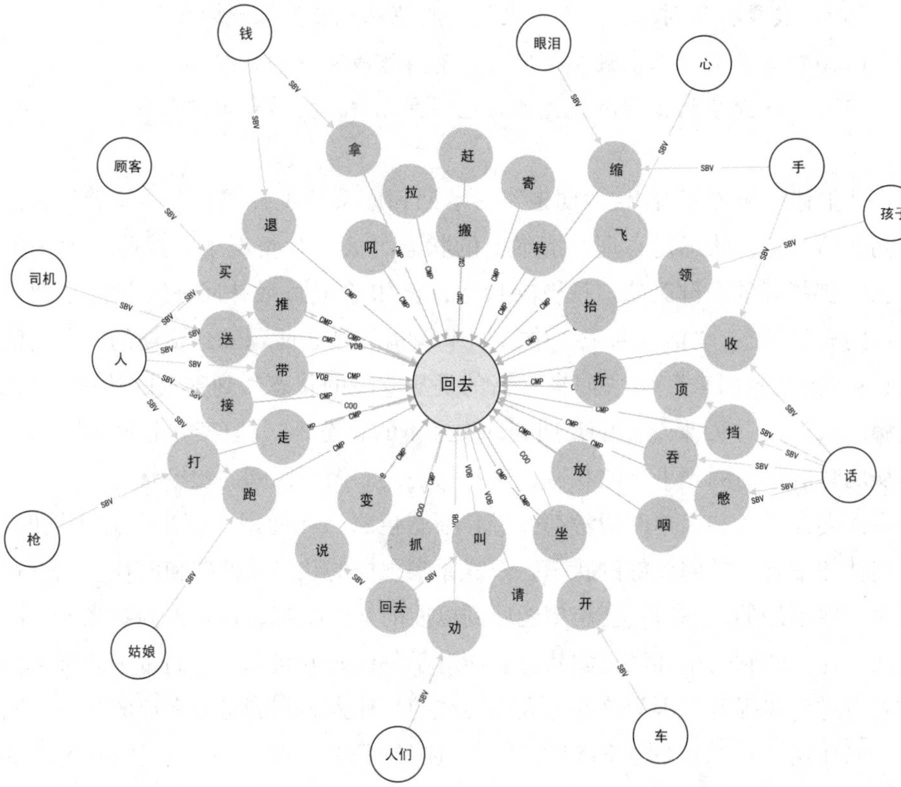

图 7 – 16　复合趋向动词"回去"和其他词语高频共现的知识图谱

从图 7 – 16 可以看出，实体 1 "回去"与高频共现动词（浅灰色）实体 2 之间的关系是动补关系（图中用英文字母 CMP 表示）。在嵌套三元组构建的知识图谱中，颜色与词性对应。其中，浅灰色圆圈表示动词（如"变""叫""抬""拉""折""放""赶"等），白色圆圈表示普通名词。

知识图谱可以提供很多丰富的组配信息，以图 7 – 16 中的"缩回去"为例，趋向动词"回去"是实体 1，动词"缩"是实体 2，实体 1 和实体 2 之间的关系是动补关系（图中用英文字母 CMP 表示），但"缩"又可以和新的实体"手""眼泪"（白色圆圈）构成一个新三元组，新三元组的结构关系是主谓结构（图中用英文字母 SBV 表示），即"手缩回去""眼泪缩回去""话挡回去"是高频组配。同理，看到动补结构"买回去"，可以知道"顾客买回去"是高频组配；看到动补结构"打回去"，可以知道"枪打回去"是高频组配；看到动补结构"飞回去"，可以知道"心飞回去"是高频组配；看到动补结构"送回去"，可以知道"司机送回去"是高频组配；看到动补结构"拿回去"，可以知道"钱拿回去"是高频组配。

同时，看到名词"手"，可以知道"手收回去""手缩回去"是高频组配；看到名词"话"，可以知道"话收回去""话顶回去""话憋回去""话吞回去""话咽回去""话挡回去"是高频组配；看到名词"钱"，可以知道"钱拿回去""钱退回去"是高频组配。同时，可以看到动补结构"买回去""带回去""送回去""接回去""走回去""跑回去""退回去"等都享有同一个高频共现名词，即"人"。

为了更深入了解"动词+回去"在组配中更丰富的语义特征，接下来我们将立足BCC语料库，对"动词+回去"的组配结构进行穷尽式的搜索（共35 077条，其中1 559个动词参与了组配），分别排列出了组配频次最高的前20个组配结构并进行了具体的语义分析，见表7－22：

表7－22　"动词+回去"结构的组配频次及语义类别

	动词+回去	频次	语义类别
Top 1	走回去	981	空间义
Top 2	送回去	795	空间义
Top 3	放回去	577	空间义
Top 4	跑回去	573	空间义
Top 5	转回去	526	空间义
Top 6	缩回去	525	空间义
Top 7	买回去	453	兼有
Top 8	吞/咽①回去	371	兼有
Top 9	打回去	359	兼有
Top 10	飞回去	331	空间义
Top 11	抓回去	266	空间义
Top 12	领回去	261	空间义
Top 13	搬回去	232	空间义
Top 14	折回去	213	空间义
Top 15	寄回去	205	空间义

---

① 合并了"吞回去"（191）和"咽回去"（180）。

（续上表）

	动词 + 回去	频次	语义类别
Top 16	接回去	199	空间义
Top 17	穿越回去	196	非空间义
Top 18	拉回去	195	空间义
Top 19	坐回去	163	空间义
Top 20	顶回去	158	兼有

　　刘月华（1998）《趋向补语通释》认为"回去"的基本趋向义是表示向原处所（出发地、家、家乡、祖国）等移动，立足点不在原处。《现代汉语八百词》（增订本）（1999）对"回"的引申义进行了补充，表示从不利状态到有利状态。从表7－22 可以看出，"动词＋回去"前20 个高频组配里，大部分短语表示的是空间义，"买回去""打回去""顶回去"和"吞/咽回去"兼有空间义和非空间义，而"穿越回去"则表示非空间义。"回去"指的是回到先前的位置或状态。例如：

（102）a. 乡下人就靠这点菜卖几个钱，才能把油盐酱醋买回去。（空间义）

　　　　b. 股票期权到期后，一般应由授予人以现金将股票买回去。（非空间义）

（103）a. 我把球打回去。（空间义）

　　　　b. 别人帮你，十倍帮回去。别人打你，十倍打回去。（非空间义）

（104）a. 把吐出来的痰又吞了回去。（空间义）

　　　　b. 差点脱口而出的名字，又教她硬生生地吞回去。（非空间义）

（105）a．朱小霞当然不是省油的灯，马上拿出看家本领将抱枕当球顶回去。（空间义）

　　　　b. 他听不顺耳，气呼呼的顶回去。（非空间义）

（106）想好的台词，到嘴边，最后还是咽回去。（非空间义）

（107）在后座上回忆过去的点滴，突然想穿越回去。（非空间义）

　　上述例子中，"动词＋回去"不仅可以表示回到先前空间的位置上，还可以是回到时间、状态等的位置和状态。比如例（103）、例（105）中的"打回去""顶回去"是指以相同的方式回应别人的行为，回到先前互不侵犯的状态；例（107）中"穿越回去"指想要回到过去的时间状态。总的来说，"动词＋回来"表示回到说话者所在的位置或状态,即回到原来的位置或状态,而"动词 + 回去"则表示离开说话者所在的位置或状态,回到之前的位置或状态。通过上文的分析,可以把复合趋向动词"回去"和其他词语组配的语义情况描述如图 7 – 17:

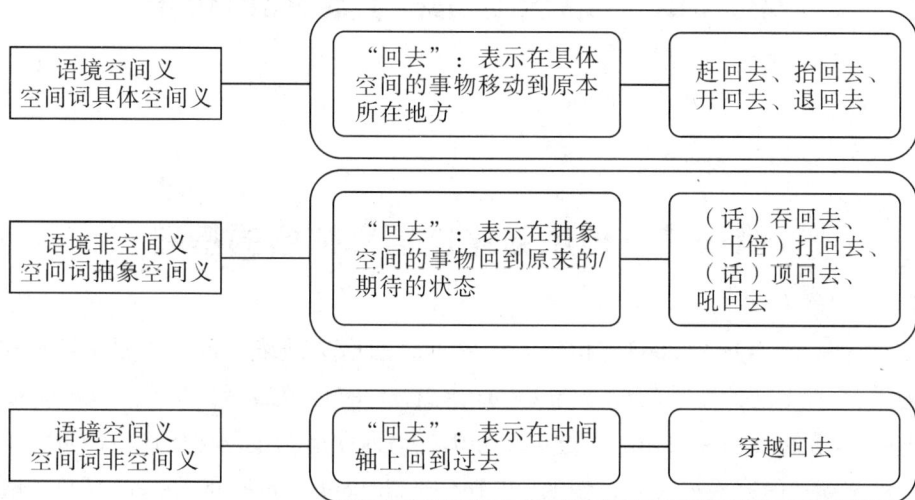

语境空间义 空间词具体空间义	"回去":表示在具体空间的事物移动到原本所在地方	赶回去、抬回去、开回去、退回去
语境非空间义 空间词抽象空间义	"回去":表示在抽象空间的事物回到原来的/期待的状态	(话)吞回去、(十倍)打回去、(话)顶回去、吼回去
语境空间义 空间词非空间义	"回去":表示在时间轴上回到过去	穿越回去

图 7 – 17　复合趋向动词"回去"和其他词语组配的语义情况

第八章 语义扩展与虚化的机制

第一节 语用强化是语义扩展的基础

Tyler 和 Evans（2003）构建了一个 over 的语义网络，包括了原始场景在内的 15 种不同的意义。Tyler 和 Evans 指出，over 可以表示"完成"（completion）义是因为重新分析。经过重新分析，动词在运动过程中所产生的最终位置就与动作的完成相关联，例如，"The rabbit hopped <u>over</u> the fence.（兔子跳过了篱笆。）"和"The boy stepped <u>over</u> the pile.（男孩跨过了那堆树叶。）"。通过语用强化，"完成"义就可以在 over 的语义网络中发展出来。例如"The cat's jump is <u>over</u>.（猫跳过去了。）"和"The film/game/play is <u>over</u>.（电影/游戏/戏结束了。）"这两句中 over 的语义都表示"完成"义。

over 的"时间"（temporal）义则更抽象①。但时间义的产生仍然建立在空间义的基础上。例如，"The boy walked <u>over</u> the hill.（那个男孩走过小山）"，意味着 TR 翻越了这座山，而根据人类的自然经验，翻越一座山是需要时间的，而且距离越远，所需要的时间就越长。因此，在人类的经验中，距离和持续的时间之间有着极强的相关性，在语用强化的作用下，语境的一个特定方面被重新分析为一个独特的意义成分，over 的"时间"义则被凸显出来。因此，经验关联产生的含义通过上下文联系和使用（即语用上）得到加强，从而产生不同的意义成分。也就是说，与 over 相关的时间意义是语义记忆中实例化的传统意义成分。

从语用强化的角度可以解释为什么汉语空间词的非空间义多为"完成"

---

① 在英语中，很多空间词都有时间义，例如，under、down、up、to、for、in、on、at、by、before、after 和 though 都有时态用法，但时间义也只是与一些空间词有关，而不是所有的空间词都发展出了时间义，这背后的机制限于篇幅，不作展开。

义和"时间"义，也可以解释空间词从空间义到非空间义一脉相承的语义关系。

当"上"作方位后置词时，和名词构成"名词＋上"的结构，在该结构中，方位词"上"指示两个物体之间的相对空间位置，例如"桌子上有一个花瓶"和"沙发上趴着一只狗"。这都是"名词＋上"结构的原型空间语义图式，在原型空间语义图式中，B（桌子、沙发）是背景，A（花瓶、狗）是焦点，B是A的参照物，但是要注意的是，由于受到地球重力的影响，A与B在空间关系上除了有上下关系外，还有接触关系，若无接触关系，A只能是悬浮在B的上空。如果A出现在B的上空但和B又没有接触关系，那么这种悬浮一定有外力来促成，如"头上飞过一架飞机""桥上飘过一个气球""海鸥在海面上飞翔"这些场景中，焦点A（飞机、气球、海鸥）都是依靠动力在与地球的重力抗衡，如果失去动力则会跌回地面，比如飞机失去动力会坠毁，气球里面的气体泄漏则会慢慢降回地面，鸟儿丧失飞行的动力也会摔至地面。"接触"义是方位后置词"上"原型空间场景语义中隐含着的一个语义，这是由客观物质世界的重力特点决定的。如果在语言表达中无法出现"接触"义，一定是有外力的干扰和限制。因此，方位后置词"上"的"接触"义，是语用强化的结果。而"接触"义这一核心语义也体现在"上"作趋向补语的例子中，如"爱上不该爱的人""闭上眼睛""麻烦找上了他"等，"爱上"是指爱慕之情附着在了这个不该爱的人身上，"闭上"是指两个眼皮有接触，"找上"是指麻烦来到了他身边，其核心语义都是"接触"义。

而汉语空间词"下来"与"停留"类动词组配表示动作的完成状态，也离不开人们在原型空间场景中对"下来"空间语义的识解。在具体空间场景中，"下来"表示物体由较高处向较低处纵向位移的方向，但向下位移并不是无止境的，比如"雨"落到地上，不可能无限制地继续下落，雨水会在地上停留，那么具有"停留"义的动词和"下来"的语义结合就具备了可能性，"下来"则表示停留后的完成状态。

此外，数量和垂直高度之间存在一种独立动机的经验相关性。因为垂直高度的增加通常伴随着数量的增加。由于数量和垂直高度之间的经验相关性，"计数"数量的测量系统通常被定义为垂直系统。也就是说，我们经常把测量系统定义为垂直尺度，例如温度计就是典型的垂直刻度测量系统。通过感知测量和垂直度之间的相似性，我们把温度的增加称为温度的上升。然而，温度本身并不是具有一定高度的物理实体。因此，"上"与"多"是一种语用强化关系。

　　而且，在很多情况下，被垂直提升的结果就是在某种程度上更优越。例如，拥有堆积更高的金矿通常被认为使探矿者处于优越的地位。就体力作战而言，将士兵或军队部署在相对于敌人较高的地方，这将使其处于有利的位置，因为这提供了一个更好的制高点，以及一个更有优势的位置。同样地，这样的地点也更容易防御，因为敌人在攻击前必须先向上攀爬。同样地，身体上的高度和身体上的优势也有关系。例如，个子较高、体型较大的人通常会在身体战斗中获胜。此外，在许多体育比赛中，站着的人，保持垂直向上的姿势的，是赢家。在与之相关的语义网络中，由垂直提升而来的"好""优""多""胜"的含义已被规范化。

　　英语和汉语的空间词在"上即是多"的隐喻认知上具有一致性。汉语的位移动词"上/下"的"上"可以表示"到达"义，由到达某一具体的处所可以引申出到达某一抽象的处所，即到达某一数量，如"上岁数""上年纪"等。"上岁数"指"上了一定的岁数"，但"上年纪"不是指有些年纪，而是指有了较大年纪，"上"表示在量的刻度上纵向位移，由较低的刻度向较高的刻度移动。量由少到多对应在客观世界里就会有高度的变化，量少的刻度低，量多的刻度高。既然是有高度的级差，那么就会产生"高低"之别，也会有"上下"之分。所以此类"上"的非空间义也是在原型空间义基础上衍生出来的。

　　另外，"起来"可以与"量级增长"类动词/形容词组配，表示"MORE IS UP"（"多"即是"上"）的语义，如"积累起来""复杂起来""增强起来""聪明起来"等。在我们的日常生活中，由于数量的增多与垂直高度现象之间的反复关联，这种相关性也会被固化到人类的认知体系，比如当物体不停堆高或液体不停增加到一定高度，这些情况下，数量的增加就会与垂直高度的增加直接相关，对这两种共生现象的观察导致了两者之间的强相关认知。

第二节　组配词语之间的语义吸引与语义限制是语义虚化的土壤

　　Gamallo 等（2019）尝试了一个新的研究，即使用单语语料库生成词汇上下文文化意义，并使用双语向量空间识别它们在目标语言中的适当翻译。单词翻译采用与词义的上下文化相同的建模方式，但在双语向量空间中进行。研究指出，在"catch a ball（抓球）"这一构式中，"catch"的语义类似于

"grab"，可以用西班牙语翻译成 coger。相比之下，在"catch a disease（得病）"这一构式中，"catch"的语义与 contract 相似，更合适的西班牙语译法是"contrer"。另一方面，"ball"一词在"catch a ball"这一构式中表示"球形物体"，其在西班牙语中对应的翻译为"pelota"。然而，当"ball"一词在"attend a ball（参加舞会）"这一构式中，它的语义就变成了"跳舞的活动"，对应于西班牙语的"baile"。

简言之，就"catch a ball"这个短语而言，名词 ball 会对动词 catch 施加选择偏好，使其在这个组合中，只能被理解为"抓取"这一动作，不会被理解为"感染"的语义，如"catch a disease"。而同时，动词 catch 也会对名词 ball 施加选择偏好，因为"抓取"语义的宾语只能是某物体，这就决定了 ball 在该短语中被理解为"球"，而不能被解读为"舞会"（如"attend a ball"）。因此，这两个词汇在组合过程中，都能对组配词汇的语义作出限制和提取。因此，我们认为，词语的组配过程是一个动态的语义建构过程，组配词语各自的句法语义语用以及结构的句法语义语用特点都在组配的过程中既互相限制，也互相吸引。

比如，位移动词"上/下"后接地点宾语时，"基层""乡"等处所词很容易激活"偏远""落后""贫困""不发达"等关于社会等级域的联想。很多学者认为"上/下"在社会心理认知域的语义是空间域"上/下"投射的结果，从"上/下"空间域表示向较高处/较低处移动自然地发展出向社会心理等级中的较高等级/较低等级移动的义项。本书提出不同的假设，即地点名词自身的语义特征和"下"由空间域向社会心理认知域的投射是一种双向互动的配置关系，也就是说是组配名词所附带的这些联想义为"下"在社会等级投射义的形成创造了条件，并不是"下"先具备了"由社会较高等级向社会较低等级移动"这一义项，然后才可以带这些处所宾语。

再来看趋向动词"上/下"作补语的例子，当与之组配的动词本身不具有方向性时，组配的空间词不同，动作位移的方向就不同，例如，可以"爬上""跳上""搬上"，也可以"爬下""跳下""搬下"。但如果组配动词本身是具有明确方向的，例如"蹲""掉""垂"这类动词本身就具有从较高处位移到较低处的运动方向，而这一语义特点与作简单趋向补语的"下"的语义特点完全一致，属于语义互相吸引，既然两个组配成分都表示相同的语义，则充当简单趋向补语的"下"的语义自然弱化，这是语义往非空间义方向发展的基础。

"写上名字"和"写下名字"是否可以互换一直是困扰汉语学习者的语言

点,"请大家在本子上写上名字"和"请大家在本子上写下名字"看起来"上"与"下"可以互换,但在有些语境下,例如"《共同纲领》为什么没有写上'社会主义'"和"转向车道标志应写上'转弯道'字样"这两例中的"写上"就不能换成"写下"。这是因为这一类"写+上+宾语",我们需要一个视觉可见的结果,即读者要了解到新信息,这个新信息就负载在"纸张"或其他平面上,语言交流需要这一平面上多出某些东西成为新信息,所以"写上"中"上"的位移方向义被消减,而物体宾语"社会主义""转弯道"在"《共同纲领》""转向车道标志"上的"出现"义则被凸显。"上"发生语义虚化最主要的原因是受到了组配词语语义特点的制约,所有组配元素的语义在构成一个语义整体时,彼此之间是语义吸引的关系,经历的是语义融合的过程。其中,最上层的制约因素还是语用。

第三节 隐喻机制是意义扩展和变化的核心结构力量

隐喻映射(metaphorical mapping)是意义扩展和语义变化的核心结构力量(a key structuring force)(Lakoff & Johnson,1980;Sweetser,1990)。其操作方式是根据两个域之间的结构相似度,将一个词的现有意义从它自己的源域映射到另一个目标域。

认知语言学认为,体验是人类思维的基础,人类概念结构的核心离不开人类的体验感知基础,而空间感知体验是人类最基本最原始的感知体验。认知语言学家强调空间感知在人类对世界进行表征的过程中起着关键作用,基于空间关系的体验与认知是人类与外部世界互动活动中最基础的互动形式(刘晓宇、刘永兵,2020)。

隐喻既是修辞手段也是认知手段,是通过具体的熟悉的概念去理解一个复杂的陌生的概念的方式,是具体概念到抽象概念的引申,反映了空间认知关系。空间隐喻是隐喻系统中最基础、最常见的存在,具有不可替代的地位(吕军梅、鲁忠义,2013)。空间隐喻是用空间概念获得抽象概念的认知过程,是人类利用空间概念来理解其他领域概念的方式(李金秀、黄清华,2006)。

Tyler和Evans(2003)认为语言反应的是人类的概念系统,而不是真实的客观世界。概念结构在很大程度上是由人类如何感知、体验周围的空间物理世界并在与之互动的过程中构建的。简言之,经验被具象化。因此,趋向动词的多义现象是来源于我们的具体经验以及对物理世界的概念化。人自身就被认知成一个容器，由于需要进食与排泄，"进"与"出"就成为人类感知世界的一对基本的空间关系词。此外，在我们的日常生活中，由于数量的增多与垂直高度现象之间的反复关联，这种相关性也会被固化到人类的认知体系，比如当物体不停堆高或液体不停增加到一定高度，这些情况下，数量的增加就会与垂直高度的增加直接相关。

用有限的语言结构来表达无限的思想，这是语言经济性的特点，因此一词多义成为必然。Xu 等（2017）通过研究过去一千年来英语词汇意义的英语扩展，分析词义如何从源域扩展到目标域的新词义。研究发现，隐喻映射是高度系统化的，在隐喻机制的作用下，新出现的语义被压缩到现有的词汇中。语言进化原则（principles of language evolution）认为语言结构是在交际需求和认知约束（例如可学习性）的双重压力下发展起来的，因此语言应该在表达性和压缩性的竞争压力之间进行平衡（Kirby，et al.，2015）。具体来说，语言的进化必须建立在有意义和有信息的交流基础之上，同时还要确保语言形式不会无限制地发展，要具有可学性，因此，新意义要能压缩进现有的语言结构中。

第九章　总结与思考

第一节　主要结论

一、空间义：空间词非空间义语义演化的基石

一词多义（polysemy）指的是某一词汇形式具有两个或以上的义项，这些义项之间并不是孤立的，而是既具有相关性又具有区别性。这些义项围绕核心义项形成一个系统的语义网络，而这一语义网络的核心，是空间词的空间义。

在隐喻机制和语用强化的共同作用下，空间词在空间义的基础上发展出丰富的非空间义。在汉语中，位移动词"上/下"与地点宾语组配可以表示在空间纵轴上的位移，比如"上山""上楼"等，当位移主体由较低处移动至较高处时，位移场景中的背景，比如"山上""楼上"则增添了位移的主体，因此"上"衍生出"使出现"义。同理，当位移主体由较高处移动至较低处时，则位移主体逐渐淡出了背景，比如"下山"是位移主体从"山"这一背景逐渐淡出的过程，因此，"下"衍生出"使消失"义。任何空间场景都可以从不同的有利位置观看。

由于位移动词"上"可以表示"使出现"义，当它与抽象名词组配时，容易发生词汇化，比如"上瘾""上当""上心"等。"上瘾"表示动作主体逐渐陷入某种不良习惯或行为中，表示逐渐达到一种状态，"上当"表示被动陷入一种受骗的状态，"上心"表示当前状态是一种积极的关注的心理状态。细细感受，其实这些非空间义与"上"垂直轴上空间义的语义仍存在联系，与"上山"一样，慢慢到达一个顶点（临界点），事件慢慢积累到顶点的状态时我们可以判定，这样的状态就是"上瘾"了、"上当"了。

　　位移动词"上"还可以表示"开始"义，如"上课""上班""上操"，"上＋名词"的"开始"义是在空间域垂直轴位移的语义图式上衍生出来的一个新义项。在位移活动中，比如"上山""上船""上飞机"，名词表示位移的终点，位移的目的地。在通常情况下，位移主体位移到这些地方后，都会进行一些施为性的事件，比如"上山"可能是为了打猎、砍柴或采草药，"上船""上飞机"后位移主体也会在船上和飞机上有施为性的活动，即便是水平轴上的位移，也会伴随着一些活动事件，如"上图书馆"是为了"看书"或"学习"，"上馆子"是为了"吃饭"等。位移主体位移到这类处所是实施这些行为的前提，是准备环节。所以"上＋名词"可以由指示一个具体空间内的位移事件转而指示一个施为事件。在语言系统中，人们根据"上"表示"开始"的语义，发展出"下"表示"结束"的引申义。

　　那么"下"的"确定"义是如何发展而来的？动词"下"在空间域的原型义是"由较高处向较低处位移"，当这一位移过程完成的同时即包含了对这一位移事件的确定义。比如我们有"一锤定音"这个词，意思是锤子落下来就意味着双方的约定确定了。那"上"也可以衍生出"确定"义，为什么这里的"上＋名词"出现组配上的空位？因为人们习惯把已确定的认知为"下"，把不确定的认知为"上"，比如汉语里有"悬而未决、悬案"等词语。还可以进一步来解释，为什么已确定的为"下"，不确定的为"上"？这是因为在人类所处的物理空间内，由地表向地心的探索范围是确定的，不随着人类科技水平的提高而有所改变，但是从地表到太空的距离空间却不是如此，随着人类科技水平的进步，人类对上部空间的认识范围不断地扩大，今后还将继续延伸。

二、汉语空间词非空间义的五类语义系统

　　空间词数量少，是个相对封闭的类，但其语义和用法却极为复杂，本研究立足汉语语法教学的视角，从提高汉语学习者的学习效果出发，构建了汉语空间词非空间义的语义描述体系。对空间词的语义分析必须放在组配结构中进行，语义描写也不能脱离具体语境，因此，本书将汉语空间词非空间义的语义情况分为五大类：①语境空间义，空间词表具体空间义；②语境空间义，空间词表抽象空间义；③语境空间义，空间词表非空间义；④语境非空间义，空间词表抽象空间义；⑤语境非空间义，空间词表非空间义。下面分别结合具体语例来进行阐述。

1. 语境空间义，空间词表具体空间义

这一类的"×＋空间词"结构，描述的是空间词具体空间场景的空间关系或位移动作。例如："桌子上放着一盆花。""头上飞过一架飞机。""一缕阳光刚好落在书上，太美了。"这些例子都是典型的语境空间义，空间词表示具体的空间义。如"桌子上放着的花""头上飞过的飞机""书上的阳光"等句子传递出的语境是自然物理空间可观可感的，而组配结构中的"上"描述了焦点（A）和背景（B）之间的空间参照关系也是具体可感的，这种空间关系是方位后置词"上"最原始最核心的空间图式。

而当"上/下"作位移动词和地点宾语组配时，描述的是空间词表具体空间场景的位移动作和方向，如"上山采药""下楼拿快递"都属于语境空间义，空间词表具体空间义一类，位移主体（人）在"上山"和"下楼"的活动中发生具体空间的位移。当"上来/下来"作趋向补语时，其原型空间义也属于此类，如"一条大黄狗汪汪叫着扑上来""黄昏开始落入黑暗，海水涌上来"中语境和空间词的语义都是具体可感的物理空间的位移。其中"上来"分别表示大黄狗扑向人的方向和海水向岸上涌动的方向，这类句子描述的场景是空间词的原型空间语义场景。

2. 语境空间义，空间词表抽象空间义

研究发现，语境仍表示具体可感的空间义，但空间词却表示从具体空间映射到抽象空间的语义。例如"跨上一步""挤上前""赶上前面的车""退下场子"中趋向补语"上/下"只指示心理空间的位移方向，"趋近面前的目标"这个意义是由动词"赶"贡献的，与"上"无关，而"退离面前的目标"是动词"退"贡献的，与"下"无关，趋向动词"上/下"表示的是抽象空间的语义。复合趋向补语"上来"和动词的组配中，也有不少类似的例子。如"两份香喷喷的饭菜端上来""盼着儿子归来的母亲，笑眯眯地迎上来"，这都属于"语境空间义，空间词表抽象空间义"一类。"饭菜端上桌""母亲迎上儿子"的语境都是物理空间可以感知的，但"饭菜"和"母亲"并不是从物理空间的较低处位移到较高处，而是从心理空间的较低处位移到较高处，其中空间词指示动作位移的方向。

此类中，空间词除了可以表示心理空间的位移动作和方向，还可以表示社会等级中的位移动作和方向，例如"作业交上来""他从下面乡镇调上来了"，其中，位移主体"作业"和"他"都有物理空间的位移，但位移方向是水平轴，并不是垂直轴，因为此类中的空间词表示的是抽象空间义，"作业"从学生手里移动到教师手里，"他"从在乡镇工作移动到更高一级的管理部门工作，其中，空间词指示位移主体在社会空间的纵向位移，从社会空间的较低处向较高处位移。

这类语义情况跟前一类相比，虽然语义较为抽象，但空间词抽象场景中的空间义还是可以感知的，之所以空间词能够在空间义语境中表示抽象的位移，是隐喻机制作用的结果。

3. 语境空间义，空间词表非空间义

语境空间义，空间词表非空间义指的是就整个句子而言，句子所描述的画面或场景是自然物理空间可感知的，但空间词的语义已经虚化，不再表示物理空间的相对位置。例如"在<u>车上</u>乱写乱画""走着走着一不小心就撞到了<u>树上</u>""<u>墙上</u>挂着画""衣服<u>后背上</u>绣着'中国'两个鲜红的大字"这些都属于"语境空间义，空间词表非空间义"一类。"在<u>车上</u>乱写乱画""撞到了<u>树上</u>"中的空间词"上"并不表示 A 在 B 上方空间的位置，而是表示"表面"义，即语境表示空间义，空间词是非空间义的用法。这类语义情况在整个空间词语义系统里占比最少。

4. 语境非空间义，空间词表抽象空间义

通过全书的分析可知，语境非空间义，空间词表抽象空间义这类占比最高。例如"生活的重担都已经压在了他的<u>肩上</u>""我再一次臣服在美食的<u>脚下</u>""<u>下</u>地狱""<u>下</u>通知""播到这首歌的时候，好多情绪涌<u>上</u>来"等。这一类语例中，语境的非空间义主要是受到了组配名词的影响，比如"生活的重担""美食""地狱""通知""情绪"等都是抽象名词。在隐喻认知的作用下，人们把生活的重担想象成实际用肩膀挑着的担子，把美食想象成人类，把情绪想象成具体可感知的可在身体移动的实物，在抽象名词语义的影响下，语境义呈现非空间义的特点，但空间词的表义其实很单纯，就是表示抽象空间的相对关系或空间的位移动作及位移方向。

再来看复合趋向动词的例子，"（利润）拖累下来""（部队人数）精简下来"和"松弛下来""疲倦下来""垮了下来"都属于"语境非空间义，空间词表抽象空间义"一类。"（利润）拖累下来""（部队人数）精简下来"中"下来"表示由较大数字向较小数字的位移方向。"松弛下来""疲倦下来""垮了下来"中"下来"表示身体由紧张到松弛的状态，是一个由较高处向较低处变化的过程，而"静下来""安静下来""平息下来""镇定下来""镇静下来"是心理表征上的变化，在心理认知上仍然可转化为数量域的可视性。而"进去"与感官类动词（如"听""看""念""读""说"等）组配，由空间域投射到容器域，表示知识、观点等抽象的物质名词能否进入心中或脑

中，如"她怎么也听<u>不进去</u>""这本书我看了半天也没<u>看进去</u>"等。

5. 语境非空间义，空间词表非空间义

在空间词的语义系统中，"语境非空间义，空间词表非空间义"的一类是语义最虚化的一类。如当"上/下"充当方位后置词时，"思想上""感情上"中的"上"表示"方面"义，"背景下""状态下"中的"下"表示"条件"义，其中，空间词"上""下"都是非空间义。当"上/下"充当位移动词时，"上班""上课"中的"上"表示"活动的开始"义，"下班""下课"的"下"表示"活动的结束"义，空间词"上""下"也都是非空间义，组配结构中的空间词也无法感知任何空间位置的相对关系或位移方向。

再比如复合趋向动词"下来"和动词组配的例子，"停下来""留下来""定下来"可以表示停留状态，"存下来""包下来""注册下来"可以表示获得状态，而"传下来""读下来"则表示时间范畴的延续状态，当"下来"表示时间上的延续时，甚至还可以和表示时段的时间名词组配，如"一年下来""这几个月下来"等。这都是"语境非空间义，空间词表非空间义"的类型。

因此，空间词的语义不能单独拿出来分析，而是要和组配词语的语义以及语境的语义一起分析，空间词的语义既有心理词库的静态存储特征，又有在线组配的动态建构特征。

三、空间词的语义具有在线构建的动态组配特征

空间词的语义既有心理词库的静态存储特征，又有在线组配的动态建构特征。空间词和不同的词语组配，组配词语之间语义互相吸引、互相限制，是一个动态的在线构建过程。试比较"<u>手上</u>的苹果"和"<u>肩上</u>的重担"这两个组配结构，前一个结构表空间义，后一个结构表非空间义，但其实空间词"上"不可分出两个义项来，两个结构中的"上"语义其实一样，都表示某物在另一物的上方位置，但由于受到组配词语的语义和语境语义的影响，"肩上的重担"中"上"呈现出抽象空间义。简言之，"上"在这两个句子中语义的不同是受了组配词语语义的影响，组配词语是具体物质名词，"上"表示具体空间义，组配词语是抽象名词，"上"表示抽象空间义。不能因为组配词语的语义特点不同，就将空间词的语义和组配词语的语义混在一起，也不能将空间词的语义和整个语境的语义特点混在一起，这样会让空间词的义项极为臃肿，既不利于计算机信息处理，也不利于语言教学。

此外，组配结构是强调"过程"义还是"结果"义，也是组配词语语义

在线构建的结果。例如"常常和小伙伴一起上山采集各种药草"和"是先上船好，还是后上船好"，"上/下 + ×"到底是表示"过程"义还是"结果"义，可以依据语境判断，不需要单独列出一个义项，"上/下"就是表示单纯的垂直轴上的位移。如果位移过程在现实世界中比较长，比如"上山"，则过程和结果都可以被表示。如果位移过程在现实世界中比较短，比如"上船"，是一步就可以完成的动作，则常常凸显为位移的结果。此外，"山"在组配前的语义是多维的，山脚、山腰、山的较高处、山顶等都可以是山的一部分。"山"的多维特征在和位移动词"上/下"组配之后，"山的较高处/山顶"的外形被激活，"山"语义所指具象化。具有多重语义特征的名词在一个特定的结构中所实现的不可能是全部语义特征，动词的意义和功能选择并规定着名词的语义特征，是普遍存在于人类语言的共性现象。（任鹰、于康，2007）

空间词语义在线构建的动态性，还可以解释语言组配中的不对称现象，例如，只有"上书""上陈条"，没有对应的"下×"，只有"下文件、下通知、下命令"，没有对应的"上×"。当表示由较低等级向较高等级提交时，只有"上 + ×"形式，当表示由较高等级向较低等级传递时，则只有"下 + ×"形式，出现组配形式上的空位，是由名词的语义特点决定的。

而且在语言教学中，有些词或短语的语义并不容易向学习者解释，只能根据具体语境来进行教学，例如"下菜"在以下例子中的不同语义，"要想皮肤好，教你对症下菜"（"下菜"指选择合适的护肤品或方法），"看专业下菜，玩转 2010 年英国留学"（"下菜"指选择合适的专业），"售楼小姐看人下菜"（"下菜"指根据不同的顾客做出不同的推荐）。"下菜"的语义主要指根据具体情况做出不同的选择，具体情况依据上下文的语境义而定。

坚持空间词语义在线构建的动态性，可以避免空间词语义义项的臃肿。例如在"上/下 + ×"组配结构中，×是物质名词，当这类物质名词具有［+可旋转］和［+凹凸整体配对］的语义特征时（如"螺丝、发条"等），"上/下"的语义在互动构建中自动解读为"上"表示"使松变紧"义、"下"表示"使紧变松甚至脱离"义。前人研究将这个义项单列出来，认为这是"上/下"非空间义一个独立的义项，但如果从在线语义构建和语义互动的理论视角出发，则可发现"上/下"的语义仍然属于"使出现"义/"使消失"义，拿"上螺丝"来说，"上螺丝"就是把螺丝上上去的过程，此处的"上"在语义上可以用"拧"来替换，但动词"拧"只凸显动作，而使用了空间义动词"上/下"（"上螺丝"和"下螺丝"）则既能说明具体的动作形态，也能表达动作的结果，即螺丝被拧上去了或螺丝被拧下来了。英语中也有相似的情况，

Tyler 和 Evans（2003）认为英语中的 up 既可以表示"完成"义（如gas up the car，给车加满油），又可以表示"消耗"义（如used up the batteries，用光电池），但本研究认为 up 在句中被理解为哪一种完成义，取决于与 up 组配的词语是填充类动词还是消耗类动词。如果是填充类动词，动作完成，即表示空间被填满，已经达到上限，如 gas up。如果是消耗类动词，动作完成，即表示吃光或用光，如 use up 和 drink up。所以不可以把趋向动词的非空间语义义项无限扩展，扩展需要非常谨慎。

接下来，解释一下为什么很多研究都指出"追上""爱上""闭上""盖上"等结构中的"上"有"接触"义，其实"接触"义是动词的隐含语义，"上"仅表示"出现"义。观察"遇""喜欢""追""撞""闭""盖"这类动词就会发现，这类动词能实现的前提在于主体的特殊性，主体要么是两个动作主体，要么是配对的存在物。例如，动词"遇"一定是一个人和另一个人遇到，一个人无法完成这一动作。"喜欢""追""撞"也是如此，如果只有一个动作主体，则该语言结构无法成立。"闭""盖"这类动词也有"接触"义，在人类的百科全书式背景知识里，眼皮是一定有上眼皮和下眼皮的，所以可以说"闭上双眼"，而"盖儿"和瓶子、杯子也一般都是配对存在的。因此"上"仅表示"出现"义，其"接触"义是语言单位组配后与百科全书式背景知识在线共建的结果。

复合趋向动词的语义情况也是如此，前文研究指出，"起来"和谓词组配所产生的五项非空间义的语义特征在未入句前就已具备，当入句后受到前后组配词语语义以及句式语义的刺激和吸引，"起来"相应语义板块被激活、凸显。当"起来"与表示"集中"义的动词组配时，其"TOGETHER IS UP"的引申义板块被激活。相应地，当"量级增长"义动词 与"确立"义动词和"起来"组配时，其相应的语义板块"MORE IS UP"和"ESTABLISH IS UP"也分别被激活。入句后，其未被激活的其他板块语义并没有全部消失，而是处于隐潜的状态，处于次要的地位，且这些次要板块语义的地位并不平等。比如在"把这些羊肉串起来"中，"串起来"表示的语义是"TOGETHER IS UP（集中即是'上'）"，但它同时也可以表达"ESTABLISH IS UP（确立即是'上'）"和"NEW IS UP（新即是'上'）"的非空间义，只不过不那么凸显而已。"串起来"中"CONDITION IS UP（条件即是'上'）"的语义无法体现，是因为受到了句式的制约，因为句式中"起来"后缺少"评价"义形容词。

再来看复合趋向动词"下来"，当"下来"与"停留"义动词、"获得"

义动词、"延续"义动词/名词组配，其实都只有一种语义，即"状态"义，但是由于与不同语义类型的词语组配，"状态"义则可以具化为"停留状态""获得状态"及"延续状态"。例如"停下来""留下来""定下来"是停留状态，"存下来""包下来""注册下来"是获得状态，"传下来""读下来""一年下来"是延续状态。词汇的概念多义现象是指语义并非完全取决于词汇本身，一个词语的意义有一部分是建立在它与上下文信息彼此间的互动上（林建宏、张荣兴，2018）。因此，把"下来"的语义放在语境和语义系统中进行教学，更有利于学生进行理解，从而提高学习的正确率与效率。从前文的分析可以看出，利用第五章的图 5-7 能清楚地解释所有学习者关于趋向动词"下来"的习得偏误。

四、"上"和"出"非空间义的抽象化程度更高

赵元任（1979）早就注意到方位词"上"的构词能力比"下"大。不仅如此，"上"的非空间义也更丰富、更抽象。从第四章的分析可以看出，方位区别词"上"非空间义的语义比"下"丰富得多。方位区别词"上"和名语素/词组配时，前 10 个高频组配中非空间义占 80%，组配频次最高的前两个构式"上世纪""上半场"中的"上"分别表示时间序列和赛制序列的非空间义。方位区别词"下"和名语素/词组配中组配频率最高的前十名中只有三个非空间义，分别是"下半场""下星期"和"下官"。当"上/下"作方位后置词时，"下"的非空间义和"上"的非空间义虚化程度不同。"下"在虚化语境中仍可以感知具体的空间方向（如"领导下""条件下""作用下"等），但是"上"有些已经无法感知具体的空间方向了（如"根本上""理论上""国际上"等）。

因为"上"的非空间义更丰富，"×上"和"×下"出现了语义上的不对称现象。例如，"书上"既可以指"书封面/某页的上方"（空间义），也可以指"书本内容的范围之内"（非空间义），而"书下"则主要指"书本下方的物品"（空间义）。类似的例子还有"电视上""电视下"等。其实从"下"的原型意象图式可以看出，空间词"下"是建立在"上"的基础之上的，不管是原型模式还是变体模式，都离不开"地面"对其上面物体的支撑，因此，"上"是第一性的，"下"是第二性的。

"下"需要以"上"的空间关系为基础，是因为"×上"比"×下"更容易感知。不管是自然界的存在物，还是人造物，不管是有生命体还是无生命

体，由于受到地心引力的作用，它们存在于地面之上就成了一种常态现象，在日常生活和经验中，被观察物处于参照物之上是一种常态。研究发现，在儿童语言习得研究中，儿童一般先学会使用"上"，然后才是"下"；在使用频率上，"上"是"下"的 5.5 倍（邹立志、周琳、程莉维，2010）。

当"上/下"作位移动词时，"上 + 名词"既可以表示垂直轴上的位移（如"上山""上楼"等），也可以表示水平轴上的位移（如"上银行""上医院"等），"下 + 名词"也可表示水平轴上的位移（如"下车间""下馆子"），但组配范围不如"上 + 名词"的组配范围大，也无法像"上 + 名词"一样表示一个事件。此外，同是表示非空间义，"上 + 名词"的语义虚化程度更高，可以指一个事件（如"上课""上学"等），"下 + 名词"结构中的非空间义仍然有比较明显原始空间义的痕迹（如"下结论""下嘴"等）。

从第七章的分析也可以看出，动词和"出来"的组配频次是和"进来"组配频次的近 10 倍，说明在汉语中，复合趋向动词"出来"是个高频补语。英语和汉语的情况类似，根据《牛津英语短语动词词典》（2013 年第 2 版），out 的使用次数仅次于 up，因此 out 及其动词短语的研究也一直是学者关注的重点。

五、空间词非空间义系统研究的教学实践价值

复合趋向动词作补语时，其非空间义的语义情况非常复杂，这一直是汉语学习者的重难点，比如"看起来"和"看上去"有什么区别，"胖起来"和"胖下去"是否能互换？比如"写下来""写出来""写上来"都是合乎语法的语言形式，在具体语言使用中究竟应该选择哪一个？再比如，汉语学习者会根据"说得上来""答得上来"类推，认为只要是言语类的动词都可以和"上来"组配，因此他们造出了"*讲得上来"这一表达。同是言语类动词，为何"讲"不能和"上来"组配？

英文中的 up 可以对应汉语里的两个词，分别是"上来"和"起来"，但是动词与"起来"的组配结构更为丰富，语义情况也非常复杂，如"我突然想起来了我见过他"和"这件事做起来不容易"这两例中"起来"的语义应如何理解？又如，"冷"和"热"是一对反义词，为何"天冷起来了"和"天热起来了"都合乎语法，而"胖"和"瘦"也是一对反义词，但"一天天胖起来"可以说，而"? 一天天瘦起来"却不可接受？再比如"这些年，他省吃俭用，存___两千块钱"中横线处为什么不能填"起来"而要用"下来"？脱离语境，单看组配结构"存起来"和"存下来"都没有问题，这充分

说明，对"起来"引申义的教学不能脱离语境及背景信息。

除了上述提及的学习者的困惑外，本书还分析了很多类似的偏误现象，通过对空间词从空间义到非空间义全面系统的梳理，本书的研究可以回答这些学习者提出的问题，有助于教师高效地向学习者说明和解释，更好地帮助学习者理解汉语的句法语义规则，提高他们语言产出的正确率。

第二节　本研究的不足之处和进一步研究的空间

任何研究都无法穷尽所有的语言现象，虽然本书立足语料库和知识图谱的研究方法从空间词和其他词语的组配情况入手对空间词非空间义的语义情况做了全面系统的描写、分析和概括，但仍有一些工作值得进一步扩展。

1. 语料还需要进一步扩展

语料是语言学研究中非常重要的一环。在本研究中，我们主要使用了一些现有的语料库来收集汉语空间词的数据，如《现代汉语词典》《汉语大词典》、BCC 语料库和 CCL 语料库等。然而，这些语料库的数据有限，不能覆盖所有汉语空间词的使用情况，因此，我们认为语料还需要进一步扩展。当前的语料库主要来源于书面语料，但是书面语料与口语语料在词汇使用和语义扩展方面存在差异。因此，如果我们只依赖现有的语料库，可能无法全面地反映汉语空间词在实际使用中的语义特征和语义演变。通过扩展语料，我们可以获取更多的口语和书面语料，从而更加准确地描述汉语空间词的非空间义，增加研究的可靠性。

其次，语料的质量也需要进一步加强。虽然在本研究中我们使用了多种来源的语料库，但这些数据的质量参差不齐，存在一定的误差和偏差。因此，我们也需要投入更多的人力和时间来更加严谨地选择和筛选语料，确保其准确性和可信度。

2. 各个非空间义之间的语义发展脉络还需要进一步梳理

在本研究中，我们尝试探究汉语空间词的非空间义，并论证了非空间义与空间义之间的语义联系。我们发现，汉语空间词的非空间义非常丰富，这些非空间义在隐喻机制的作用下从空间域投射到了数量域、情感域、社会等级域、时间域、状态域等，尽管我们成功地描绘了这些空间词的义项分布，但我们仍然需要进一步研究各个非空间义之间的语义发展脉络。

首先，我们需要对每个空间词的非空间义进行更加详细和深入的分析。在当前的研究中，我们主要关注了每个空间词的共时义项分布，然而，不同义项之间的语义关系和演变过程仍需要进一步探究，需要更进一步描写这些义项之间的演变路径和语义关系。

其次，我们需要关注非空间义在不同历史时期的演变和语义扩展。在汉语语言发展的历史中，每个空间词的非空间义都经历了漫长的演变过程，这些义项的出现、扩展和消失与历史、文化等因素密切相关。因此，除了共时的语料，我们还需要借助历时的语料，探究每个空间词非空间义在不同历史时期的演变轨迹和语义变化规律。

3. 跨语言对比的研究还需要进一步增强

跨语言对比是研究语言现象的常用方法之一。在研究汉语空间词非空间义的过程中，我们可以借助其他语言的语料和研究成果，进行跨语言对比，从而更好地体现研究的科学性和理论价值。

通过跨语言对比，我们可以进一步探究汉语空间词非空间义的普遍性和特殊性。不同语言之间，空间词的义项和非空间义的语义扩展虽存在差异，但也有相似之处。通过比较不同语言之间空间词的语义扩展和演变规律，我们可以更加深入地了解汉语空间词非空间义的特点和普遍性。

4. 理论还需在教学实验中进一步验证

为了进一步证明我们的研究是可靠的、可行的，我们需要增加教学实验的部分。通过实验，我们可以获取更加准确和可靠的数据，从而验证我们的研究假设。

首先，我们可以进行语言理解实验来进一步验证研究成果的可行性。比如，在实验中，我们可以让学生阅读一篇文章，并进行相关问题的回答。我们可以在这个过程中引入一些汉语空间词的非空间义，并观察学生的回答是否正确。通过这个实验，我们可以验证在研究中提出的关于汉语空间词非空间义的语义描述是否正确。

其次，我们还可以进行语言生成实验来进一步验证研究成果。在实验中，我们可以设计一些语言生成任务，让学生用汉语空间词的非空间义来描述一个事件或场景。通过这个实验，我们可以验证在研究中提出的关于汉语空间词非空间义的假设是否具有可行性。

增加教学实验的部分，可以更加全面地验证我们的研究成果。只有经过一系列教学实验的验证，才能证明我们的研究是可靠的、可行的。这样的实验不仅能够增加我们的研究的科学性和理论价值，还能够为我们提供更加准确的数据，为今后进一步的研究提供更加丰富的思路和方向。

参考文献

［1］白丽芳．"名词＋上/下"语义结构的对称与不对称性［J］．语言教学与研究，2006（4）．

［2］白智明．缅甸学生使用汉语趋向补语偏误分析［D］．北京：北京语言大学，2009．

［3］贝罗贝，曹茜蕾，曹嬿．汉语方位词的历时和类型学考察［J］．语言学论丛，2014（2）．

［4］蔡永强．从方位词"上/下"看认知域刻划的三组构件［J］．语言教学与研究，2010（2）．

［5］蔡永强．汉语方位词及其概念隐喻系统［M］．北京：中国社会科学技术出版社，2010．

［6］曹洪豫．汉语复合趋向补语与动词关联度的实证研究：以"上来、上去、下来、下去"为例［J］．外语研究，2021，38（6）．

［7］曹爽．不同理论观照下的现代汉语方位词研究概略［J］．学术探索，2017（10）．

［8］陈保亚．论平行周遍原则与规则语素组的判定［J］．中国语文，2006（2）．

［9］陈昌来．动后趋向动词性质研究述评［J］．汉语学习，1994（2）．

［10］陈晨，李秋杨．泰国学生汉语趋向补语习得情况考察［J］．现代语文（语言研究版），2007（1）．

［11］陈晨．泰国学生汉语趋向补语习得偏误分析［D］．昆明：云南师范大学，2005．

［12］陈佳．基于语料库的"COME/GO＋形容词"构式搭配关联强度与构式范畴化关系研究［J］．解放军外国语学院学报，2015，38（3）．

［13］陈满华．"机构名词＋里/上"结构刍议［J］．汉语学习，1995（3）．

［14］陈灼．桥梁：实用汉语中级教程：上［M］．北京：北京语言文化大

学出版社，1996.

[15] 崔希亮. 空间关系的类型学研究［J］. 汉语学习，2002，（1）.

[16] 丁声树，吕叔湘，李荣，等. 现代汉语语法讲话［M］. 北京：商务印书馆，1961.

[17] 丁声树等. 现代汉语语法讲话［M］. 北京：商务印书馆，1999.

[18] 方迪. 现代汉语动趋式的显赫性及扩张效应［J］. 世界汉语教学，2018，32（2）.

[19] 方经民. 汉语空间方位参照的认知结构［J］. 世界汉语教学，1999a（4）.

[20] 方经民. 论汉语空间方位参照认知过程中的基本策略［J］. 中国语文，1999b（1）.

[21] 方经民. 现代汉语方位参照聚合类型［J］. 语言研究，1987（2）.

[22] 方经民. 现代汉语方位成分的分化和语法化［J］. 世界汉语教学，2004（2）.

[23] 方梅. 从空间范畴到时间范畴：说北京话中的"动词－里"［M］//吴福祥，洪波. 语法化与语法研究（一）. 北京：商务印书馆，2003.

[24] 房印杰，梁茂成. 中国英语学习者关系代词取舍研究：语料库与实验法的交叉验证［J］. 外语与外语教学，2020（3）.

[25] 房玉清. "起来"的分布和语义特征［J］. 世界汉语教学，1992（1）.

[26] 傅子轩. 印尼留学生趋向补语的习得研究［D］. 广州：暨南大学，2007.

[27] 高顺全. 复合趋向补语引申用法的语义解释［J］. 汉语学习，2005（1）.

[28] 高影，徐川. 韩国学生习得汉语趋向补语"下来"的偏误分析［J］. 语文建设，2014（3）.

[29] 葛婷. "X 上"和"X 里"的认知分析［J］. 暨南大学华文学院学报，2004（1）.

[30] 缑瑞隆. 方位词"上""下"的语义认知基础与对外汉语教学［J］. 语言文字应用，2004（4）.

[31] 古川裕. <起点>指向和<终点>指向的不对称性及其认知解释［J］. 世界汉语教学，2002（3）.

[32] 郭晓麟. 对外汉语教材语法教学示例的基本原则：以趋向结构为例［J］. 语言教学与研究，2010（5）.

［33］国家对外汉语教学领导小组办公室．高等学校外国留学生汉语教学大纲［M］．北京：北京语言文化大学出版社，2002．

［34］韩蕾．现代汉语事件名词分析［J］．华东师范大学学报（哲学社会科学版），2004（5）．

［35］何亮．从汉语史角度审视"来去"式时间表达的隐喻方式［J］．北方论丛，2007（3）．

［36］黄德根，刘小华，李丽双．汉英机器翻译中趋向动词处理研究［J］．大连理工大学学报，2006（5）．

［37］黄小丽．日语方位词"上"的语法化考察［J］．外语教学与研究（外国语文双月刊），2014，46（4）．

［38］黄玉花．韩国留学生汉语趋向补语习得特点及偏误分析［J］．汉语学习，2007（4）．

［39］黄月华．汉语趋向动词的多义研究［D］．长沙：湖南师范大学，2011．

［40］金胜昔．《Explain Me This：构式的创新性、竞争性及部分能产性》评介［J］．外语教学与研究，2020（2）．

［41］居红．汉语趋向动词及动趋短语的语义和语法特点［J］．世界汉语教学，1992（4）．

［42］蓝纯．从认知角度看汉语的空间隐喻［J］．外语教学与研究（外国语文双月刊），1999（4）．

［43］黎锦熙．新著国语文法［M］．上海：商务印书馆，1924．

［44］李安．多义词义项的语义关系及其对词义消歧的影响［J］．语言文字应用，2014（1）．

［45］李红．论以频率为基础的二语习得观［J］．重庆大学学报（社会科学版），2004，10（4）．

［46］李金秀，黄清华．空间隐喻的共性与个性［J］．理论月刊，2006（3）．

［47］李晋霞，刘云．从概念域看单音方位词语法化的非匀质性［J］．语言科学，2006（4）．

［48］李强．国内生成词库理论研究的回顾与展望［J］．云南师范大学学报（对外汉语教学与研究版），2018，16（1）．

［49］李强．生成词库理论研究述评［J］．外国语（上海外国语大学学报），2016，39（3）．

［50］李旭练．都安壮语趋向动词$^{?}$oːk^{7}的介词化过程［J］．民族语文，

1998 (5).

[51] 李燕. 趋向补语范畴的二语习得比较研究 [J]. 外语教学，2012 (5).

[52] 李宇明. 空间在世界认知中的地位：语言与认知关系的考察 [J]. 湖北大学学报 (哲学社会科学版)，1999 (3).

[53] 廖秋忠. 现代汉语篇章中空间和时间的参考点 [J]. 中国语文，1983，(4).

[54] 林建宏，张荣兴. 从篇章角度分析概念多义之现象：以华语名前形容词"老"为例 [J]. 华语文教学研究，2018，15 (3).

[55] 林正军，张慧. 词语搭配构式语义互动模型构拟：以"Adj. + N."为例 [J]. 外国语 (上海外国语大学学报)，2020，43 (6).

[56] 刘楚群. "看起来"与"看上去"、"看来"差异浅析：兼论趋向短语的语法化 [J]. 江西师范大学学报 (哲学社会科学版)，2009，42 (4).

[57] 刘丹青. 汉语中的框式介词 [J]. 当代语言学，2002 (4).

[58] 刘丹青. 显赫范畴的典型范例：普米语的趋向范畴 [J]. 民族语文，2013 (3).

[59] 刘丹青. 语序类型学与介词理论 [M]. 北京：商务印书馆，2003.

[60] 刘广和. 说"上$_2$、下$_2$……起来$_2$"：兼谈趋向补语、动趋式 [J]. 汉语学习，1999 (2).

[61] 刘国辉. 汉语空间方位词"上"的认知语义构式体系 [J]. 四川外语学院学报，2008 (2).

[62] 刘俊莉. 认知模式的差异对"上""下"二词使用的影响 [J]. 湖北社会科学，2006 (1).

[63] 刘宁生. 语言关于时间的认知特点与第二语言习得 [J]. 汉语学习，1993 (5).

[64] 刘甜，李静. 趋向动词"下来"的多义性 [J]. 华侨大学学报 (哲学社会科学版)，2022 (2).

[65] 刘甜. 汉语空间极性词组配研究 [M]. 北京：社会科学文献出版社，2017.

[66] 刘甜. 时间系统中"前后"和"来去"的认知隐喻分析 [J]. 甘肃社会科学，2009 (1).

[67] 刘甜. 隐喻视角下趋向动词"起来"的引申义教学研究 [J]. 华侨大学学报 (哲学社会科学版)，2019 (3).

[68] 刘晓宇，刘永兵. 英汉"深/浅"空间隐喻的普遍性与文化差异性

［J］．现代外语，2020，43（6）．

［69］刘月华，潘文娱，故梓．实用现代汉语语法（增订本）［M］．北京：商务印书馆，2001．

［70］刘月华．趋向补语通释［M］．北京：北京语言文化大学出版社，1998．

［71］卢华岩．由"到"义动词"上/下"构成的动宾组合［J］．语言教学与研究，2001（3）．

［72］卢英顺．"下来"的句法、语义特点探析［J］．宁夏大学学报（人文社会科学版），2006（5）．

［73］卢英顺．论趋向动词问题［J］．徐州师范大学学报（哲学社会科学版），2001（1）．

［74］陆俭明．关于"去＋VP"和"VP＋去"句式［C］//第一届国际汉语教学讨论会论文选．北京：北京语言学院出版社，1985．

［75］吕军梅，鲁忠义．为什么快乐在"上"，悲伤在"下"：语篇阅读中情绪的垂直空间隐喻［J］．心理科学，2013，36（2）．

［76］吕叔湘．汉语语法分析问题［M］．北京：商务印书馆，1979．

［77］吕叔湘．汉语语法论文集（增订本）［M］．北京：商务印书馆，1984．

［78］吕叔湘．现代汉语八百词（增订本）［M］．北京：商务印书馆，1999．

［79］吕叔湘．现代汉语八百词［M］．北京：商务印书馆，1980．

［80］吕叔湘．中国文法要略［M］．北京：商务印书馆，1956．

［81］孟琮，郑怀德，孟庆海，等．动词用法词典［M］．上海：上海辞书出版社，1987．

［82］牛彬．显赫度的评估标准初探：以跨语言"来""去"比较为例［J］．当代语言学，2019，21（4）．

［83］牛津大学出版社．牛津英语短语动词词典［M］．2版．北京：外语教学与研究出版社，2013．

［84］齐沪扬，连蜀．动词性短语与动词的功能比较［J］．上海师范大学学报（哲学社会科学版），2000（4）．

［85］钱旭菁．日本留学生汉语趋向补语的习得顺序［J］．世界汉语教学，1997（1）．

［86］邱广君．谈"V上"所在句式中的"上"意义［J］．汉语学习，

1995 (4).

[87] 邱广君. 谈 "V下 + 宾语" 中宾语的类、动词的类和 "下" 的意义 [J]. 语文研究, 1997 (4).

[88] 任鹰, 于康. 从 "V上" 和 "V下" 的对立与非对立看语义扩展中的原型效应 [J]. 汉语学习, 2007 (4).

[89] 杉村博文. 可能补语的语义分析: 从汉日语对比的角度 [J]. 世界汉语教学, 2010, 24 (2).

[90] 杉村博文. 试论趋向补语 "下" "下来" "下去" 的引申用法 [J]. 语言教学与研究, 1983 (4).

[91] 沈家煊. 不对称和标记论 [M]. 南昌: 江西教育出版社, 1999.

[92] 沈敏, 郭珊珊. 汉语 "出" 类趋向补语的语法化 [J]. 湖南师范大学社会科学学报, 2014 (1).

[93] 史佩信. 汉语时间表达中的 "前后式" 与 "来去式" [J]. 语言教学与研究, 2004 (2).

[94] 史锡尧. 动词后 "上"、"下" 的语义和语用 [J]. 汉语学习, 1993 (4).

[95] 宋玉柱. 说 "起来" 及与之有关的一种句式 [J]. 语言教学与研究, 1980 (1).

[96] 孙锡信. 语法化机制探赜 [M] //纪念王力先生百年诞辰学术论文集. 北京: 商务印书馆, 2002.

[97] 汤廷池. "来" "去" 的意义和用法 [C] //国语语法研究论集. 台北: 学生书局, 1979.

[98] 童盛强. 也说方位词 "上" 的语义认知基础: 兼与缑瑞隆先生商榷 [J]. 语言文字应用, 2006 (1).

[99] 童小娥. 从事件的角度看补语 "上来" 和 "下来" 的对称与不对称 [J]. 世界汉语教学, 2009, 23 (4).

[100] 汪翔, 农友安. 近五年外国学生汉语趋向补语习得研究述评 [J]. 广西教育学院学报, 2011 (2).

[101] 王凤兰. 也谈 "去 + VP" 与 "VP + 去" [J]. 语言与翻译, 2013 (3).

[102] 王建军. "上馆子" 与 "下馆子" [J]. 语文建设, 2001 (1).

[103] 文炼, 胡附. 词类划分中的几个问题 [J]. 中国语文, 2000 (4).

[104] 吴福祥. 汉语方所词语 "後" 的语义演变 [J]. 中国语文, 2007

（6）．

［105］吴福祥．汉语方言里与趋向动词相关的几种语法化模式［J］．方言，2010（2）．

［106］吴为善．"V起来"构式的多义性及其话语功能：兼论英语中动句的构式特征［J］．汉语学习，2012（4）．

［107］吴悦，李朝旭．中国空间隐喻研究现状与发展趋势：基于CiteSpace的知识图谱分析［J］．心理学探新，2020，40（4）．

［108］肖航．词典多义词义项关系与词义区分［J］．云南师范大学学报（哲学社会科学版），2010（1）．

［109］肖奚强，周文华．外国学生汉语趋向补语句习得研究［J］．汉语学习，2009（1）．

［110］邢向东．内蒙古晋语几个趋向动词的引申用法［J］．前沿，1994（10）．

［111］轩治峰．空间认知理论与"上"字的空间语义认知及英译［J］．外国语文，2009（4）．

［112］苟恩东，饶高琦，肖晓悦，等．大数据背景下BCC语料库的研制［J］．语料库语言学，2016（1）．

［113］杨春雍．越南学生汉语补语习得偏误分析［D］．昆明：云南师范大学，2005．

［114］杨德峰．《现代汉语词典》（第5版）趋向动词释义献疑［J］．辞书研究，2009a（6）．

［115］杨德峰．朝鲜语母语学习者趋向补语习得情况分析：基于汉语中介语语料库的研究［J］．暨南大学华文学院学报，2003b（4）．

［116］杨德峰．趋向补语的认知和习得研究［M］．北京：北京大学出版社，2017．

［117］杨德峰．日语母语学习者趋向补语"上""下"引申义的习得情况分析：兼议趋向补语"上""下"的引申义［C］//多维视野下的对外汉语教学研究：第七届国际汉语教学学术研讨会论文集．桂林：广西师范大学出版社，2009b．

［118］杨德峰．日语母语学习者趋向补语习得情况分析：基于汉语中介语语料库的研究［J］．暨南大学华文学院学报，2004（3）．

［119］杨德峰．英语母语学习者趋向补语的习得顺序：基于汉语中介语语料库的研究［J］．世界汉语教学，2003a（2）．

[120] 殷军，房玉霞. 维吾尔语 "tʃiq-" 等趋向动词的模糊方位定势及相关探讨 [J]. 喀什师范学院学报，2004 (5).

[121] 袁毓林，马辉，周韧，等. 汉语词类划分手册 [M]. 北京：北京语言大学出版社，2009.

[122] 岳中奇. "V 去 O" 和 "VO 去" 的语义、语用分析 [J]. 汉语学习，1994 (4).

[123] 曾传禄. 汉语空间隐喻的认知分析 [J]. 云南师范大学学报（对外汉语教学与研究版），2005，3 (2).

[124] 翟英华. 俄罗斯留学生习得汉语趋向补语的教学研究 [J]. 齐齐哈尔大学学报（哲学社会科学版），2008 (6).

[125] 詹卫东，郭锐，常宝宝，等. 北京大学 CCL 语料库的研制 [J]. 语料库语言学，2019，6 (1).

[126] 张爱玲. 认知语义学视野下 "上来" 的意义和用法考察 [J]. 南京师范大学文学院学报，2018 (2).

[127] 张斌. 现代汉语描写语法 [M]. 北京：商务印书馆，2010.

[128] 张静. 汉语语法问题 [M]. 北京：中国社会科学出版社，1987.

[129] 张萍，方南. 词频、语义和语言水平对英语搭配加工的影响 [J]. 外语教学与研究，2020，52 (4).

[130] 张其昀. 运动义动词 "上"、"下" 用法考辨 [J]. 语言研究，1995 (1).

[131] 张谊生. "V 中" 的功能特征及 "中" 的虚化历程 [M] // 语法研究和探索：十一. 北京：商务印书馆，2002.

[132] 张谊生. "看起来" 与 "看上去"：兼论动趋式短语词汇化的机制与动因 [J]. 世界汉语教学，2006，20 (3).

[133] 张谊生. 汉语非典型持续体标记 "中" 和 "间" 的形成和发展 [J]. 汉语学报，2007 (4).

[134] 张幼冬. 趋向补语 "过来"、"过去" 引申义的语义分析 [J]. 吉林师范大学学报（人文社会科学版），2010 (4).

[135] 张志公. 汉语语法常识 [M]. 北京：中国青年出版社，1956.

[136] 赵元任. 汉语口语语法 [M]. 吕叔湘，译. 北京：商务印书馆，1979.

[137] 周红，鲍莹玲. 复合趋向结构 "V + 过来/过去" 的对称与不对称 [J]. 语言教学与研究，2012 (3).

［138］周红. 从驱动－路径图式看"V＋上/下"的对称与不对称［J］. 新疆大学学报（哲学·人文社会科学版），2015，43（6）.

［139］周统权."上"与"下"不对称的认知研究［J］. 语言科学，2003（1）.

［140］朱德熙. 语法讲义［M］. 北京：商务印书馆，1982.

［141］朱京津. 过程范畴框架下"V 下来"语义习得研究［J］. 汉语学习，2020（5）.

［142］朱巨器. 中日趋向动词的比较研究［J］. 上海科技翻译，2000（3）.

［143］邹立志，周琳，程莉维. 普通话早期儿童趋向动词习得个案研究：以"上、下"两组趋向动词为例［J］. 世界汉语教学，2010，24（3）.

［144］TAYLOR J R. 语言的范畴化：语言学理论中的类典型［M］. 北京：外语教学与研究出版社，2001.

［145］BEITEL D A, GIBBS R W, SANDERS P. The embodied approach to the polysemy of the spatial preposition on［M］//CUYCKENS H, ZAWADA B E. Polysemy in cognitive linguistics：selected papers from the fifth international cognitive linguistics conference：Amsterdam，1997. Amsterdam：John Benjamins Publishing Company，2001.

［146］BLOOMFIELD L. Language［M］. New York：Holt, Reinhart, and Winston，1933.

［147］BRUGMAN C. The story of "over"：polysemy, semantics and the structure of the lexicon［M］. New York：Garland，1988.

［148］BYBEE L, PERKINS R, PAGLIUCA W. The evolution of grammar：tense, aspect and modality in the languages of the world［M］. Chicago：University of Chicago Press，1994.

［149］CHAO Y R. A grammar of spoken Chinese［M］. Berkeley：University of California Press，1968.

［150］CHOMSKY N. The minimalist program［M］. Cambridge：The MIT Press，1995.

［151］CIAN L. Verticality and conceptual metaphors：a systematic review［J］. Journal of the association for consumer research，2017，2（4）.

［152］CLARK E V. Normal states and evaluative viewpoints［J］. Language，1974，50（2）.

［153］CLARK H H. Space, time, semantics and the child［M］//MOORE T

E. Cognitive development and acquisition of language. New York: Academic Press, 1973.

［154］CROFT W. Linguistic evidence and mental representations ［J］. Cognitive linguistics, 1998, 9（2）.

［155］DÖLLING J, HEYDE-ZYBATOW T. Verb meaning: how much semantics is in the lexicon ［M］// SPÄTH A. Interface and interface conditions. Berlin: Walter de Gruyter, 2007.

［156］EVANS V, GREEN M. Cognitive linguistics: an introduction ［M］. Edinburgh: Edinburgh University Press, 2006.

［157］EVANS V, POURCEL S. New directions in cognitive linguistics ［M］. Amsterdam: John Benjamins Publishing Company, 2009.

［158］EVANS V. The structure of time: language, meaning and temporal cognition ［M］. Amsterdam: John Benjamins Publishing Company, 2004.

［159］FAUCONNIER G, TURNER M. Conceptual integration networks ［J］. Cognitive science, 1998, 22（2）.

［160］FAUCONNIER G, TURNER M. The way we think: conceptual blending and the mind's hidden complexities ［M］. New York: Basic Books, 2002.

［161］FAUCONNIER G. Mappings in thought and language ［M］. Cambridge: Cambridge University Press, 1997.

［162］FAUCONNIER G. Mental spaces: aspects of meaning construction in natural language ［M］. Cambridge: MIT Press, 1985.

［163］FAUCONNIER G. Mental Spaces ［M］. Cambridge: Cambridge University Press, 1994.

［164］FILLMORE C J, ATKINS B T S. Describing polysemy: the case of 'crawl' ［M］//RAVIN Y, LEACOCK C. Polysemy: theoretical and computational approaches. Oxford: Oxford University Press, 2000.

［165］FIRTH J R. General linguistics and descriptive grammer ［J］. Transactions of the philological society, 1951, 50（1）.

［166］FODOR J A, LEPORE E. The emptiness of the lexicon: reflections on James Pustejovsky's the generative lexicon ［J］. Linguistic inquiry, 1998, 29（2）.

［167］FORAKER S, MURPHY G L. Polysemy in sentence comprehension: effects of meaning dominance ［J］. Journal of memory and language, 2012, 67（4）.

［168］FRANK M. Modern English: a practical reference guide ［M］. Englewood Cliffs: Prentice Hall, INC, 1972.

[169] GAMALLO P, SOTELO S, PICHEL J R, et al. Contextualized translations of phrasal verbs with distributional compositional semantics and monolingual corpora [J]. Computational linguistics, 2019, 45 (3).

[170] GANDOUR J. On the deictic use of verbs of motion come and go in Thai [J]. Anthropological linguistics, 1978, 20 (9).

[171] GEERAERTS D. Lexical semantics [M] //DABROWSKA E, DIVJAK D. Handbook of cognitive linguistics. Berlin: Mouton de Gruyter, 2015.

[172] GIBSON E J. Principles of perceptual learning and development [M]. New York: Appleton – Century – Crofts, 1969.

[173] GRADY J E. Foundations of meaning: primary metaphors and primary scenes [D]. Berkeley: University of California, 1997.

[174] GRIES S TH. Corpus-based methods and cognitive semantics: the many senses of to run [M] //GRIES S T, STAFANOWITSCH A. Corpora in cognitive linguistics: corpus-based approaches to syntax and lexis. Berlin: Mouton De Gruyter, 2006.

[175] GUMPERZ J J. Discourse strategies [M]. Cambridge: Cambridge University Press, 1982.

[176] HARRIS Z S. Distributional structure [J]. Word, 1954, 10 (23).

[177] HEINE B. Cognitive foundations of grammar [M]. New York: Oxford University Press, 1997.

[178] HO V. Semantic network for a Vietnamese preposition. Unpublished manuscript. Washington D. C. : Georgetown University, 2008.

[179] HOPPER P J, TRAUGOTT E C. Grammaticalization [M]. Cambridge: Cambridge University Press, 1993.

[180] JACKENDOFF R. Consciousness and the computational mind [M]. Cambridge: MIT Press, 1987.

[181] JACKENDOFF R. Languages of the mind: essays on mental representation [M]. Cambridge: MIT Press, 1992.

[182] JACKENDOFF R. Semantic structures [M]. Cambridge: MIT Press, 1990.

[183] JACKENDOFF R. Semantics and cognition [M]. Cambridge: MIT Press, 1983.

[184] JOHNSON C R. Metaphor vs. conflation in the acquisition of polysemy: the case of see [M] //HIRAGA M K, SINHA C, WILCOX S. Cultural, psychological and typological issues in cognitive linguistics. Amsterdam: John Benjamins Publishing Company, 1999.

[185] JOHNSON M. The body in the mind: the bodily basis of meaning, imagination and reason [M]. Chicago: University of Chicago Press, 1987.

[186] KAPATSINSKI V, RADICKE J. Frequency and the emergence of prefabs: evidence from monitoring [M] //CORRIGAN E, MORAVCSIK E A, OUALI H, et al. Formulaic language: volume Ⅱ: acquisition, loss, psychological reality, and functional explanations. Amsterdam: John Benjamins Publishing Company, 2009.

[187] KIRBY S, TAMARIZ M, CORNISH H, et al. Compression and communication in the cultural evolution of linguistic structure [J]. Cognition, 2015 (141) .

[188] KISHNER J M, GIBBS R W. How "just" gets its meanings: polysemy and context in psychological semantics [J]. Language and speech, 1996, 39 (1) .

[189] KÖVECSES Z. Metaphor: a practical introduction [M]. New York: Oxford University Press, 2002.

[190] KREITZER A C. Multiple levels of schematization: a study in the conceptualization of space [J]. Cognitive linguistics, 1997, 8 (4) .

[191] LAKOFF G, JOHNSON M. Metaphors we live by [M]. Chicago: University of Chicago Press, 1980.

[192] LAKOFF G, JOHNSON M. Philosophy in the flesh: the embodied mind and its challenge to western thought [M]. New York: Basic Books, 1999.

[193] LAKOFF G, TURNER M. More than cool reason: a field guide to poetic metaphor [M]. Chicago: University of Chicago Press, 1989.

[194] LAKOFF G. Cognitive Semantics [M] //UMBERTO E, MARCO S, PATRIZIA V. Meaning and mental representations. Bloomington: Indiana University Press, 1988.

[195] LAKOFF G. Women, fire, and dangerous things: what categories reveal about the mind [M]. Chicago: University of Chicago Press, 1987.

[196] LAM Y. Applying cognitive linguistics to teaching the Spanish prepositions por and para [J]. Language awareness, 2009, 18 (1) .

[197] LANGACKER R W. Foundations of cognitive grammar: volume I: theoretical prerequisites [M]. Stanford: Stanford University Press, 1987.

[198] LANGACKER R W. Foundations of cognitive grammar: volume II: descriptive application [M]. Stanford: Stanford University Press, 1991.

[199] LEVINSON S C. Space in language and cognition: explorations in cognitive diversity [M]. Cambridge: Cambridge University Press, 2003.

[200] LI Q. Coercion of locatives in Mandarin Chinese [M] //LIU P Y, SU Q. Chinese Lexical Semantics, CLSW 2013. Berlin: Springer, 2013.

[201] LINDKVIST K. A comprehensive study of conceptions of locality in which English prepositions occur [M]. Stockholm: Almqvist & Wiksell international, 1976.

[202] LINDSTROMBERG S. English prepositions explained [M]. Amsterdam: John Benjamins Publishing Company, 1998.

[203] LINDSTROMBERG S. Prepositions: meaning and method [J]. English language teachers journal, 1996, 50 (3).

[204] LIU F H. A clitic analysis of locative particles [J]. Journal of Chinese linguistics, 1998, 26 (1).

[205] LLOYD S E, SINHA C, FREEMAN N H. Spatial reference systems and the canonicality effect in infant search [J]. Journal of experimental child psychology, 1981, 32 (1).

[206] MACWHINNEY B. The competition model [M] // MACWHINNEY B. Mechanisms of language acquisition. Hillsdale: Lawrence Erlbaum Associates, 1987.

[207] MACWHINNEY B. The logic of the unified model [M] //GASS S M, MACKEY A. The routledge handbook of second language acquisition. London: Routledge, 2012.

[208] MAHPEYKAR N, TYLER A. A principled cognitive linguistics account of English phrasal verbs with up and out [J]. Language and cognition, 2014, 7 (1).

[209] MCNALLY L, KENNEDY C. Degree vs. manner well: a case study in selective binding [M] // PUSTEJOVSKY J, BOUILLON P, ISAHARA H. Advances in generative lexicon theory. Dordrecht: Springer, 2013.

[210] MEARA P. Connected words: word associations and second language vocabulary acquisition [M]. Amsterdam: John Benjamins Publishing Company, 2009.

[211] MILLER G A, JOHNSON-LAIRD P N. Language and perception [M]. Cambridge: Belknap Press of Harvard University Press, 1976.

[212] MILLER J. Semantics and syntax: parallels and connections [M].

Cambridge: Cambridge University Press, 1985.

[213] MIRZAEI A. Cognitive linguistics and second language learning: theoretical basics and experimental evidence [J]. Australian journal of linguistics, 2017, 37 (1).

[214] NERLICH B. Semantic theories in Europe, 1830 - 1930: from etymology to contextuality [M]. Amsterdam: John Benjamins Publishing Company, 1992.

[215] PEREK F. Recent change in the productivity and schematicity of the way-construction: a distributional semantic analysis [J]. Corpus linguistics and linguistic theory, 2018, 14 (1).

[216] PUSTEJOVSKY J. Coercion in a general theory of argument selection [J]. Linguistics, 2011, 49 (6).

[217] PUSTEJOVSKY J. The generative lexicon [M]. Cambridge: MIT Press, 1995.

[218] PUSTEJOVSKY J. Type construction and the logic of concepts [M] // BOUILLON P, BUSA F. The language of word meaning. Cambridge: Cambridge University Press, 2001.

[219] PUSTEJOVSKY J. Type theory and lexical decomposition [J]. Journal of cognitive science, 2006, 7 (1).

[220] PÜTZ M, DIRVEN R. The construal of space in language and thought [M]. Berlin: Mouton de Gruyter, 1996.

[221] ROSCH E. Principles of categorization [M] //ROSCH B, LLOYD B B. Cognition and categorization. Hillsdale: Lawrence Erlbaum Associates; New York: Halsted Press, 1978.

[222] RUHL C. On monosemy: a study in linguistic semantics [M]. Albany: State University of New York Press, 1989.

[223] SANDRA D, RICE S. Network analyses of prepositional meaning: mirroring whose mind: the linguist's or the language user's? [J]. Cognitive linguistics, 1995, 6 (1).

[224] SCHMITT M. Size and depth of vocabulary knowledge: what the research shows [J]. Language learning, 2014, 64 (4).

[225] ŠEŠKAUSKIENĖ I. Proximity in English and Lithuanian [J]. Kalbotyra, 2003, 53 (3).

[226] STASIŪNAITĖ I. The semantics of spatial prepositions: the main trends

of research [J]. Taikomoji kalbotyra, 2016 (8) .

[227] ŠUKYS J. Lietuviᵾ kalbos linksniai ir prielinksniai: vartosena ir normos [M]. Kaunas: Šviesa, 1998.

[228] ŠUKYS J. Linksniᵾ ir prielinksniᵾ vartojimas [M]. Kausnas: Šviesa, 1984.

[229] ŠUKYS J. Prielinksniᵾ vartojimas [M]. Kausnas: Šviesa, 1978.

[230] SWEETSER E. From etymology to pragmatics: metaphorical and cultural aspects of semantic structure [M]. Cambridge: Cambridge University Press, 1990.

[231] TALMY L. How language structures space [M] //PICK H L, ACREDOLO L P. Spatial orientation: theory, research and application. New York: Plenum, 1983.

[232] TALMY L. Lexicalization patterns: semantic structure in lexical forms [M] //SHOPEN T. Language typology and syntactic description. Cambridge: Cambridge University Press, 1985.

[233] TALMY L. Toward a cognitive semantics: volume II: typology and process in concept structuring [M]. Cambridge: MIT Press, 2000.

[234] TAYLOR J R. Linguistic categorization: prototypes in linguistic theory [M]. New York : Oxford University Press, 1989.

[235] TRAUGOOT E C. On the expression of spatio-temporal relations in language [M] //GREENBERG J H, FERGUSON C A, MORAVCSIK E A. Universals of human language. Stanford: Stanford University Press, 1978.

[236] TRAUGOOT E C. On the rise of epistemic meanings in English: an example of subjectification in semantic change [J]. Language, 1989, 65 (1) .

[237] TURNER M. Reading minds: the study of English in the age of cognitive science [M]. Princeton: Princeton University Press, 1991.

[238] TURNER M. The literary mind [M]. New York: Oxford University Press, 1996.

[239] TYLER A, EVANS V. Reconsidering prepositional polysemy networks: the case of over [J]. Language, 2001, 77 (4) .

[240] TYLER A, EVANS V. The semantics of English prepositions: spatial scenes, embodied meaning, and cognition [M]. Cambridge: Cambridge University Press, 2003.

[241] TYLER A. Cognitive linguistics and second language learning: theoreti-

cal basics and experimental evidence [M]. New York: Routledge, 2012.

[242] UNGERER F, SCHMID H J. An introduction to cognitive linguistics [M]. London: Longman, 2006.

[243] VAN DER GUCHT F, WILLEMS K, DE CUYPERE L. The iconicity of embodied meaning: polysemy of spatial prepositions in the cognitive framework [J]. Language sciences, 2007, 29 (6).

[244] WILKS Y, FASS D, GUO C M, et al. Machine tractable dictionaries as tools and resources for natural language processing [M] //VARGHA D. Coling Budapest: proceedings of the 12th international conference on computational linguistics. Budapest: John von Neumann Society for Computing Sciences, 1998.

[245] WILLEMS K. The linguistic sign at the lexicon – syntax interface: assumptions and implications of the generative lexicon theory [J]. Semiotica, 2013, 193 (193).

[246] WOLK C, BRESNAN J, ROSENBACH A, et al. Dative and genitive variability in late modern English: exploring cross-constructional variation and change [J]. Diachronica, 2013, 30 (3).

[247] WONG M H I, ZHAO H L, MACWHINNEY B. A cognitive linguistics application for second language pedagogy: the English preposition tutor [J]. Language learning, 2018, 68 (2).

[248] XU Y, MALT B C, SRINIVASAN M. Evolution of word meanings through metaphorical mapping: systematicity over the past millennium [J]. Cognitive psychology, 2017, 96.